797,885 Books
are available to read at

Forgotten Books

www.ForgottenBooks.com

Forgotten Books' App
Available for mobile, tablet & eReader

ISBN 978-0-259-16032-8
PIBN 10689011

This book is a reproduction of an important historical work. Forgotten Books uses
state-of-the-art technology to digitally reconstruct the work, preserving the original format
whilst repairing imperfections present in the aged copy. In rare cases, an imperfection in
the original, such as a blemish or missing page, may be replicated in our edition. We do,
however, repair the vast majority of imperfections successfully; any imperfections that
remain are intentionally left to preserve the state of such historical works.

Forgotten Books is a registered trademark of FB &c Ltd.
Copyright © 2017 FB &c Ltd.
FB &c Ltd, Dalton House, 60 Windsor Avenue, London, SW19 2RR.
Company number 08720141. Registered in England and Wales.

For support please visit www.forgottenbooks.com

1 MONTH OF FREE READING

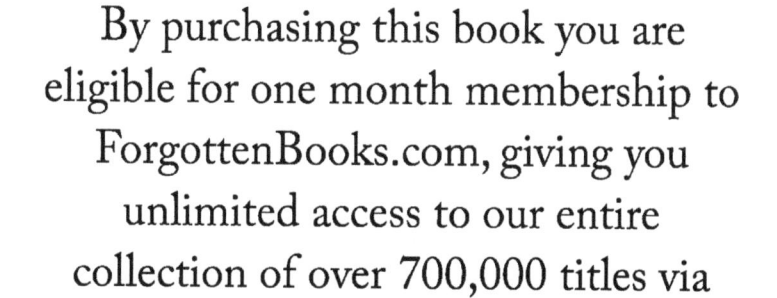

at

www.ForgottenBooks.com

By purchasing this book you are eligible for one month membership to ForgottenBooks.com, giving you unlimited access to our entire collection of over 700,000 titles via our web site and mobile apps.

To claim your free month visit: www.forgottenbooks.com/free689011

* Offer is valid for 45 days from date of purchase. Terms and conditions apply.

English
Français
Deutsche
Italiano
Español
Português

www.forgottenbooks.com

Mythology Photography **Fiction**
Fishing Christianity **Art** Cooking
Essays Buddhism Freemasonry
Medicine **Biology** Music **Ancient
Egypt** Evolution Carpentry Physics
Dance Geology **Mathematics** Fitness
Shakespeare **Folklore** Yoga Marketing
Confidence Immortality Biographies
Poetry **Psychology** Witchcraft
Electronics Chemistry History **Law**
Accounting **Philosophy** Anthropology
Alchemy Drama Quantum Mechanics
Atheism Sexual Health **Ancient History**
Entrepreneurship Languages Sport
Paleontology Needlework Islam
Metaphysics Investment Archaeology
Parenting Statistics Criminology
Motivational

DG
848.35
.C97
1801

Ristampa della 1ª ediz. fatta dal
Cuoco a Milano nel medesimo an=
no 1801.

SAGGI STORICI

SUGLI AVVENIMENTI

DELLA FINE DEL SECOLO XVIII.

MODENA
TIPOGRAFIA VINCENTI
1801.

I

PREFAZIONE

ALLA

SECONDA EDIZIONE.

Quando questo Saggio fu pubblicato per la prima volta, i giudizj pronunziati sul medesimo furon molti e diversi, siccome suole inevitabilmente avvenire ad ogni libro, del quale l'autore ha professata imparzialità, ma non sono imparziali i lettori. Il tempo però ed il maggior numero han resa giustizia, non al mio ingegno nè alla mia dottrina, che nè quello nè questa abbondavano nel mio libro, ma alla imparzialità ed alla sincerità colla quale io aveva in esso narrati avvenimenti che per me non eran stati al certo indifferenti.

Della prima edizione da lungo tempo non rimaneva più un esemplare; e ad onta delle molte richieste che ne avea, io avrei ancora differita per qualche altro tempo la seconda se alcuni che han tentato ristamparla senza il mio assentimento non mi avessero costretto ad accelerarla.

Dopo la prima edizione ho raccolti i giudizj che il pubblico ha pronunziati, ed ho cercato per quanto era in me di usarne per rendere il mio libro quanto più si potesse migliore.

Alcuni avrebbero desiderato un numero maggiore di fatti. Ed in verità io non nego che nella prima edizione alcuni fatti ho omessi perchè li ignorava; altri ho taciuti perchè ho creduto prudente il tacerli; altri ho trasandati perchè li reputava poco importanti; altri finalmente ho appena accennati. Ho composto il mio libro senza aver altra guida che la mia memoria: era impossibile saper tutti gl' infiniti accidenti di una rivoluzione e tutti rammentarli. Molti de' medesimi ho saputi posteriormente, e di essi, i più importanti ho aggiunti a quelli che già avea narrati. Ad onta però di tutte le aggiunzioni fatte io ben mi avveggo che coloro i quali desideravano maggior numero di fatti nella prima edizione, ne desidereranno ancora in questa seconda. Ma il mio disegno, non è stato mai quella di scriver la storia della rivoluzione di Napoli, molto meno una leggenda. Gli avvenimenti di una rivoluzione sono infiniti di numero; e come nò, se in una rivoluzione agiscono contemporaneamente infiniti uomini? Ma per questa stessa ragione è impossibile che tra tanti avvenimenti non ve ne sieno molti poco importanti, e molti altri che si rassomiglian tra loro. I primi li ho trascurati, i secondi li ho riuniti sotto le rispettive loro classi. Più che delle persone mi sono occupato delle cose e delle idee. Ciò è dispiaciuto a molti che forse desideravano esser nominati, è piaciuto a moltissimi, che amavano di non esserlo. I nomi nella storia servon più alla vanità di chi è nominato, che all'istruzione di chi legge. Quanti pochi sono gli uomini che han saputo vincere e dominare le cose? Il massimo numero è servo delle medesime; è tale quale i tempi, le idee, i costumi, gli accidenti voglion che sia: quando avete ben descritti questi a che giova nominar gli uomini? Io sono fermamente convinto che se la maggior parte delle storie si scrivesse in modo di sostituire ai nomi proprj delle lettere dell'alfabeto, l'istruzione che se ne ritrarrebbe sarebbe la medesima. Finalmente nella considerazione e nella narrazione degli avvenimenti mi sono più occupato degli effetti e delle cagioni delle cose che di que' piccoli accidenti che non sono nè effetti nè cagion di nulla, e che piaccion tanto al lettore ozioso, sol perchè gli forniscono il modo di poter usare di quel tempo che non saprebbe impiegare a riflettere.

Dopo tali osservazioni ognun vede che i fatti che mi rimanevano ad aggiugnere eran in minor numero di quello che si crede. Ragionando con molti di coloro i quali avrebbero desiderati più fatti, spesso mi sono avveduto che ciò che essi desideravano nel mio libro già vi era; ma essi desideravano nomi, dettagli, ripetizioni, e queste non vi dovean essere. Per qual ragione distrarrò io l'attenzione del lettore tra un numero infinito d'inezie e la distoglierò da quello ch'io reputo vero scopo di ogni istoria, dalla osservazione del corso che hanno non gli uomini che brillano un momento solo, ma le idee e le cose che sono eterne? Si dirà che il mio libro non merita il nome di storia, ed io risponderò che non mi sono giammai *proposto di scriverne. Ma è forse indispensabile che un libro, perchè sia utile, sia una storia?*

Una censura mi fu fatta appena uscì alla luce il primo volume. Siccome essa nasceva da un equivoco, credei mio dovere dileguarlo; e lo feci con quell'avvertimento che nella prima edizione leggesi al principio del secondo volume, e che ora inserisco qui:

Tutte le volte che in quest'Opera si parla di *nome*, di *opinione*, di *grado*, s'intende sempre di quel grado, di quella opinione, di quel nome che influiscono sul popolo che è il grande, il solo agente delle rivoluzioni e delle controrivoluzioni.

Taluni, per non aver fatta questa riflessione, hanno creduto che quando nel primo tomo, *pag.* 34, io parlo di coloro che furono perseguitati dall'Inquisizione di Stato, e li chiamo giovinetti senza nome, senza grado, senza fortuna, abbia voluto dichiararli persone di niun merito, quasi della feccia del popolo, che desiderassero una rivoluzione per far una fortuna.

Questo era contrario a tutto il resto dell'opera, in cui mille volte si ripete che in Napoli eran repubblicani tutti coloro che avevano beni e fortuna; che niuna nazione conta tanti che bramassero una riforma per solo amor della patria; che in Napoli la repubblica è caduta quasi per soverchia virtù de' repubblicani . . . . . Nell'istesso luogo si dice che i lumi della filosofia erano sparsi in Napoli più che altrove, e che i saggi travagliavano a diffonderli, sperando che un giorno non rimarrebbero inutili.

I primi repubblicani furono tutti delle migliori famiglie della capitale, e delle province; molti nobili, tutti gentiluomini, ricchi, e pieni di lumi, cosicchè l'eccesso istesso de' lumi, che superava l'esperienza dell'età, faceva lor credere facile ciò che realmente era impossibile per lo stato in cui il popolaccio si ritrovava. Essi desideravano il bene, ma non potevano produrre, senza il popolo, una rivoluzione; e questo appunto è quello che rende inescusabile la tirannica persecuzione destata contro di loro.

Chi legge con attenzione vede chiaramente che questo appunto ivi si vuol dire. Io altro non ho fatto, che riferire quello che allora disse in difesa de' repubblicani il rispettabile presidente del Consiglio *Cito*: e *Cito* era molto lontano dall'ignorare le persone, o dal volerle offendere..

Sarebbe stoltezza dire che le famiglie *Carafa, Riarj, Serra, Colonna, Pignatelli*..... fossero povere; ma per produrre una rivoluzione nello stato in cui allora era il popolo Napoletano si richiedevano almeno trenta milioni di ducati, e questa somma si può dire, senza far loro alcun torto, che essi non l'aveano. La ricchezza è relativa all'oggetto a cui taluno tende: un uomo che abbia trecentomila scudi di rendita, è un ricchissimo privato, ma sarebbe un miserabile sovrano.

Si può occupare nella società un grado eminentissimo, e non essere intanto atto a produrre una rivoluzione. Il presidente del Consiglio occupava la prima magistratura del regno, e non potea farlo: ad un Reggente di Vicarìa, molto inferiore ad un presidente, ad un Eletto del popolo, moltissimo inferiore al Reggente, era molto più facile sommovere il popolo.

Lo stesso si dice del nome. Chi può dire che le famiglie *Serra, Colonna, Pignatelli*.... fossero famiglie oscure? Che *Pagano, Cirillo, Conforti*, fossero uomini senza nome?.... Ma essi aveano un' home tra i saggi, i quali a produr la rivoluzione sono inutili, e non ne aveano tra il popolo che era necessario, ed a cui intanto erano ignoti per esser troppo superiori. *Paggio*, capo de' lazaroni del *Mercato*, è un uomo dispregevole per tutt' i versi, ma intanto *Paggio*, e non *Pagano* era l'uomo del popolo; il quale *bestemmia* sempre tutto ciò che ignora.

Credo superfluo poi avvertire, che i giudizj del popolo non sono i miei; ma è necessario ricordare che in un'Opera destinata alla verità, ed all'istruzione, è necessario riferire tanto i giudizj miei, quanto quelli del popolo. Ciascuno sarà al suo luogo: è necessario saperli distinguere e riconoscere; e perciò è necessario aver la pazienza di leggere l'Opera intera, e non giudicarne da' tratti separati.

Questo Saggio è stato tradotto in tedesco. Son molto grato al sig. Kellert, il quale, senza che ne conoscesse l'autore, credette il libro degno degli studj suoi; più grato gli sono perchè lo ha tradotto in modo da farlo apparir degno dell' approvazione de' letterati di Germania, de' favorevoli giudizj de' quali io andrei superbo se non sapessi che si debbono in grandissima parte ai nuovi pregi che al mio libro ha voluto dare l'elegante traduttore. Pure tra gli elogi che il libro ha ottenuti non è mancata qualche censura, ed una tra le altre, scritta collo stile di un cavalier errante che unisce la ragione alla spada, leggesi nel giornale del sig. Archenholz intitolato la Minerva. L'articolo è sottoscritto dal sig. Dietrikstein, che io non conosco, ma che ho ragion di credere esser al tempo istesso valentissimo scrittore e guerriero, poiché si mostra pronto egualmente a sostener contro di me colla penna e colla spada, che il sig. barone di Mack sia un eccellente condottiero di armata, ad onta che nel mio libro io avessi tentato di far credere il contrario. In verità io dichiaro che valuto pochissimo i talenti militari del generale Mack. Quando io scriveva il mio Saggio avea presenti al mio pensiero la campagna di Napoli, e la seconda campagna delle Fiandre, ambedue dirette da Mack: vedeva nell'una e nell'altra gli stessi rovesci e le stesse cagioni di rovesci, e credei poter ragionevolmente conchiudere che la colpa fosse del Generale. Ciò che è effetto di sola fortuna non *si ripete con tanta simiglianza due volte. Quando poi pervenne in Milano l'articolo del sig. Dietrikstein, era già aperta l'ultima campagna. L'amico che mi comunicò l'articolo avrebbe desiderato che io avessi fatta qualche risposta. Ma due giorni appresso il cannone della piazza annunziò la vittoria di Ulma, ed io rimandai all'amico l'articolo, e vi scrissi a piè della pagina: la risposta è fatta.*

Questo mio libro non deve esser considerato come una storia, ma bensì come una raccolta di osservazioni sulla storia. Gli avvenimenti posteriori han dimostrato che io ho osservato con imparzialità e non senza qualche acume. Gran parte delle cose che io avea previste si sono avverate; l'esperimento delle cose posteriori ha confermati i giudizj che avea pronunziati sulle antecedenti. Mentre quasi tutta l'Europa teneva Mack in conto di gran generale, io solo, io il primo, ho vendicato l'onor della mia nazione, ed ho asserito che le disgrazie da lui sofferte nelle sue campagne non eran tanto effetto di fortuna quanto d'ignoranza. Fin dal 1800 io ho indicato il vizio fondamentale che vi era in tutte le leghe che si concertavano contro la Francia, e pel quale tutt' i tentativi de' collegati dovean sempre avere un esito infelice ad onta di tutte le vittorie che avessero potuto ottenere: e tutto ciò perchè le vittorie consumano le forze al pari o poco meno delle disfatte, e le forze si perdono inutilmente se son prive di consiglio, o lo scopo è tale che non possa ottenersi.

Desidero che chiunque legge questo libro paragoni gli avvenimenti de' quali nel medesimo si parla a quelli che sono succeduti alla sua pubblicazione. Troverà che spesso il giudizio da me pronunziato sopra quelli è stata una predizione di questi, e che l'esperienza posteriore ha confermate le antecedenti mie osservazioni. Il gabinetto di Napoli ha continuato negli stessi errori: sempre lo stesso incerto oscillar nella condotta, la stessa alternativa di speranze e di timore, e quella sempre temeraria, questo sempre precipitoso; moltissima fiducia negli aiuti stranieri, nessuna fiducia, e perciò nessuna cura delle forze proprie; non mai un'operazione ben concertata; nella prima lega il trattato di Tolentino e la spedizione di Tolone conchiuso e fatta fuori di ogni ragione e di opportunità: nella seconda l'invasione dello stato Pontificio fatta prima che l'Austria pensasse a mover le sue armate, le operazioni del picciolo corpo che Damas comandava in Arezzo incominciate quando le forze austriache non esistevano più: nella terza finalmente un trattato segnato colla Francia mentre forse non era necessario poiché si pensava di infrangerlo; i Russi e gl'Inglesi chiamati quando già la somma delle cose era stata decisa in Austerlitz, l'inutile macchia di traditore, e l'inopportunità del tradimento, e l'obbrobrio di vedere un re che comanda a sette milioni di uomini divenire, per colpa de' suoi ministri, e quasi il fattore degl'Inglesi e cedere il comando delle sue proprie truppe entro il suo proprio regno, ad un generale Russo. Ricercate le cagioni di tutti questi avvenimenti e troverete esser sempre le stesse: un ministro che traeva gran parte del suo potere dall'Inghilterra ove avea messo in serbo le sue ricchezze; l'ignoranza delle forze della propria nazione, la nessuna cura di migliorare la di lei sorte, di ridestare negli animi degli abitanti l'amor della patria, della milizia e della gloria; lo stato di violenza che naturalmente dovea sorgere da quella specie di lotta, che era inevitabile tra un popolo naturalmente pieno di energia, ed un ministro straniero che volea tenerlo nella miseria e nell' oppressione; la diffidenza che questo stesso ministro avea ispirata nell'animo de' Sovrani contro la sua nazione; tutto insomma, quello, che io avea predetto, dicendo che la condotta di quel gabinetto avrebbe finalmente perduto un'altra volta ed irreparabilmente il regno.

Avrei potuto aggiugnere alla storia della rivoluzione anche quella degli avvenimenti posteriori fino ai nostri giorni. Riserbo questa occupazione a' tempi ne' quali avrò più ozio e maggior facilità di istruirmene io stesso, ritornato che sarò nella mia patria. Ne formerò un altro volume dello stesso sesto, carta e caratteri del presente. Intanto nulla ho voluto cangiare al libro che avea pubblicato nel 1800. Quando io componeva quel libro il Gran NAPOLEONE era appena ritornato dall'Egitto; quando si stampava, Egli avea appena prese le redini delle cose, appena avea incominciata la magnanima impresa di ricomporre le idee, e gli ordini della Francia e dell'Europa. Ma Io ho il vanto di aver desiderate non poche di quelle grandi cose che egli posteriormente ha fatte; ed in tempi ne' quali tutt' i principj erano esagerati ho il vanto di aver raccomandata, per quanto era in me, quella moderazione che è compagna inseparabile della sapienza e della giustizia, e che si può dire la massima direttrice di tutte le operazioni che ha fatte l'Uomo Grandissimo. Egli ha verificato l'adagio Greco per cui si dice che gl'Iddii han data una forza infinita alle mezze proporzionali, cioè alle idee di moderazione, di ordine, di giustizia. Le stesse lettere che io avea scritte al mio amico Russo sul progetto di costituzione composto dall'illustre e sventurato Pagano, sebbene oggi superflue, pure le ho conservate e come un momumento di storia, e come una dimostrazione che tutti quelli ordini che allora credevansi costituzionali non eran che anarchici. La Francia non ha incominciato ad aver ordine, l'Italia non ha incominciato ad aver vita, se non dopo NAPOLEONE; e tra li tanti beneficj che Egli all'Italia ha fatti non è l'ultimo certamente quello di aver donato a Milano EUGENIO ed alla mia patria GIUSEPPE.

LETTERA DELL'AUTORE

N. Q.

Quando io incominciai ad occuparmi della storia della rivoluzione di Napoli, non ebbi altro scopo che quello di raddolcire l'ozio e la noia dell'emigrazione. È dolce cosa rammentar nel porto le tempeste passate. Io avea ottenuto il mio intento; nè avrei pensato ad altro, se tu e gli altri amici, ai quali io lessi il manoscritto, non aveste creduto che esso potesse esser utile a qualche altro oggetto.

Come va il mondo! Il re di Napoli dichiara la guerra ai Francesi, ed è vinto; i Francesi conquistano il di lui regno, e poi l'abbandonano; il re ritorna, e dichiara delitto capitale l'aver amata la patria mentre non apparteneva più a lui. Tutto ciò è avvenuto senza che io vi avessi avuto la minima parte, senza che nè anche lo avessi potuto prevedere; ma tutto ciò ha fatto sì che io sia stato esiliato; che sia venuto in Milano, dove, per certo, seguendo il corso ordinario della mia vita, non era destinato a venire, e che quivi, per non aver altro che fare, sia diventato autore. Tutto è concatenato nel mondo, diceva *Panglos*: possa tutto esserlo per le meglio!

Sag. Stor.

In altri tempi non avrei permesso certamente che l'opera mia vedesse la luce. Fino a jer l'altro invece di principj non abbiamo avuto che *l'esaltazione de' principj;* cercavamo la libertà, e non avevamo che sette. Uomini, non tanto amici della libertà quanto nemici dell'ordine, inventavano una parola per fondare una setta, e si proclamavan capi di una setta per aver dritto di distruggere chiunque seguisse una setta diversa. Quegli uomini ai quali l'Europa rimprovererà eternamente la morte di *Vergniaud*, di *Condorcet*, di *Lavoisier* e di *Baily*; quegli uomini che riunirono entro lo stesso tempio alle ceneri di *Rousseau* e di *Voltaire* quelle di *Marat*, e ricusarono di raccogliervi quelle di *Montesquieu*, non erano certamente gli uomini da' quali l'Europa sperar poteva la sua felicità.

Un nuovo ordine di cose ci promette maggiori e più durevoli beni. Ma credi tu che l'oscuro autore di un libro possa produrre la felicità umana? In qualunque ordine di cose le idee del vero rimangono sempre sterili, o generan solo qualche inutile desiderio negli animi degli uomini dabbene, se accolte e protette non vengano da coloro ai quali è affidato il freno delle cose mortali.

Se io potessi parlare a colui a cui questo nuovo ordine si deve, gli direi, che l'obbligo ed il disprezzo appunto di tali idee fece sì che la nuova sorte, che la sua mano e la sua mente avean data all'Italia, quasi divenisse per costei nella di lui lontananza, sorte di desolazione, di ruina e di morte, se egli stesso non ritornava a salvarla.

Un uomo, gli direi, che ha liberata due volte l'Italia; che ha fatto conoscere all'Egitto il nome Francese; e che ritornando, quasi sulle ali de' venti simile alla folgore, ha dissipati, dispersi, atterrati coloro che eransi uniti a perdere quello Stato che egli avea creato ed illustrato colle sue vittorie, molto ha fatto per la sua gloria, ma molto altro ancora può e deve fare per il bene dell'umanità. Dopo aver infrante le catene all'Italia, ti rimane ancora a renderle la libertà cara e sicura, onde nè per negligenza perda, nè per forza le sia rapito il tuo dono. Che se la mia patria, come piccolissima parte di quel grande insieme di cui si occupano i tuoi pensieri, è destino che debba pur servire all'ordine generale delle cose, e se è scritto ne' fati di non poter avere tutti quei beni che essa spera, abbia almeno per te alleviamento a quei tanti mali onde ora è oppressa! Tu vedi sotto il più dolce cielo, e nel più fertile suolo dell'Europa la giustizia divenuta istrumento dell'ambizione di un ministro scellerato, il dritto delle genti conculcato, il nome Francese vilipeso, un orribile carneficina d'innocenti ch'espiano colla morte e tra tormenti le colpe non loro; e nel momento istesso in cui ti parlo, diecimila gemono ancora, ed invocano, se non un liberatore, almeno un intercessore potente.

Un grande uomo dell'antichità che tu eguagli per cuore e vinci per mente; uno che come te prima vinse i nemici della patria, e poscia riordinò quella patria per la quale avea vinto, *Gerone* di Siracusa, per prezzo della vittoria riportata sopra i Cartaginesi, impose loro l'obbligo di non ammazzare più i proprj figli. *Egli allora stipulò per lo genere umano.*

Se tu ti contenti della sola gloria di conquistatore, mille altri troverai i quali han fatto, al pari di te, tacere la terra al loro cospetto; ma se a questa gloria vorrai aggiungere anche quella di fondatore di saggi governi e di ordinatore di popoli, allora l'umanità riconascente ti assegnerà nella memoria de' posteri un luogo nel quale avrai pochissimi rivali o nessuno.

L'adulazione rammenta ai potenti quelle virtù de' loro maggiori che essi non sanno più imitare; la filosofia rammenta ai grandi uomini le virtù proprie perchè proseguano sempre più costanti nella magnanima loro impresa . . . . .

N. B. Ogni volta che si parlerà di moneta di Napoli, il conto s'intenda sempre in ducati: ogni ducato corrisponde a quattro lire di Francia.

SAGGIO STORICO

SULLA

RIVOLUZIONE DI NAPOLI.

§. I.

Introduzione.

Io imprendo a scriver la storia di una rivoluzione, che dovea formare la felicità di una nazione, e che intanto ha prodotta la sua ruina (1). Si vedrà in meno di un anno un gran regno rovesciato mentre minacciava conquistar tutta l'Italia; un' armata di ottantamila uomini battuta, dissipata, distrutta da un pugno di soldati; un re debole, consigliato da ministri vili, abbandonare i suoi Stati senza verun pericolo; la libertà nascere e stabilirsi quando meno si sperava; il fato istesso combattere per la buona causa, e gli errori degli uomini distruggere l'opera del fato, e far risorgere dal seno della libertà un nuovo dispotismo e più feroce.

Le grandi rivoluzioni politiche occupano nella storia dell'uomo quel luogo istesso che tengono i fenomeni

---

(1) *Questo libro fu scritto nell' anno 1800, e quindi si comprende facilmente di quale ruina si vuol parlare.* (Nota dell' Editore.)

straordinarj nella storia della natura. Per molti secoli le generazioni si succedono tranquillamente come i giorni dell'anno: esse non hanno che i nomi diversi, e chi ne conosce una le conosce tutte. Un avvenimento straordinario sembra dar loro una nuova vita: nuovi oggetti si presentano ai nostri sguardi; ed in mezzo a quel disordine generale, che sembra voler distruggere una nazione, si scoprono il suo carattere, i suoi costumi, e le leggi di quell'ordine del quale prima si vedevano solamente gli effetti.

Ma una catastrofe fisica è per l'ordinario più esattamente osservata e più veracemente descritta di una catastrofe politica. La mente in osservar questa segue sempre i moti irresistibili del cuore; e degli avvenimenti che più interessano il genere umano, invece di aversene la storia, non se ne ha per lo più che l'elogio o la satira. Troppo vicini ai fatti de' quali vogliam fare il racconto, noi siamo oppressi dal loro numero istesso; non ne vediamo l'insieme; ne ignoriamo le cagioni e gli effetti; non possiamo distinguere gli utili dagl'inutili, i frivoli dagl'importanti, finchè il tempo non li abbia separati l'uno dall'altro, e, facendo cader nell'obblio ciò che non merita di esser conservato, trasmetta alla posterità solo ciò che è degno della memoria, ed utile all'istruzione di tutt'i secoli.

La posterità che ci deve giudicare scriverà la nostra storia. Ma siccome a noi spetta di prepararle il materiale de' fatti, così sia permesso di prevenirne il giudizio. Senza pretendere di scriver la storia della rivoluzione di Napoli, mi sia permesso trattenermi un momento sopra alcuni avvenimenti che in essa mi sembrano più importanti, ed indicare ciò che ne' medesimi vi sia da lodare, ciò che vi sia da biasimare. La posterità, esente da passioni, non è sempre libera da pregiudizj in favor di colui che rimane ultimo vincitore; e le nostre azioni potrebbero esser calunniate sol perchè sono state infelici.

Dichiaro che non sono addetto ad alcun partito, a

meno che la ragione e l'umanità non ne abbiano uno. Narro le vicende della mia patria; racconto avvenimenti che io stesso ho veduto, e de' quali sono stato io stesso un giorno non ultima parte; scrivo pei miei concittadini che non debbo, che non posso, che non voglio ingannare. Coloro i quali colle più pure intenzioni e col più ardente zelo per la buona causa, per mancanza di lumi o di coraggio l'han fatta rovinare; coloro i quali o son morti gloriosamente, o gemono tuttavia vittime del buon partito oppresso, mi debbono perdonare se nemmen per amicizia offendo quella verità che deve esser sempre cara a chiunque ama la patria; e debbono esser lieti, se non avendo potuto giovare ai posteri colle loro operazioni, possano almeno esser utili cogli esempj de' loro errori e delle sventure loro.

Di qualunque partito io mi sia, di qualunque partito sia il lettore, sempre gioverà osservare come i falsi consigli, i capricci del momento, l'ambizione de' privati, la debolezza de' magistrati, l'ignoranza de' proprj doveri e della propria nazione, sieno egualmente funesti alle repubbliche ed ai regni; ed i nostri posteri dagli esempj nostri vedranno che qualunque forza senza saviezza non fa che distrugger sè stessa; e che non vi è vera saviezza senza quella virtù che tutto consacra al bene universale.

§. II.

Stato dell' Europa dopo il 1793.

Ma prima di trattar della nostra rivoluzione convien risalire un poco più alto, e trattenersi un momento su gli avvenimenti che la precedettero; veder qual era lo stato della nazione, quali cagioni la involsero nella guerra, quali mali soffriva, quali beni sperava: così il lettore sarà in istato di meglio conoscere le sue cause e giudicar più sanamente de' suoi effetti.

La Francia fin dal 1789 avea fatta la più gran rivolusione di cui ci parli la storia. Non vi era esempio di rivelazione che, volendo tutto riformare, avea tutto distrutto. Le altre aveano combattuto e vinto un pregiudizio con un altro pregiudizio, un'opinione con un'altra opinione, un costume con un altro costume: questa avea nel tempo istesso attaccato e rovesciato l'altare, il trono, i diritti e le proprietà delle famiglie, e finanche i nomi che nove secoli avean resi rispettabili agli occhi de' popoli.

La rivoluzione Francese, sebbene prevista da alcuni pochi saggi ai quali il volgo non suole prestar fede, scoppiò improvvisa, e sbalordì tutta l'Europa. Tutti gli altri sovrani, parte per parentela che li univa a Luigi XVI, parte per proprio interesse, temettero un esempio che potea divenir contagioso.

Si credette facile impresa estinguere un incendio nascente. Si sperò molto sui torbidi interni che agitavano la Francia, non tornando in mente ad alcuno, che all'avvicinar dell'inimico esterno l'orgoglio nazionale avrebbe riuniti tutt'i partiti divisi. Si sperò molto nella decadenza delle arti e del commercio, nella mancanza assoluta di tutto in cui era caduta la Francia; si sperò a buon conto vincerla per miseria e per fame, senza ricordarsi che il periglio rende gli entusiasti guerrieri, e la fame rende i guerrieri eroi. Una guerra esterna mossa con eguale ingiustizia ed imprudenza assodò una rivoluzione che senza di essa sarebbe degenerata in guerra civile.

L'Inghilterra meditava conquiste immense e vantaggi infiniti nel suo commercio sulla ruina di una nazione che sola allora era la sua rivale. La corte di Londra più che ogni altra corte di Europa temer dovea il contagio delle nuove opinioni, che si poteano dire quasi nato nel seno dell'Inghilterra; e per renderle odiose al popolo Inglese mezzo migliore non ritrovò che risvegliare l'antica rivalità nazionale onde farle odiare, se non come irragionevoli, almen come Francesi. *Pitt* vedeva che gli abitanti della G. Brettagna, e specialmente gl'Irlandesi e

Scozzesi, eran disposti a fare altrettanto, la rivoluzione sarebbe scoppiata in Inghilterra, se gl'Inglesi quasi non avessero sdegnato d'imitare i Francesi (1).

L'Inghilterra, sebbene non fosse stata la prima a dichiarar la guerra, fu però la prima a soffiare il fuoco della discordia. L'Austria, seguì l'invito della sua antica e naturale alleata. Le corti di Europa non conoscevano la repubblica. Dalla perdita inevitabile della Francia speravano un guadagno sicuro. La Prussia l'avea già ottenuto nel congresso di *Pilnitz* colla divisione della Polonia. L'Inghilterra e la Prussia mossero lo *Statolder*, il quale volea distrarre con una guerra esterna gli animi non troppo tranquilli de' Batavi, resi da poco suoi sudditi, ed amava veder distrutti coloro che potevan esser un giorno non deboli protettori de' medesimi. La Prussia e l'Austria strascinarono i piccoli principi dell'Impero, i quali, più che dalla perdita di pochi, incerti, inutili dritti che la rivoluzione di Francia avea lor tolti in Alsazia ed in Lorena, erano mossi dall'oro degl'Inglesi, ai quali da lungo tempo erano avvezzi a vendere il sangue de' proprj sudditi. Il re di Sardegna seguì le vie di sua antica politica, ed avvezzo ad ingrandirsi tra le dissensioni della Francia e dell'Austria, alle quali vendeva alternativamente i suoi soccorsi, tenne sulle prime il partito della lega, che gli parve il più forte. Finalmente anche la Spagna seguì l'impulso generale, e la guerra fu risoluta.

Si aprì la campagna con grandissime vittorie degli alleati, ma ben presto furono seguite dai più terribili rovesci. I Francesi seppero distaccar la Prussia dalla lega, la quale, ottenuta la sua porzione di Polonia, comprese che

---

(1) *Tutto ciò era stato previsto da Burke. Egli solo tra gl'Inglesi avea predetto che la guerra dovea per necessità riuscir funesta; che l'interesse dell'Inghilterra era quello di far cessare la rivoluzione colla mediazione ec. ec. ec.*

tra due potenze di prim' ordine che si laceravano e distruggevano a vicenda, suo meglio era quello di rimaner neutrale.

La corte di Spagna s' ingelosì ben presto dell'Inghilterra che sola voleva ritrar profitto dalla guerra comune. La condotta degl'Inglesi in Tolone fece scoppiare il mal umore che da lungo tempo covava nel suo seno, e Carlo IV non volle più impiegar le sue forze ad accrescere una nazione che egli dovea temere più della Francese. Mentre i suoi eserciti erano battuti per terra, le sue flotte rimanevano inoperose per mare; mentre i Francesi guadagnavano in Europa, egli avrebbe potuto aver un compenso in America, e dar fine così alla guerra con una vicendevole restituzione, senza quelle perdite che fu costretto a soffrire per ottenere la pace. Il desiderio dei Francesi era appunto quello che molti loro dichiarassero la guerra, e niuno la facesse con tutte le sue forze; così ogni nuovo nemico dava ai Francesi una nuova vittoria, e quella lega che dovea abbassarli serviva ad ingrandirli.

La guerra era ormai divenuta, come nell'antica Roma, indispensabile alla Francia, tra perchè teneva luogo di tutte le arti e di tutto il commercio che prima formavano la sussistenza del popolo, tra perchè un governo quasi sempre fazioso la considerava come un mezzo di occupare e distrarre gli animi troppo attivi degli abitanti, ed allontanare i torbidi che sogliono fermentar nella pace. Quindi si sviluppò quel sistema di democratizzazione universale, di cui i politici si servivan per interesse, a cui i filosofi applaudivano per soverchia buona fede; sistema che alla forza delle armi riunisce quella della opinione; che suol produrre e talora ha prodotti quegl'imperi che tanto somigliano ad una monarchia universale.

§. III.

Stato d'Italia fino alla pace di Campoformio.

In breve tempo li Francesi si videro vincitori e padroni delle Fiandre, dell'Olanda, della Savoja, e di tutto l'immenso tratto ch'è lungo la sinistra sponda del Reno. Non ebbero però in Italia sì rapidi successi; e le loro armate stettero tre anni a piedi delle Alpi, che non poterono superare, e che forse non avrebbero superate giammai, se il genio di *Bonaparte* non avesse chiamata anche in questi luoghi la vittoria.

Quando l'impresa d'Italia fu affidata a *Bonaparte* era quasi che disperata. Egli si trovò alla testa di un'armata alla quale mancava tutto, ma che era uscita dalla Francia nel momento del suo maggiore entusiasmo, e che era da tre anni avvezza ai disagi ed alle fatiche; si trovò alla testa di coraggiosi avventurieri risoluti di vincere o morire. Egli avea tutt'i talenti, e quello specialmente di farsi amare dai soldati, senza del quale ogni altro talento non val nulla.

Se le campagne di *Bonaparte* in Italia si vogliono paragonare a quelle che i Romani fecero ne' paesi stranieri, si potranno dir simili solo a quelle colle quali conquistarono la Macedonia. *Scipione* ebbe a combattere un grandissimo capitano che non avea nazione; molti altri non ebbero a fronte nè generali nè nazioni guerriere: solo nella Macedonia i Romani trovarono potenza bene ordinata, nazione agguerrita ed audace per freschi trionfi, e generali i quali se non aveano il genio sapevano almeno la pratica dell'arte. *Bonaparte* cangiò la tattica, cangiò la pratica dell'arte; e le pesanti evoluzioni de' Tedeschi divennero inutili come le falangi de' Macedoni in faccia ai Romani. Supera le Alpi e piomba nel Piemonte. Costringe il re di Sardegna, stanco forsi da una guerra di cinque anni, privato di buona porzione de' suoi domiuj, abbandonato dagli Austriaci ridotti a difendere il loro paese, a sottoscrivere un'armistizio forse necessario ma al certo non onorevole, ed a cedere a titolo di deposito fino alla pace quelle piazze che ancor potea e che difender dovea fino alla morte. Dopo ciò la campagna non fu che una serie continua di vittorie.

L'Italia era divisa in tanti piccoli stati, i quali però riuniti pur potevano opporre qualche resistenza. *Bonaparte* fu sì destro da dividere i loro interessi. Questa è la sorte, dice *Macchiavelli*, di quelle nazioni le quali han già guadagnata la riputazione delle armi: ciascuno brama la loro amicizia, ciascuno procura distornare una guerra che teme. Così i Romani han combattuto sempre i loro nemici ad uno ad uno, e li han vinti tutti. Il papa tentò di stringere una lega Italica. Concorrevano volentieri a questa alleanza le corti di Napoli e di Sardegna; la prima delle quali s'incaricò d'invitarvi anche la Repubblica Veneta. Ma i *savj* di questa repubblica, alle proposizioni del residente Napolitano risposero che nel Senato Veneto era già quasi un secolo che non parlavasi di alleanza; che si sarebbe proposta inutilmente, ma che se mai la lega fosse stata stretta tra gli altri principi non era difficile che la Repubblica vi accedesse. Ma quando il gabinetto di Vienna ebbe cognizioni di tali trattative vi si oppose acremente, e mostrò con parole e con fatti che più della rivoluzione Francese temeva l'unione Italiana!

Allora si vide quanto lo stato politico degl'Italiani fosse infelice, non solo perchè divisi in tanti piccoli stati, che pure la divisione non sarebbe stata il più grave de' mali; ma perchè da duecento anni o conquistati o quel che è peggio, protetti dagli stranieri; all'ombra del sistema generale d'Europa; senz'aver guerra tra loro, senza temerne dagli esteri; tra la servitù e la protezione, avean perduto ogni amor di patria ed ogni virtù militare. Noi in questi ultimi tempi non solo non abbiam potuto rinnovar gli esempj antichi de' nostri avi antichissimi, i quali riuniti conquistarono tanta parte dell'universo, ma ne anche quei meno illustri dei tempi a noi più vicini, quando divisi tra noi, ma indipendenti da tutto il rimanente dell'Europa, eravamo Italiani, liberi, ed armati.

Gli Austriaci rimasti soli non poterono sostener l'impeto nemico: tutta la Lombardia fu invasa; Mantova cadde, ed essi furono respinti fino al Tirolo. *Bonaparte* era già poco lontano da Vienna; l'Europa aspettava da momento a momento azioni più strepitose, quando si vide la Francia condiscendere ad una pace colla quale essa acquistava il possesso della sinistra sponda del Reno e dell'importante piazza di Magonza, e l'Austria riconosceva l'indipendenza della repubblica Cisalpina in compenso della quale le si davano i dominj della repubblica Veneta. Questa col risolversi troppo tardi alla guerra altro non avea fatto che dare ai più potenti un plausibile motivo di accelerare la sua ruina.

Per qual forza di destino avrebbe potuto sussistere un governo il quale da due secoli avea distrutta ogni virtù ed ogni valor militare, che avea ristretto tutto lo Stato nella sola capitale, e poscia avea concentrata la capitale in poche famiglie, le quali sentendosi deboli a tanto impero non altra massima aveano che la gelosia, non altra sicurezza che la debolezza de' sudditi, e più che ogni nemico esterno temer doveano la virtù de' proprj sudditi. Non so che avverrà dell'Italia; ma il compimento della profezia del segretario Fiorentino, la distruzione di quella vecchia imbecille oligarchia Veneta, sarà sempre per l'Italia un gran bene. Ed io che tra i beni che posson ricevere i popoli il primo luogo do a quelli della mente, cioè al giudicar retto onde vien poi l'oprar virtuoso e nobile, io credo esser già sommo vantaggio il veder tolto l'antico errore per cui i gentiluomini Veneziani godevan nelle menti del volgo fama di sapienti reggitori di Stato.

Il trattato di Campoformio era vantaggioso a tutte e due le potenze contraenti. L'Austria sopra tutto vi avea guadagnato moltissimo; e se rimaneva ancora qualche altro oggetto a determinarsi era facile prevedere che a spese de' più piccoli principi di Germania essa avrebbe guadagnato anche dippiù. Ma era facile egualmente prevedere che l'Inghilterra, avendo sola tra gli alleati colla guerra guadagnato, e dovendo sola restituire, esser dovea lontana dai pensieri di pace.

Il governo che allora avea la Francia, checchè molti credessero, avea, almen per poco, rinunciato al progetto di democratizzazione universale, il quale al modo come l'aveano i Francesi immaginato, era solo eseguibile in un momento di entusiasmo. I Romani mostravan di rendere ai popoli gli ordini che essi bramavano, ma non avevan la smania di portar dappertutto gli ordini di Roma. Quindi i Romani conservarono meglio e più lungamente l'apparenza di liberatori de' popoli. Ma il governo Francese riteneva tuttavia il primiero linguaggio per vendere a più caro prezzo le sue promesse e le sue minacce; eravi sempre una contraddizione tra i proclami de' generali e le negoziazioni de' ministri; tra le parole date ai popoli e quelle date ai re; e tra queste continue contraddizioni si faceva ora coi popoli ora coi re un traffico continuo di speranze e di timori.

Già da questo ognuno prevedeva, che il trattato di Campoformio avea sol per poco sospesa la democratizzazione di tutta l'Italia. Il re di Sardegna non era che il ministro della repubblica Francese in Torino; il duca di Toscana ed il papa non erano nulla. *Berthier* finalmente occupò Roma; la distruzione di un vecchio governo teocratico non costò che il volerlo; tale è lo stato dell'Italia che chiunque vuole o salvarla o occuparla deve riunirla, e non si può riunire senza cangiare il governo di Roma. L'indifferenza colla quale l'Italia riguardò tale avvenimento, mostrò bene qual progresso le nuove opinioni avean fatto negli animi degli Italiani.

§. IV.

Napoli. Regina.

Rimaneva il regno di Napoli, e forse, almen per quel tempo, i Francesi non aveano nè interesse, nè forza, nè volontà di attaccarlo. Ma la parentela coi sovrani di Francia; l'influenza preponderante del gabinetto Inglese; il carattere della regina, tutto contribuiva a fomentare nella corte di Napoli l'odio che, fin da principio, più caldo che ogni altra corte di Europa, avea spiegato contro la rivoluzione Francese. La regina nel viaggio che avea fatto per la Germania e per l'Italia, in occasione del matrimonio delle sue figlie, era stata la prima motrice di quella lega che poi si vide scoppiare contro la Francia. La forza costrinse la corte di Napoli a sottoscrivere una neutralità, quando *La-Touche* venne con una squadra in faccia alla stessa capitale. Forse allora temette più di quel che dovea: se avesse prolungata per due altri giorni le trattative, la stagione ed i venti avrebbero fatta vendetta di una flotta, che troppo imprudentemente si era avventurata, entro un golfo pericoloso, in una stagione pericolosissima.

La presa di Tolone fece rompere di nuovo la neutralità. Al pari delle altre corti, quella di Napoli inviò delle truppe a sostenere una sciagurata impresa più mercantile che guerriera, la quale, nel modo in cui fu immaginata e diretta, potea esser utile solo agl'Inglesi. Nella primavera seguente inviò due brigate di cavalleria nella Cisalpina in soccorso dell'imperatore; esse si condussero molto bene. Ma le vittorie di *Bonaparte* in Italia fecero ricadere la corte ne' suoi timori, e si affrettò a conchiudere una pace nel tempo appunto in cui l'imperatore avea maggior bisogno de' suoi ajuti; nel tempo in cui, non presa ancora Mantova, non distrutte ancora tutte le forze imperiali in Italia, poteva, facendo avanzar le sue truppe, produrre un potente e forse pericoloso diversivo. Il governo Francese, ad una corte, che non sapeva far la guerra, seppe vendere quella pace che esso avrebbe dovuto e che forse era pronto a comprare.

Perchè si ebbe tanta paura della flotta di *La-Touche?* Perchè si credeva che in Napoli vi fossero cinquantamila pronti a prender l'armi in di lui favore. Non vi era nessuno, nessuno... Qual fu nella trattativa di questa pace il grande oggetto del quale si occupò la corte di Napoli? La liberazione di circa 200 *scolaretti* che teneva arrestati nelle sue fortezze. Che non si fece, che non si pagò per far sì che il Direttorio non insistesse, come allora era di moda, per la liberazione *de' rei di opinione?* La regina non approvava quella pace, e forse avea ragione; ma credette aver ottenuto molto avendo ottenuto il diritto di poter incrudelire inutilmente contro pochi giovinetti che conveniva disprezzare... Non si perdano mai di vista questi fatti. La corte di Napoli non sapeva nè che temere nè che sperare: come si poteva pretendere che agisse saviamente?

La corte di Napoli era la corte delle irresoluzioni, della viltà, ed in conseguenza delle perfidie. La regina ed il re eran concordi solo nell'odiare i Francesi, ma l'odio del re era indolente, quello della regina attivissimo; il primo si sarebbe contentato di tenerli lontani, la seconda volea vederli distrutti. Ne' momenti di pericolo il re ascoltava i suoi timori, e più de' timori la sua indolenza; al primo favore di fortuna, al primo raggio di nuove e liete speranze, per cagione della stessa indolenza, abbandonava di nuovo gli affari alla regina.

Acton fomentava nel re un'indolenza che accresceva l'imperio suo e della regina; e questa per desiderio di comandare, non si avvedeva che *Acton* turbava tutte le cose e spingeva ad inevitabile rovina il re, il regno, e lei stessa. La regina era ambiziosa, ma l'ambizione è un vizio o una virtù secondo le vie che sceglie, secondo il bene e il male che produce. Ella venne la prima volta da Germania col disegno d'invadere il trono, nè si ristette finchè per mezzo degl'intrighi, e dell'ascendente che una colta educazione le dava sull'animo del marito, non giunse a cangiar tutt'i rapporti interni ed esterni dello Stato.

Il *marchese Tanucci* previde le funeste conseguenze del genio novatore della giovine regina, e volle opporvisi fin da quel momento in cui pretese di aver entrata e voto nel consiglio di Stato. Era questa una novità inaudita nel regno di Napoli, e molto più nella famiglia di Borbone; ma la regina vinse, e giurò vendicarsi di *Tanucci*: nè la sua età, nè il suo merito, nè li suoi lunghi e fedeli servigi poterono salvar questo vecchio amico di Carlo III ed ajo, per così dire, di suo figlio dalla umiliazione e dalla disgrazia.

Sotto un re debole, inimico ed infedele amico, tutti compresero non esservi da temere, non da sperare se non dalla regina; e tutti furono a lei venduti. Ella creò anche al di fuori nuovi sostegni all'Impero.

Tutti gl'interessi politici univano il regno di Napoli e quello di Francia e di Spagna, e questi legami potevano formar la felicità della nazione coi vantaggi del commercio e della pace. Ma gl'interessi della nazione potevano bene essere quelli del re, non mai però quelli della regina: ella volea nuovi rapporti politici che la sostenessero, se bisognasse contro il re, e, se fosse possibile, anche contro la nazione. Noi diventammo ligj dell'Austria, potenza lontana, dalla quale la nazione nostra nulla potea sperare e tutto dovea temere; potenza la quale, involta in continue guerre, ci strascinava ogni momento a prender parte negl'interessi altrui, senza poter mai sperare di veder difesi li nostri. La preponderanza, che l'Austria andata acquistando sulle nostre coste, offese la Spagna, ma la regina, lungi dal temere il suo sdegno, lo fomentò, lo spinse agli estremi, onde togliere al re ogni via di ravvedimento.

Sag. Stor.

I ministri del re doveano esser i favoriti della regina, ma questa sacrificava sempre i suoi favoriti ai disegni suoi. L'ultimo è stato il più fortunato di tutti, non perchè avesse più merito, ma perchè avea più audacia degli altri, li quali non combattevano con lui ad armi eguali, perchè non si permettevano tutto ciò ch' egli ardiva fare. Conservavano ancora costoro qualche vecchio sentimento di giustizia, di amicizia, di pubblica bene: come contrastare con uno che tutto sacrificava alla distruzione de' suoi nemici ed al favore della sua sovrana? (1)

Avea due titoli, oltre un terzo che gli attribuisce la fama, a meritare il favore della regina: era tra ministri del re il solo straniero, e seppe prima degli altri comprendere che in Napoli la regina era tutto, ed il re era un nulla. Giunse nel tempo in cui ardevano più che mai i disgusti colla corte di Spagna: *Sambuca* che allora era primo ministro prese il partito Spagnuolo; fu male accorto e vile; perdette la grazia della regina, e poco dipoi, come era inevitabile, anche quella del re. Si vide per poco suo successore *Caracciolo*, ma costui rotto dagli anni, e per natura portato all'indolenza, in una corte ove non si voleva il bene nè si soffriva il vero, non fu che l'ombra di un gran nome, e servì, senza saperlo, o almeno senza curarlo, a far risplendere *Acton*, che la regina voleva esaltare, ma che ancora non poteva vincere la riputazione de' più vecchi. La morte di *Caracciolo* diede luogo finalmente ai suoi disegni: *Acton* fu posto alla testa degli affari, il vecchio de *Marco*

---

(1) *Il lungo favore che costui ha goduto potrebbe forse far credere a taluno ch'egli avesse qualche talento, almeno di corte... Non ne ha nessuno... non ha altro che la scelleraggine: sarebbe mille volte caduto se avesse avuto a fronte un altro scellerato.*

Giovanni *Acton* venne dalla Toscana, cioè da uno Stato che non avea marina a crearne una in Napoli.

confinato ai minuti dettagli di casa reale : tutti gli altri ministri non furono che creature di *Acton*. La sola parte d'ingegno che *Acton* veramente possedeva era quella di conoscer gli uomini. Non vi era alcuno che meglio di lui sapesse definire il carattere morale de' suoi favoriti. Riputava *Castelcicala* vile e crudele nella sua viltà; *Vanni* entusiasta, ambizioso e crudele per furore quanto lo era *Castelcicala* per riflessione; *Simonetti* e *Corradini* ambedue uomini dabbene, ma il primo indolente, il secondo pedante, ed incapaci ambedue di opporsi a lui. Si servì di *Castelcicala*, fin da che era ministro in Londra.

§. V.

Stato del regno. Avvilimento della nazione.

Acton e la regina quasi congiurarono insieme per perdere il regno. La regina spiegò il più alto disprezzo per tutto ciò ch'era nazionale. Si voleva un genio? Dovea darcisi dall'Arno. Si voleva un uomo dabbene? Dovea venirci dall'Istro. Ci vedemmo inondati da una folla di stranieri i quali occuparono tutte le cariche, assorbirono tutte le rendite, senz'avere verun talento e verun costume, insultarono coloro ai quali rapivano la sussistenza. Il merito nazionale fu obbliato, fu depresso, e potè credersi felice quando non fu perseguitato (1).

Quel nobile sentimento di orgoglio che solo ispira le grandi azioni facendocene credere capaci; quel sentimento che solo ispira lo spirito pubblico e l'amor della patria; quel sentimento che in altri tempi ci fece esser grandi, e che oggi fa grandi tante altre nazioni di Europa, delle

---

(1) *Un esempio. Il re una volta nominò* Michele Arditi *segretario del magistrato del commercio ; lo nominò di moto proprio, e senza la precedente proposta di* Acton....

quali fummo un tempo e maestri e signori, era interamente estinto presso di noi. Noi diventammo a vicenda or Francesi, or Tedeschi, ora Inglesi; noi non eravamo più nulla. Tante volte e sì altamente per venti anni ci era ripetuto che noi non valevamo nulla, che quasi si era giunto a farcelo credere.

La nazione Napoletana sviluppò prima una frivola mania per le *mode* degli esteri; questo produceva un male al nostro commercio, ed alle nostre manifatture: in Napoli un sartore non sapeva cucire un abito, se il disegno non fosse venuto da Londra o da Parigi. Dall'imitazione delle vesti si passò a quella del costume e delle maniere, indi all'imitazione delle lingue, si apprendeva il Francese e l'Inglese, mentre era più vergognoso il non sapere l'Italiano (1); l'imitazione delle lingue portò seco finalmente quella delle opinioni. La mania per le nazioni estere prima avvilisce, indi ammiserisce, finalmente rovina una nazione, spegnendo in lei ogni amore per le cose sue. La regina fu la prima ad aprir la porta a quelle novità, che ella stessa poi con tanto furore ha perseguitate. Una nazione che troppo ammira le cose straniere, alle cagioni di rivoluzione che porta seco il corso politico di ogni popolo, aggiunga anche quelle degli altri popoli. Quanti tra noi erano democratici solo perchè lo erano i Francesi? Sopra cento teste voi dovete contare in ogni nazione cinquanta donne, e quarantotto uomini più frivoli delle donne; essi non ragionano in altro modo che in questo: *in . . . . si pettina meglio, si veste meglio, si cucina meglio, si parla meglio: la prova n'è che noi ci pettiniamo, mangiamo, ci vestiamo com'essi fanno; come è possibile che quella nazione non pensi, e non operi meglio di noi?* (2)

----

(1) . . . . . *Omnia graece*
Cum sit nobis turpe magis nescire latine.
È *un gran carattere di ogni nazione corrotta dal tempo di Giovenale fin oggi.*

(2) *Nella stessa Francia la rivoluzione è stata prece-*

§. VI.

Inquisizione di Stato.

I nostri affetti, preso che abbiano un corso, più non si arrestano. L'odio segue il disprezzo, e dietro l'odio vengono il sospetto ed il timore. La regina che non amava la nazione, temeva di esserne odiata; e questo affetto, sebbene penoso, ha bisogno al pari di ogni altro di essere fomentato. Chiunque le parlò male della nazione fu da lei ben accolto.

La novità delle opinioni politiche accrebbero i suoi sospetti e diedero nuovi mezzi ai cortigiani per guadagnare il suo cuore. *Acton* non mancò di servirsene per perder *Medici* e qualche altro illustre suo rivale. Quindi si sciolse il freno e si portò la desolazione nel seno di tutte le famiglie.

Un esempio. I nostri giovinetti in quegli anni aveano per moda di far delle corse a cavallo per *Chiaja* ed ai *Bagnuoli*. Si dette a credere ad *Acton*, o piuttosto *Acton* volle dar a credere alla corte, che essi volessero rinnovare le corse Olimpiche. Qual rapporto tra le corse dei nostri giovani Napolitani e quelle de' Greci? E quando anche quelle fossero state un'imitazione di queste, qual male? qual pericolo? *Acton* intanto incaricò la polizia di vegliare su queste corse, come se si fosse trattato della marcia di venti squadroni nemici che piombassero sulla capitale.

Alcuni giovani entusiasti, ripieni la testa delle nuove teorie, leggevano ne' fogli periodici degli avvenimenti della rivoluzione Francese, e ne parlavano tra di loro, o, cioc-

duta da 50 anni di Anglomania. *Coloro che hanno pratica della letteratura Francese lo potranno facilmente avvertire. Da cinquant'anni in qua i Francesi stessi troppa disprezzavano le cose loro.*

chè val molto meno, ne parlavano alle loro innamorate ed ai loro parrucchieri. Essi non aveano altro delitto che questo, nè giovani senza grado, senza fortuna, senza opinione, potevano tentarne altro. Fu eretto un tribunale di sangue col nome di *Giunta di Stato* per giudicarli come se avessero già ucciso il re e rovesciata la Costituzione.

Pochi magistrati tra coloro che componevano la giunta, amanti veracemente del re e della patria, vedendo che il primo, il vero, il solo delitto di Stato era quello di seminar diffidenze tra il sovrano e la nazione, ardirono prendere la difesa dell'innocenza, e proporre al re che la pena de' rei di Stato mal si applicava a pochi giovani inesperti, i quali non di altro delitto eran rei che di aver parlato di ciò che era meglio tacere; di aver approvato ciò che era meglio esaminare; delitto di giovani, i quali si sarebbero corretti coll'età e coll'esperienza, che avrebbe smentite le brillanti ma fallaci teorie, onde erano le loro menti invasate. I mali di opinione si guariscono col disprezzo e coll'obblio; il popolo non intenderà, non seguirà mai i filosofi. Ma se voi perseguitate le opinioni, allora esse diventano sentimenti; il sentimento produce l'entusiasmo, l'entusiasmo si comunica; vi inimicate chi soffre la persecuzione, vi inimicate chi la teme, vi inimicate anche l'uomo indifferente che la condanna; e finalmente l'opinione perseguitata diventa generale, e trionfa.

Ma ove si tratta di delitto di Stato le più evidenti ragioni rimangono inefficaci. Imperciocchè di rado un tal delitto esiste, e di rado avviene che un uomo attenti con atto non equivoco alla costituzione o al sovrano di una nazione: il più delle volte si tratta di parole che vaglion meno delle minacce, o di pensieri che vagliono anche meno delle parole. Tali cose vagliono quanto li fa valere il timore di chi regna (1). Guai a chi ha ascoltato una

---

(1) *Giuliano a quel miserabile pazzo, il quale quasi pubblicamente ambiva l'impero, inviò in dono una veste di porpora: Tiberio lo avrebbe fatto impiccare.*

volta le voci del timore! Quanto più ha temuto, più dovrà temere. Molto temeva la regina di Napoli; ed *Acton* voleva che temesse di più. Le frequenti impressioni di sospetti e di timori che aveva sofferte aveano quasi alterato il di lei fisico e turbata interamente la serie e l'associazione delle sue idee. Persone degne di fede mi narrano che non senza pericolo di dispiacerle taluno le attestava la fedeltà de' sudditi suoi.

Si volle del sangue, e se n'ebbe. Furono condannati a morte tre infelici, tra quali il virtuoso *Emmanuele de Deo*, a cui si fece offrire la vita porchè rivelasse i suoi complici, e che in faccia all'istessa morte seppe preferirla all'infamia.

Ecco un esempio di ciò che possa, e che produca il timore negli animi una volta turbati. Nel giorno dell'esecuzione della sentenza si presero quelle precauzioni che altre volte si erano trascurate, e che anche allora erano superflue. Si temeva che il popolo volesse salvare tre sciagurati che appena conosceva; si temeva una sedizione di circa cinquantamila rivoluzionarj che per lo meno si diceva dover esser in Napoli. Intanto le truppe che quasi assediavano la città, gli ordini minaccevoli del governo, tutto allarmava la fantasia del popolo: qualunque moto più leggiero, che in altri tempi sarebbe stato indifferente, doveva turbarlo: temeva i sollevatori, temeva gli ordini del governo, temeva tutto, ed il minimo timore dovea produrre, come di fatti produsse, in una gran massa di popolo, un'agitazione tumultuosa. Così i sospetti del governo rendono più sospettoso il popolo. Da quell'epoca il popolo napolitano, che prima quasi si conteneva da sè stesso senza veruna polizia, fu più difficile a maneggiarsi: tutte le pubbliche feste furono fatte con maggiori precauzioni, ma non furono perciò più tranquille.

Si sciolse la prima *Giunta*: si sperava poter respirare finalmente da tanti orrori; ma pochi mesi dopo si vide in campo una nuova congiura ed una *Giunta* più terribile della prima. Si vollero allontanati tutti que' magistrati che conservavano ancora qualche sentimento di giustizia e di umanità. Si mostrò di volere i scellerati, ed i scellerati corsero in folla. *Castelcicala, Vanni, Guidobaldi* si misero alla loro testa. La nazione fu assediata da un numero infinito di spie e di delatori; che contavano i passi, registravano le parole, notavano il colore del volto, osservavano finanche i sospiri. Non vi fu più sicurezza. Gli odj privati trovarono una strada sicura per ottener la vendetta, e coloro che non avevano nemici furono oppressi dagli amici loro medesimi, che la sete dell'oro e l'ambizione aveva venduti ad *Acton* ed a *Vanni*. Che si può di fatti conservare di buono in una nazione, dove chi regna non dà le ricchezze, le cariche, gli onori, se non ai delatori? Dove, se si presenta un uomo onesto a chiedere il premio delle sue fatiche o delle sue virtù, gli si risponde che *si faccia prima del merito?* Per *farsi del merito* s'intendeva divenir delatore, cioè formar la roina almeno di dieci persone oneste. Questo merito aveano tanti, i nomi de' quali la giusta vendetta della posterità non deve permettere che cadano nell'obblio. La regina indispettita contro un sentimento di virtù, che la massima della nazione ancora conservava, diceva pubblicamente, che *ella sarebbe un giorno giunta a distruggere quell'antico pregiudizio per cui si reputava infame il mestiere di delatore.* Tutte queste e molte altre simili cose si narravano, forse siccome sempre suole avvenire, in picciola parte vere, pel maggior numero false e finte per odio. Ma queste cose o vere o false che sieno, sono sempre dannose quando e si dicono da molti, e da molti si credono, perchè rendono più audaci gli scellerati e più timidi i buoni. Che se esse son false, meritano doppiamente la pubblica esecrazione que' ministri, i quali colla loro condotta danno occasione a dirle, e ragione a crederle. Per cagione intanto di queste voci una parte della nazione si armò contro l'altra; non vi furono più che spie ed uomini onesti, e chi era onesto era in conseguenza un *Giacobino*. *Vanni* avea detto mille volte alla regina, che il regno era pieno di *Giacobini*. *Vanni* volle apparir veridico, e colla sua condotta li creò.

Tutt'i castelli, tutte le carceri furono ripiene d'infelici. Si gittarono in orribili prigioni privi di luce e di tutto ciò ch'era necessario alla vita; e vi languirono per anni, senza poter ottenere nè la loro assoluzione, nè la loro condanna, senza neanche poter sapere la cagione della loro disgrazia. Quasi tutti, dopo quattro anni, usciron liberi come innocenti; e sarebbero usciti tutti, se non si fossero loro tolti i legittimi mezzi di difesa. *Vanni*, che era allora il direttor supremo di tali affari, non si curava più di chi era già in carcere; non pensava che a carcerarne degli altri: osò dire che almeno dovevano *arrestarne ventimila*. Se il fratello, se il figlio, se il padre, se la moglie di qualche infelice ricorreva a costui per sollecitare la decisione della di lui sorte, un tal atto di umanità si ascriveva a delitto. Se si ricorreva al re, e che il re qualche volta ne chiedeva conto a *Vanni*, ciò anche era inutile, perchè per *Vanni* rispondeva la regina, la quale credeva che *Vanni* operasse bene, *Vanni* diceva sempre che vi erano altre fila della congiura da scoprire, altri rei da arrestare; e la regina tutto approvava, perchè temeva sempre altri rei ed altre congiure.

Vanni, il quale meglio di ogni altro sapeva con quali arti si era ordita un'inquisizione, diretta più a fomentare i timori della regina, che a calmarli, tremava ogni volta che gli si parlava di esame e di sentenza. Ei volea trovare il reo, e temea che si fosse ricercata la verità (1).

Sembrerà a molti inverisimile tutto ciò che io narro

---

(1) *Invece di tanti luoghi comuni satirici che ne' primi giorni della repubblica si son pubblicati contro il governo del re, non vi è stato un solo che abbia pensato a pubblicare un estratto fedele de' processi della giunta di Stato! Tanto è più facile declamare che raccontar fatti! Ma le declamazioni passano, ed i fatti arrivano alla posterità.*

di *Vanni*. E difatti il carattere morale di quell'uomo non era singolare. Egli riuniva un'estrema ambizione ad una crudeltà estrema, e per colmo delle sciagure dell'umanità era un entusiasta. Ogni affare che gli si addossava era grandissimo, ma egli voleva sempre apparir più grande di tutti gli affari. Uomini tali sono sempre funesti, perchè non potendo o non sapendo soddisfare l'ambizione loro con azioni veramente grandi si sforzano di fare apparir tali tutte quelle che possono e che sanno fare, e le corrompono. *Vanni* incominciò ad acquistar fama di giudice integro e severissimo colla condotta che tenne col principe di Tarsia; il quale era stato per qualche anno direttore della fabbrica di seterie che il re avea stabilita in s. Leucio. Il primo errore forse lo commise il re affidando tale impresa al principe di Tarsia anzichè ad un fabbricante; il secondo lo fu di Tarsia il quale non essendo fabbricante non dovea accettar tale commissione. Ne avvenne quello che ne dovea avvenire. Tarsia era un onestissimo cavaliere, cioè un onestissimo spensierato, incapace di malversare un soldo, ma incapace al tempo istesso d'impedir che gli altri malversassero. Si trovò ne'conti una mancanza di circa 50m. scudi. Fu data a *Vanni* la commissione di liquidare i conti. Non eravi affare più semplice, perchè Tarsia era un uomo che poteva e voleva pagare. Pure *Vanni* prolungò l'affare non so per quanti anni: cadde il trono, e l'affare di Tarsia ancora pendeva indeciso, ed intanto non eravi genere di vessazioni e d'insulti ai quali non sottoponesse la famiglia di Tarsia, perchè, dicesi, tale era l'intenzione di *Acton*. Gli uomini di buon senso, alcuni dicevano: che imbecille! altri: che impostore! Ma nella corte si faceva dire: che giudice integro! Con quanto zelo, con quanta fermezza affronta il principe di Tarsia, un grande di Spagna, un grande officiale del palazzo; come se l'ingiustizia che si commette contro i grandi non possa derivar dalle stesse cagioni ed essere egualmente vile, che quella che si commette contro i piccioli.

Si avea bisogno di un inquisitor di Stato, e si scelse *Vanni*, per la ragione istessa per la quale non si avrebbe dovuto scegliere.. La prima volta che *Vanni* entrò nell'assemblea de' magistrati che dovean giudicare, si mostrò tutto affannato, cogli occhi mezzo stralunati, e raccomandando ai giudici la giustizia, soggiunse: son due mesi da che io non dormo vedendo i pericoli che ha corsi il mio re. *Il mio re:* questo era il modo col quale egli usava chiamarlo dopo che gli fu affidata l'inquisizione di Stato. *Il vostro re!* gli disse un giorno il presidente del consiglio Cito, uomo rispettabile e per la carica e per cento anni di vita irreprensibile: *il vostro re! Che volete intender mai con questa parola, che sotto apparenza di zelo nasconde tanta superbia? E perchè non dite il nostro re. Egli è re di tutti noi, e tutti l'amiamo egualmente.* Queste poche parole bastano per far giudicare di due uomini; ma in un governo debole colui che pronunzia più alto *il mio re* suole vincere chi si contenta di dire *il nostro re*.

Lo sguardo di *Vanni* era sempre riconcentrato in sè stesso, il colore del volto pallido-cinereo, come suole essere il colore degli uomini atroci, il suo passo irregolare e quasi a salti, il passo insomma della tigre: tutte le sue azioni tendevano a sbalordire ad atterrire gli altri; tutt'i suoi affetti atterrivano e sbalordivano lui stesso. Non ha potuto abitar più di un anno in una stessa casa, ed in ogni casa abitava al modo che narrasi de' Signorotti di Fera e di Agrigento. Ecco l'uomo che dovea salvare il regno!

Ma la macchina di quattro anni dovea finalmente sciogliersi. Gl'interessati fremevano; gli uomini di buon senso ridevano di una nuova specie di delitto di Stato che in quattro anni d'inquisizione non si era ancora scoperto: nel popolaccio istesso andava raffreddandosi quel caldo che nei primi tempi avea mostrato contro i rei, e quasi incominciava a sentir pietà di tanti infelici, i quali, non vedendo condannati, incominciava a credere innosenti. *Acton* che da principio era stato il principal autore dell'inquisizione, dopo averne usato quanto bastava ai suoi disegni, vedendola innoltrar più di quel che conveniva, e non volendo e non potendo arrestarla, avea ceduto il suo luogo a *Castelcicala*. Costui, il più vile degli uomini, avea bisogno per guadagnare il favore della regina di quel mezzo che *Acton* avea adoperato solo per atterrare i suoi rivali, ed in conseguenza dovea spingerne l'abuso più oltre, e lo spinse. Fece di tutto perchè la cabala non si scoprisse: giunse ed imputare a delitto la religiosità di coloro che diedero il voto per la verità; giunse a minacciare un castigo agli avvocati da lui stesso destinati perchè difendevano i rei con zelo. Ma la nazione era oppressa e non corrotta, e se diede grandi esempj di pazienza, ne diede anche moltissimi ed egualmente splendidi di virtù. Nulla potè smuovere la costanza de' giudici e lo zelo degli avvocati. Quando si vide la verità trionfare, ed uscir liberi quei che si volevano morti, *Castelcicala* per giustificarsi agli occhi del pubblico e del re, il quale finalmente si era occupato di un tal affare, immolò *Vanni*, e tutta la colpa ricadde sopra costui.

Vanni avea accusati al re tutti i giudici, il presidente del consiglio *Mazzocchi*, *Ferreri*, *Chinigò*, gli uomini forse i più rispettabili che Napoli avesse e per dottrina, e per integrità, e per attaccamento al proprio sovrano; e per un momento forse si dubitò se dovessero esser puniti questi tali o *Vanni*. Se *Vanni* rimaneva, vincitore avrebbe compita l'opera della perdita del regno e della rovina del trono. Per buona sorte era giunto all'estremo, e rovinò sè stesso per aver voluto troppo. Ma prima che ciò avvenisse, di quanti altri uomini utili avrebbe privato lo Stato, e quanti fedeli servitori avrebbe tolti al re? Quando anche il rovescio del trono di Napoli non fosse avvenuto per effetto della guerra, *Vanni* sarebbe bastato solo a cagionarlo, e lo avrebbe fatto.

Vanni fu deposto ed esiliato dalla capitale: si tentò

di raddolcire in segreto il suo esilio, ma invano. L'animа ambiziosa di *Vanni* cadde in un furore melanconico, il quale finalmente lo spinse a darsi da sè stesso una morte, che, per soddisfazione della giustizia e per bene dell'umanità, avrebbe meritato da altra mano e molto tempo prima. La sua morte precedette di poco l'entrata de' Francesi in Napoli. Egli li temea; avea chiesto alla corte un asilo in Sicilia, e gli era stato negato. Prima di uccidersi scrisse un biglietto, in cui diceva: *l'ingratitudine di una corte perfida, l'avvicinamento di un nemico terribile, la mancanza di asilo, mi han determinato a togliermi una vita che ormai mi è di peso. Non s'incolpi nessuno della mia morte; ed il mio esempio serva a render saggi gli altri inquisitori di Stato.* Ma gli altri inquisitori di Stato risero nella sua morte; ne rise *Castelcicala*; e l'inquisizione continuò collo stesso furore finchè i Francesi non furono a Capua.

§. VII.

Cagioni ed effetti della persecuzione.

Io mi arresto; la mia mente inorridisce alla memoria di tanti orrori. Ma donde mai è nato tanto furore negli animi de' sovrani d'Europa contro la rivoluzione Francese? Molte altre nazioni aveano cangiata forma di governo: non vi è quasi secolo che non conti un cangiamento: ma nè quei cangiamenti aveano mai interessati altri, che le corti direttamente offese, nè aveano prodotto nelle altre nazioni alcun sospetto, ed alcuna persecuzione. Pochi anni prima i saggi Americani avean fatta una rivoluzione poco diversa dalla Francese, e la corte di Napoli vi avea pubblicamente applaudito; nessuno avea temuto allora che i Napolitani volessero imitare i rivoluzionarj della Virginia. Il pericolo de' sovrani è forse cresciuto in proporzione de' loro timori?

I Francesi illusero loro stessi sulla natura della loro

rivoluzione, e credettero effetto della filosofia quello che era effetto delle circostanze politiche nelle quali trovavasi la loro nazione.

Quella Francia, che ci si presentava come un modello di governo monarchico, era una monarchia che conteneva più abusi, più contraddizioni: la rivoluzione non aspettava che una causa occasionale per iscoppiare. Grandi cause occasionali furono la debolezza del re, l'alterigia or prepotente or debole anch'essa della regina e di *Artois*, l'ambizione dello scellerato ed inetto *Orleans*, il debito delle finanze, *Neker*, l'assemblea de' notabili, e molto più gli Stati generali. Ma prima che queste cagioni esistessero, eravi già antica infinita materia di rivoluzione, accumulata da molti secoli; la Francia riposava sopra un cenere fallace che copriva un incendio devastatore.

Tra tanti che hanno scritta la storia della rivoluzione Francese, è credibile che niuno ci abbia esposte le cagioni di tale avvenimento, ricercandole non già ne' fatti degli uomini, i quali possono modificare solo le apparenze, ma nel corso eterno delle cose istesse, in quel corso che solo ne determina la natura? La leggenda delle mosse popolari, degli eccidj, delle ruine, delle varie opinioni, de' varj partiti, forma la storia di tutte le rivoluzioni, e non già di quella di Francia; perchè nalla ci dice di quello per cui la rivoluzione di Francia differisce da tutte le altre. Nessuno ci ha descritto una monarchia assoluta creata da *Richelieu*, e rinforzata da *Luigi XIV* in un momento; una monarchia sorta, al pari di tutte le altre di Europa, dall'anarchia feudale, senza però averla distrutta, talchè mentre tutti gli altri sovrani si erano elevati proteggendo i popoli contro i baroni, quello di Francia avea nel tempo istesso nemici ed i feudatarj, ivi più potenti che altrove, ed il popolo ancora oppresso; le tante diverse costituzioni che ogni provincia avea; la guerra sorda ma continua tra i diversi ceti del regno; una nobiltà singolare la quale, senza esser meno oppressiva di quella delle altre nazioni, era più numerosa, ed a cui apparteneva chiunque voleva; talchè ogni uomo appena che fosse ricco diventava nobile, ed il popolo perdea così financo la ricchezza; un clero che si credeva essere indipendente dal papa, e che non credeva dipendere dal re, onde era in continua lotta e col re e col papa; i gradi militari di privativa de' nobili, i civili venali ed ereditarj, in modo che all'uomo non nobile e non ricco nulla rimaneva a sperare; le dispute che tutti questi contrasti facevano nascere; la smania di scrivere che indi nasceva, e che era divenuta in Francia un mezzo di sussistenza per coloro i quali non ne aveano altro, e che erano moltissimi; la discussione delle opinioni a cui le dispute davan luogo, ed il pericolo che dalle stesse opinioni nasceva, poichè su di esse eran fondati gl'interessi reali de' ceti; quindi la massima persecuzione e la massima intolleranza per parte del clero e della corte, nell'atto che si predicava la massima tolleranza dai filosofi; quindi la massima contraddizione tra il governo e le leggi, tra le leggi e le idee, tra le idee e li costumi, tra una parte della nazione ed un'altra; contraddizione che dovea produrre l'urto vicendevole di tutte le parti, uno stato di violenza nella nazione intera, ed in seguito o il languore della distrazione o lo scoppio di una rivoluzione. Questa sarebbe stata la storia degna di *Polibio* (1).

---

(1) *Molti hanno predetto da queste osservazioni la rivoluzione Francese. Tra questi si conta anche* Rousseau. *Più particolarizzata è la predizione di* Mercier *nel suo anno* 2240, *opera che una volta fu attribuita a* Rousseau, *e di cui* Rousseau *arrossiva quasi di cosa non degna di lui. Sembra che* Mercier *fosse stato a parte del segreto rivoluzionario, come lo era l'autore della* Rimostranza *da leggersi nel consiglio privato di* S. M., *il quale volle della prossima rivoluzione avvertirne il re, come* Mercier *ne avea avvertito l'*Europa. *Tra quelli che hanno anti-*

La Francia avea nel tempo istesso infiniti abusi da
riformare. Quanto maggiore è il numero degli abusi,
tanto più astratti debbono essere i principj della riforma
ai quali si deve rimontare, come quelli che debbono
comprendere maggior numero di idee speciali. I Francesi
furon costretti a dedurre i principj loro dalla più astrusa
metafisica, e caddero nell'errore nel qual cadono per
l'ordinario gli uomini che seguono idee soverchiamente
astratte, che è quello di confonder le proprie idee colle
leggi della natura. Tutto ciò che aveam fatto o voleam
fare credettero esser dovere e diritto di tutti gli uomini.

Chi paragona la dichiarazione de' diritti dell'uomo
fatta in America a quella fatta in Francia, troverà che
la prima parla ai sensi, la seconda vuol parlare alla ragione: la Francese è la formola algebraica dell'Americana. Forse quell'altra dichiarazione che avea progettata
la *Fayette* era molto migliore.

Idee tanto astratte portano seco loro due inconvenienti:
sono più facili ad eludersi dagli scellerati, sono più facili
ad adattarsi a tutt' i capricci de' potenti: i turbolenti e
faziosi vi trovano sempre di che sostenere le loro pretensioni le più strane, e gli uomini dabbene non ne ri-
cevono veruna protezione. Chi guarda il corso della rivoluzione Francese ne sarà convinto.

I sovrani credettero come i Francesi che la loro rivo-

─────────

*veduta la rivoluzione Francese prima degli altri, e per
le cause interne che nascevano dallo stato della Francia
è il nostro Genovesi: egli vide dove tendevano le opinioni degli scrittori, ed il corso delle cose: la sua predizione è degna di Vico . . . . Non saprei se il re di
Prussia avesse anche egli preveduta la rivoluzione; è certo
però che ne previde il corso e la smania di voler tutto
riformare filosoficamente. I riformatori metafisici, che si
chiama* Enciclopedisti, *sono da lui molto maltrattati.
Vedi il suo dialogo tra* Eugenio, Marlerbrough, *e*
Lichtenstein.

luzione fosse un affare di opinione, un'opera di ragione, e la perseguitarono. Ignorarono le cagioni vere della rivoluzione francese, e ne temettero gli effetti per quello stesso motivo per il quale non avrebbero dovuto temerli. Quando e dove mai la ragione ha avuto una setta? Quanto più astratte sono le idee della riforma, quanto più rimote dalla fantasia e da' sensi, tanto meno sono atte a muovere un popolo. Non l'abbiamo noi veduto in Italia, in Francia istessa? Nel modo in cui i Francesi avevano esposti i santi principj dell'umanità, tanto era sperabile che gli altri popoli si *rivoluzionassero*, quanto sarebbe credibile, che le nostre pitture di ruote di carrozze si perfezionino per i principj di perspettiva dimostrati col calcolo differenziale ed integrale.

Se il re di Napoli avesse conosciuto lo stato della sua nazione avrebbe capito che non mai avrebbe essa nè potuto nè voluto imitar gli esempj della Francia. La rivoluzione di Francia s'intendeva da pochi, da pochissimi si approvava; quasi nessuno la desiderava, e se vi era taluno che la desiderasse la desiderava invano, perchè una rivoluzione non si può fare senza il popolo, ed il popolo non si move per raziocinio ma per bisogno. I bisogni della nazione Napolitana eran diversi da quelli della Francese: i raziocinj de' rivoluzionarj eran divenuti tanto astrusi e tanto furenti che non li potea più comprendere. Questo pel popolo: per quella classe poi che era superiore al popolo io credo e fermamente credo che il maggior numero de' medesimi non avrebbe mai approvate le teorie dei rivoluzionarj di Francia. La scuola delle scienze morali e politiche Italiane seguiva altri principj. Chiunque avea ripiena la sua mente delle idee di *Macchiavelli*, di *Gravina*, di *Vico* non poteva nè prestar fede alle promesse nè applaudire alle operazioni de' rivoluzionarj di Francia, tosto che abbandonarono le idee della monarchia costituzionale. Allo stesso modo la scuola antica di Francia, quella per esempio di Montesquieu, non avrebbe applaudito mai alla rivoluzione. Essa rassomigliare all'Italiana, perchè ambedue rassomigliavan molto alla Greca e Latina.

In una rivoluzione è necessità distinguere le operazioni dalle massime. Quelle sono figlie dalle circostanze: le quali non sono mai simili presso due popoli: queste sono sempre più diverse di quelle, perchè il numero delle idee è sempre molto maggiore di quello delle operazioni, ed in conseguenza più facile la diversità, più difficile la rassomiglianza. Non vi è popolo il quale non conti nella sua storia molte rivoluzioni: quando se ne paragonano le operazioni esse si trovan somiglianti: paragonate le idee e le massime, si trovano sempre diversissime.

Chiunque vede una rivoluzione in uno stato vicino deve temere o delle operazioni o delle idee. I mezzi per opporsi alle operazioni sono tutti militari; qualunque sieno le idee che due popoli seguono vincerà quello che saprà meglio far la guerra; e quello la farà meglio che avrà migliori ordini, più amor di patria, più valore e più disciplina. Il mezzo per opporsi al contagio delle idee, lo dirò io? non è che un solo: lasciarle conoscere e discutere quanto più sia possibile. La discussione farà nascere le idee contrarie: è effetto dell'amor proprio; due nomini sono sempre più concordi al principio della discussione che alla fine. Nate una volta queste massime contrarie, prenderanno il carattere di massime nazionali; accresceranno l'amor della patria, perchè quelle nazioni più ne hanno che più differiscono dalle altre; accresceranno l'odio contro le nazioni straniere, la fiducia nelle proprie forze, l'energia nazionale: non solamente si eviterà il contagio delle opinioni, ma si riparerà anche alla forza delle operazioni. Mi si dice che il marchese del Gallo quando ebbe letto l'elenco di coloro che trovavansi arrestati per cospiratori, ridendone al pari di tutti i buoni, propose al re di mandarli viaggiando. Se son Giacobini, egli diceva, mandateli in Francia, ne ritorneranno Realisti. Questo consiglio è pieno di ragione e di buon senso e fa onore al cuore ed alla mente del marchese del Gallo. Vince una rivoluzione, colui che meno la teme.

I Sovrani colla persecuzione fanno diventar sentimenti le idee, ed i sentimenti si cangiano in sette: il loro timore li tradisce, e cadono talora vittime delle stesse loro precauzioni eccessive. Si proibirono in Napoli tutti i fogli periodici: si voleva che il popolo non avesse nè anche novella de' Francesi. Così un oggetto, che osservato da vicino avrebbe destato pietà o riso, fu come il fascio di sarmenti di *Esopo* che dall'alto mare sembrava un vascello. Un indomabile curiosità ne spinge a voler conoscere ciò che ci si nasconde, e l'uomo suppone sempre più belle e più buone quelle cose che sono coperte da un velo.

Ma io immagino talora, in vece de' nostri re, nelle crisi attuali dell'Europa, *Filippo* di Macedonia. La Grecia a' di lui tempi era divisa tra i Spartani e Ateniesi, i quali facevano la guerra per opinioni di governo, ed uniti ai filosofi, che in quell'epoca discutevano le costituzioni Greche, come appunto oggi li nostri filosofi, discutono le nostre, stancavano i Greci con guerre sanguinose e con cavillose dottrine. Così sempre suole avvenire; tra le varie rivoluzioni si obbliano le antiche idee, si perdono i costumi, e, ridotte una volta le cose a tale stato, gl'intriganti, tra quali i potenti tengono il primo luogo, guadagnano sempre, perchè alla fine i popoli si riducono a seguir quelli che loro offrono maggiori beni sul momento; e così il massimo amore della libertà producendo l'esaltazione de' principj ne accelera la distruzione e rimena una più dura servitù. *Filippo* con tali mezzi acquistò l'impero della Grecia.

È una disgrazia pel genere umano quando la guerra porta seco il cambiamento o della forma di governo o della religione, allora perde il suo oggetto vero, che è la difesa di una nazione: ed ai mali della guerra esterna si aggiungono i mali anche più terribili dell'interna. Allora lo spirito di partito rende la persecuzione necessaria, e la persecuzione fomenta nuovo spirito di partito; allora sono que' tempi crudeli anche nella pace. L'alta Italia ci ha rinnovati gli stessi esempj di Sparta ed Atene; quando le sue repubbliche in vece di restringersi a difender la loro costituzione sotto il nome or di *Guelfi*, or di *Ghibellini*, vollero riformare l'altrui; e gli stessi errori ebbero nell'Italia gli stessi effetti. *Scala*, *Visconti*, *Baglioni*, ec. rinnovarono gli esempj di *Filippo*.

Tali epoche politiche sono meno contrarie, di quello che si crede, ai sovrani che sanno regnare. Ma in tali epoche vince sempre il più umano, ed io oso dire il più giusto. Oggi i repubblicani sono più generosi e perdonano ai *realisti*; i re con una stolta crudeltà non danno veruna tregua ai repubblicani: questo farà sì che essi avranno in breve, freddi amici ed accaniti nemici. Quando l'armata del *Pretendente* scese in Inghilterra faceva impiccare tutt'i prigionieri di *Hannover*; *Giorgio* liberava tutt'i prigionieri del *Pretendente*: questo solo fatto, dice molto bene *Voltaire*, basta a far decidere della giustizia de' due partiti, pronosticare la loro sorte futura (1).

§. VIII.

Amministrazione.

Mentre da una parte con tali arti si avviliva e si opprimeva la nazione, dall'altra si ammiseriva col disor-

---

(1) *Quando io considero tutto ciò che i gabinetti dei re in questi tempi avrebbero potuto e non hanno saputo fare, desidero un libro che avesse per titolo:* Storia degli errori di coloro che sono stati grandi senza esser grandi uomini. *Con questa idea è stato scritto uno de' libri più sensati dell'ultimo decennio del secolo,* Tutti han torto; *ma molto ancora rimarrebbe ad aggiugnere alla serie delle sue osservazioni.*

dine in tutt'i rami di amministrazione pubblica. La nazione Napoletana dalla venuta di *Carlo III* incominciava a respirare dai mali incredibili, che per due secoli di governo vicereguale avea sofferti. Fu abbassata l'autorità de' baroni che prima non lasciava agli abitanti, nè proprietà reale, nè personale. Si resero certe le imposizioni ordinarie con un nuovo *catasto*, il quale se non era il migliore che si potesse avere, era però il migliore che fino a quel tempo si fosse avuto, e si abolì l'uso delle imposizioni straordinarie che sotto il nome di *donativi* avean tolte somme immense alla nazione, passate senza ritorno nella Spagna (1). Libera la nazione dalle oppressioni de' baroni, dalle avanie del fisco, dalla perenne estrazione di danaro, incomincià a sviluppare la sua attività: si vide risorgere l'agricoltura, animarsi il commercio; la sussistenza divenne più agiata, gli spiriti più dolci. L'esserci noi separati dalla Spagna, e l'essersi la Spagna tolta alla famiglia d'Austria e data a quella di Borbone, ed il patto di famiglia, avean reso alla nostra nazione quella pace di cui avevamo bisogno per ristorarci dai mali sofferti; e la neutralità, che ci fu permessa di serbare nell'ultima guerra tra la Spagna e la Francia, e l'Inghilterra per le colonie Americane, prodotto avea nella nostra nazione un aumento considerabile di ricchezze. In cinquant'anni avevamo fatti progressi rapidissimi, e vi era ragione di sperare di doverne fare anche di più.

La nostra nazione passava, per così dire, dalla fanciullezza alla sua gioventù. Ma questo stato di adolescenza politica è appunto lo stato più pericoloso, e quello da cui più facilmente si ricade nel languore e nella desolazione. Le nazioni escono della barbarie accrescendo le loro

_____

(1) Montesquieu *dice che la Spagna conservò l'Italia arricchendola. Troppo inesatti doveano essere gli autori che Montesquieu consultò sulla nostra storia.*

forse e rendendo così la sussistenza sicura; non passano alla coltura se non accrescendo i loro bisogni. Ma i bisogni si sviluppano più rapidamente delle forze, tra perchè essi dipendono dalle sole nostre idee, tra perchè le altre nazioni, senza comunicarci le loro forze, ci comunicano volontieri le idee, i loro costumi, gli ordini ed i visj loro; il che per noi diventa sorgente di nuovi bisogni; e se allora, crescendo questi, non si pensa anche ad accrescer le nostre forze, noi non avremo mai quell'equilibrio di forze e di bisogni, nel che solo consiste la sanità degl'individui e la prosperità delle nazioni: i passi che faremo verso la coltura non faranno che renderci servi degli stranieri, ed una coltura precoce e sterile diventerà per noi più nociva della barbarie. Uno Stato che non fa tutto ciò che può fare, è ammalato. Tale era lo Stato di tutta l'Italia, e questo Stato era più pericoloso per Napoli, perchè più risorse avea dalla natura, e più estesa era la sfera della sua attività.

Ma il governo di Napoli avea perduto gran parte delle sue forze, sopprimendo lo sviluppo delle facoltà individuali coll'avvilimento dello spirito pubblico: tutto rimaneva a fare al governo, ed il governo non sapea far nulla, nè potea far tutto.

Le nazioni ancora barbare amano di essere sgravate dai tributi, perchè non hanno desiderj superflui; le nazioni colte si contentano di pagar molto, perchè quest'aumento di tributo accresca la forza e migliori la sistenza nazionale. Il segreto di una buona amministrazione è di far crescere la riproduzione in proporzione dell'esazione: non è tanto la somma de' tributi, quanto l'uso de' medesimi per rapporto alla nazione, quello che determina lo stato delle sue finanze (1).

---

(1) *Questa verità non seppe conoscer Neker, allorchè fece il paragone tra le finanze di Francia e quelle d'Inghilterra. Gl'Inglesi pagavano più de' Francesi, ma la loro nazione accresceva le sue ricchezze, e la Francia per*

Un governo savio ed attivo avrebbe corretti gli antichi abusi di amministrazione; avrebbe sviluppata l'energia nazionale; ci avrebbe esentati dai vettigali che pagavamo agli esteri per le loro manifatture; avrebbe protette le nostre arti, migliorate le nostre produzioni, esteso il nostro commercio: il governo sarebbe divenuto più ricco e più potente, e la nazione più felice. Questa era appunto quello che la nazione bramava (1). L'epoca in cui giunse *Acton* era l'epoca degli utili progetti: qual *progettista* egli si apacciò, e qual *progettista* fu ascolto; ma i suoi progetti ineseguibili, o non eseguiti, o eseguiti male, divennero cagioni di nuove ruine, perchè cagioni di nuove inutili spese.

Acton ci voleva dare una marina. La natura avea formata la nazione per la marina, ma non aveva formato *Acton* per la nazione. La marina dovea prima di tutto proteggere qual commercio che allora avevamo, il quale, essendo di derrate e quasi tutte privative del Regno, o poca o niuna gelosia dar potea alle nazioni, le quali per lo più un commercio aveano di manifatture. I nostri nemici erano i *barbareschi*, contro i quali non valeva tanto la marina grande, quanto la piccola marina corsara che

---

le sue circostanze politiche non potea crescer di più. I tributi erano utili in Inghilterra, dannosi in Francia. La Francia avea compito il suo corso politico; era nella sua decrepitezza, donde, se non sorge un nuovo ordine di cose, non resta che un passo alla morte. Neker in fatti non seppe trovar rimedio al male. L'esperienza mostrò la fallacia delle sue teorie. Se l'Inghilterra regge, molto più facilmente, diceva egli, potrà regger la Francia: intanto la Francia fallì e l'Inghilterra regge ancora.

(1) *Chi potrebbe determinare il grado di felicità e di potenza, a cui da un governo savio potrebbe esser condotta la nazione Napolitana? Io penso, che senza esser visionario si possa creder possibile anche più di quello che si auguravano* Broggia, Genovesi, *e* Palmieri. *Ma*

Acton distrusse (1). La marina armata dovea crescere in proporzione della marina mercantile, e del commercio, senza di cui la marina guerriera è inutile, e non si può sostenere. Acton, invece di estendere il nostro commercio, lo restrinse coi suoi errori diplomatici, col suo genio dispotico, colla sua mala fede, colla viltà con cui sposò gl'interessi degli stranieri in pregiudizio de' nostri. Acton non conosceva nè la nazione, nè le cose; voleva la marina, ed intanto non avevamo porti senza de' quali non vi è marina: non seppe nemmeno riattare quei di *Baja*, e di *Brindisi* che la natura istessa avea formati; che un tempo erano stati celebri; e che poteano divenirli di nuovo con piccolissima spesa, se invece di seguire il piano delle *creature* di Acton si fosse seguito il piano dei Romani, che era quello della natura.

La marina, come Acton l'avea immaginata, era un gigante coi piedi di creta. Era troppo piccola per farci del bene, troppo grande per farci del male: eccitava la rivalità delle grandi potenze senza darci la forza necessaria, non dico per vincere, ma almeno per poter resistere. Senza marina saremmo rimasti in una pace profonda: con una marina piccola dovevamo, o presto o tardi,

questa nazione ha la disgrazia di essere stata vilipesa, perchè non conosciuta: i Spagnuoli la conoscevano, e la temevano; solo Federico II imperatore la conosceva, e l'amava. Ma i bei giorni di Federico non furon per noi che un lampo, cui succcesse una notte più tempestosa.

(1) *Forse più efficace metodo contro i barbareschi era quello, che presero gli Inglesi sotto Carlo II, cioè di costruire tutt' i legni mercantili in modo da poter essere armati di dieci cannoni, ed affidare così la difesa della proprietà agli stessi proprietarj. I nostri proprietarj di legni mercantili mille volte ne han chiesto il permesso: mille volte è stato loro negato. Essi aveano del coraggio e della buona volontà, ma Acton voleva che non ne avessero.*

siccome poi è avvenuto, esser trascinati nel vortice delle grandi potenze, soffrendo tutt'i mali della guerra, senza poter mai sperare i vantaggi della vittoria.

Lo stesso piano Acton seguì nella riforma delle truppe di terra. Carlo III ne avea fissato il numero a circa trentamila uomini; ma come sempre suole avvenire nei piccoli Stati, i quali godono lunghissima pace, gli ordini di guerra si erano rilasciati, e di truppe effettive non esistevano più di quindicimila uomini. Noi mancavamo assolutamente di artiglieria. Questa fu organizzata in modo da non lasciarci nulla da invidiare agli esteri. Ma il numero delle altre truppe fu accresciuto solo in apparenza, per ricoprire un'alta malversazione ed una profusione, la quale non avea nè leggi nè limiti. Acton più degli altri ministri vi si era prestato; e questa non fu l'ultima delle ragioni per cui meritò tanta protezione, sì potente e sì lunga.

Dalla morte di Jaci (1) incominciarono le riforme di abiti e di tattica. Veniva ogni anno dalla Spagna, dalla Francia, dalla Germania, dalla Svizzera un nuovo generale, il quale ora rialzava di due pollici il cappello, ora raccorciava di due dita l'uniforme, ora.... Il soldato straniero, vedendosi sottoposto a tante novità che un anno dopo sapeva doversi dichiarare inutili (2).

Questi generali conducevan sempre seco loro degli stranieri, i quali occupavano i primi gradi della truppa. Gli

―――――――――――――――――――――――

(1) *Era il generalissimo di Carlo III, e lo fu fino alla morte anche sotto il regno di Ferdinando: godeva molta autorità e sapeva usarne: finchè visse si oppose ad Acton.*

(2) *Il soldato prima aveva la speranza di esser premiato, poichè i bassi ufficiali avevano diritto a una promozione regolare. Acton invece di obbligar tutti ad esser bassi ufficiali, tolse a costoro ogni speranza di promozione. Il sergente doveva morir sergente, e fu obbligato a servire venti anni. Questo era lo stesso che non voler più nè sergenti onorati, nè soldati valorosi.*

altri erano accordati agli allievi del collegio militare, dove la gioventù era in vero bene instruita nelle cognizioni militari, ma non acquistava certamente nè quel coraggio, nè quella sofferenza delle fatiche che si acquista solo coll'età e coi lunghi servigi. Il genio, e le cognizioni debbono formare i generali; ma il coraggio e l'amor della fatica formano gli uffiziali. Il gran principio, che in tempo di pace l'*anzianità* debba esser la norma delle promozioni, non era confacente al genio di *Acton*, il quale *quando non avesse avuto il dispotismo nel cuore, l'avea nella testa*. Si videro vecchi capitani, abbandonati alla loro miseria, dever ubbidire a giovanetti inesperti e deboli, i quali non sapevano nè anche la teoria, ed a molti altri (poichè tolta una volta la norma sensibile del giusto, si apre il campo al favore ed all'intrigo) i quali non sapevano altro che la teoria, ma che a forza di danaro, di spionaggio, e di qualche titolo anche più infame dello spionaggio erano stati elevati a quel grado. I gradi che non si potevano occupare da costoro rimasero vuoti, e si videro de' reggimenti interi mancare della metà degli offiziali, mentre coloro che dovevan esser promossi domandavano in vano il premio delle loro fatiche. *Acton* rispondeva a costoro che *aspettassero la pubblicazione del loro piano*; piano ammirabile, che costò ad *Acton* venti anni di meditazione, e che senza esser mai stato pubblicato ha disorganizzata la truppa, disgustata la nazione, dissipato l'erario dello Stato!

Tutto nel regno di Napoli era malversazione, o progetti chimerici più nocivi della malversazione; ed intanto ciò che era necessario non si faceva. Noi avevamo bisogno di strade: *il marchese della Sambuca* ne vide la necessità; fu posta un'imposizione di circa trecentomila ducati all'anno: l'opera fu incominciata, se ne fecero taluni spezzoni, ma poco di poi l'opera ne fu sospesa, e la contribuzione convertita ad un altro uso. Province intere chiesero il permesso di costruirsi le strade a loro spese, promettendo intanto di continuare a pagare alla corte, sebbene già convertita ad altro uso, l'imposizione che era addetta alle strade; promettendo pagarla per sempre, ancorchè, quando s'impose, si fosse promesso di dover finire colla costruzione delle strade. Si crederebbe che questo progetto fosse stato rifiutato? Si può immaginare nazione più ragionevole e più buona; e ministero più solidamente scellerato? Vi erano nel regno di Napoli alcuni errori nelle massime ed alcuni vizj nell'organizzazione, i quali impedivano i progressi della pubblica felicità. Avean dato origine ai medesimi altri tempi ed altre circostanze: le circostanze e i tempi eransi cangiati, ma gli errori ed i vizj sussistevano ancora.

Simile a tutt'i governi i quali hanno un impero superiore alle proprie forze, il governo di Spagna, ne' tempi della dinastia Austriaca, avea procurato di distruggere ciò che non poteva conservare. Si era estinto ogni valor militare. A contenere una nobiltà generosa e potente, il primo de' vice-re spagnuoli, Pietro di Toledo, credette opportuno inilupparla tra i lacci di una giurisprudenza cavillosa, la quale, nel tempo istesso che offriva facili ed abbondanti ricchezze a coloro che non ne avevano, spogliava quegli che ne abbondavano, e moltiplicava oltre il dovere una classe di persone pericolose in ogni stato, perchè potevano divenir ricche senza esser industriose, o ciò che val lo stesso, senza che la loro industria producesse nulla. Tutti gli affari del regno si discussero nel foro, e nel foro si disputò tutti gli affari. Derivaron da ciò molti mali. Tutto ciò che non era materia di disputa forense fu trascurato; agricoltura, arti, commercio, scienze utili, tutto ciò fu considerato piuttosto come oggetto di sterile o voluttuosa curiosità che come studj utili alla prosperità pubblica e privata. Si è letto per qualche secolo sulla porta delle nostre scuole un distico latino nel quale la goffaggine dello stile eguagliava la stoltezza del pensiero e che diceva: *Galeno dà le ricchezze, Giustiniano dà gli onori; tutti gli altri non danno che paglia.* E se mai taluno, ad onta della mancanza di istruzione concepiva qualche idea di pubblica utilità non poteva eseguirla, senza prima soggettarsi ad un esame, il quale, perchè fatto innanzi a giudici, e con tutte le formole giudiziarie, diventava litigio. Si voleva far un ponte? si dovea litigare. Si voleva fare una strada? si dovea litigare. Ciascuno del popolo ha in Napoli il diritto di opporsi al bene che voi volete fare.

Carlo III. fece grandissimi beni al regno: Egli riordinò l'amministrazione della giustizia, tolse gli abusi della giurisdizione ecclesiastica, frenò quelli della feudale, protesse le arti e l'industria, e più bene avrebbe fatto, se il suo regno fosse stato più lungo, e se molti de' ministri che lo servivano non avessero, ancora seguite in gran parte le massime dell'antica politica spagnuola. *Tanucci*, per esempio, il di lui amico, quello tra suoi ministri a cui più deve il regno, errava credendo che il regno di Napoli non dovesse esser mai un regno militare. È nota la risposta che egli soleva dare a chiunque gli parlava di guerra: *principoni, armate e cannoni; principini, ville e casini*. La sua massima era falsa, perchè nè il re di Napoli poteva chiamarsi *principino*, nè i *principini* sono dispensati della cura della propria difesa. Tanucci più diplomatico che militare confidava più ne' trattati che nella propria forza; ignorava che la sola forza è quella che fa ottener vantaggiosi trattati; ignorava la forza del regno che amministrava, ed in vece di un'esistenza propria e sicura, gliene dava una dipendente dall'arbitrio altrui ed incerta.

Continuò Tanucci a confondere il potere amministrativo ed il giudiziario, ed il foro continuò ad esser il centro di tutti gli affari. Il potere giudiziario tende per sua intrinseca natura a conservar le cose nello stato nel quale si trovano; l'amministrativo tende sempre a cangiarlo, perchè tende sempre a migliorarle: il primo pronunzia sempre sentenze irrevocabili, il secondo non fa che tentativi i quali si possono, e talora si debbono cangiare ogni giorno. Se questi due poteri, per loro natura tanto diversi, li riunite, corrompete l'uno e l'altro.

Tutto in Napoli si doveva fare dai giudici e per vie giudiziarie; e da questo ne veniva che tutte le operazioni amministrative eran lente, e riuscivan male. Il governo era tanto lontano dalle vere idee di amministrazione, che i varj oggetti della medesima o non erano affidate a nessuno, o erano commesse agli stessi giudici: quindi l'utile amministrazione o non avea chi la promovesse, o era promossa languidissimamente da coloro che aveau tante altre cose da fare.

L'altro difetto che vi era nell'organizzazione del governo di Napoli era la mancanza di un centro comune, al quale, come tanti raggi, andassero a finir tutti i rami dell'amministrazione. Questo centro avrebbe dovuto essere il consiglio di Stato. Ma consiglio di Stato in Napoli non vi era se non di nome. Ciascun ministro era indipendente. I regolamenti generali, i quali avrebbero dovuto essere il risultato della deliberazione comune di tutt'i ministri, ciascun ministro li facea da sè; in conseguenza ciascun ministro li faceva a suo modo; i regolamenti di un ministro eran contrarj a quelli di un altro, perchè la principal cura di ogni ministro era sempre quella di usurpar quanto più poteva l'autorità de' suoi colleghi e distruggere le operazioni del suo antecessore. Così non vi era nelle operazioni del governo nè unità nè costanza: il ministro della guerra distruggeva ciò che faceva il ministro delle finanze, e quello delle finanze distruggeva ciò che faceva il ministro della guerra. Tra tanti ministri eravi sempre (e questo era inevitabile) uno più innanzi di tutti gli altri nel favor del Sovrano, e questo ministro era quegli che dava, come suol dirsi, il *tono* ed il *carattere* a tutti gli affari; *tono* e *carattere* che un momento di poi cangiava perchè cangiava il favore. Nè valeva ad assicurar la durata di un regolamento o di una legge, la ragionevolezza della medesima. Vi fu mai legge più giusta di quella che obbligava i giudici a ragionar le loro sentenze; onde esse fossero veramente sentenze e non capricci? *Tanucci* avea imposta quest'obbligazione ai giudici: *Simonetti* ne li sciolse. Si può credere che *Simonetti* pensasse di buona fede che i giudici non fossero obbligati a ragionare e ad ubbidire alla legge? *Simonetti* dunque tradì la sua propria coscienza, tradì il Re, perché la legge che egli abbolì non era opera sua ma bensì di *Tanucci*.

Gli esempj di simili cose sarebbero infiniti di numero, ma io mi son limitato a questo solo, perchè, siccome esso urta evidentemente il senso comune, basta a dimostrare che i difetti di organizzazione, de' quali parliamo, erano spinti tanto innanzi da non rispettar più nè anche il senso comune. Si aggiunga a ciò che tutt'i ministri erano ministri di giustizia; imperciocchè l'amministrazione della giustizia non era ordinata in modo che seguisse la natura delle cose o delle azioni, ma seguiva ancora, come avveniva presso i barbari del settentrione nostri antenati, la natura delle persone; la giustizia era diversa pel militare, pel prete, per l'uomo che possedeva una greggia, per l'uomo che non ne possedeva ec. ec. Si eran moltiplicate in Napoli le corti giudicatrici più che non furono moltiplicate in Roma gl'Iddii ai tempi di Cicerone, per cui questo grande uomo si doleva di non potersi fare un passo senza timore di urtare qualche divinità; e nel contrasto continuo tra tanti tribunali, spesso era ben difficile sapere da qual di essi uno dovesse esser giudicato. Io ho degli esempj di *quistioni di tribunale*, le quali han durato diciotto anni.

* Nuovi disordini, e maggiori. In una monarchia quello che nella giurisprudenza romana chiamavasi *rescritto del principe*, deve avere vigore di legge; ma i principi saggi fanno pochissimi rescritti, e non mai per altro che per alcuni casi particolari, onde è che in tutte le monarchie trovasi, per legge quasi fondamentale dello Stato, stabilito che il rescritto non debba mai trasportarsi da un caso all'altro. Nel regno di Napoli i rescritti eransi moltipli-

cosi all'infinito; ciascun ministro ne faceva e ciascun ministro faceva rescritti invece di leggi. Come sempre suole avvenire, i rescritti eran l'opera de' commessi, e vi è stato tra essi taluno, il quale per molti anni è stato il vero, il solo legislatore di tutto il regno.

Io mi trattengo molto sopra queste che sembran picciole cose, perchè da esse dipendono le grandi. Cambiate le prime; ed imaginate che Tanucci avesse compresa tutta la potenza del regno, e vi avesse stabiliti ordini ed educazione militare; che il potere amministrativo fosse stato diviso dal giudiziario, e divenuto quello più attivo, questo più regolare; che tutte le parti dell'amministrazione avessero avuto un centro comune, un consiglio permanente, alla testa del quale fosse stato il re, e che i ministri, non più indipendente l'uno dall'altro e tutti rivali, fossero stati costretti ad operare dietro un piano uniforme e costante: immaginate, in somma, che il re invece di lasciar preponderare or questo or quell'altro ministro, avesse voluto esser veramente re: e tutto allora sarebbe cambiato. Imperciocchè io son persuaso che nello stato presente delle idee e de' costumi dell'Europa rarissimo e forse impossibile a trovarsi sia un re il quale non voglia il bene del suo regno; ma questo bene non si fa produrre perchè deve farsi dai ministri, i quali amano più il posto che il regno, e più la persona propria che il posto. È necessità dunque costringerveli colla forza degli ordini pubblici; il vero fine de' quali, per chi intende, non è altro che garantire il re contro la negligenza e la mala volontà de' ministri. Con picciolissime riforme voi producete un grandissimo bene; e tutte le riforme di uno Stato tendono ad un sol fine, cioè che il re sia veramente re. Ma, per questa ragione, a tali riforme i ministri si oppongono sempre, onde poi i mali diventano maggiori, ed inevitabili quelle grandissime crisi per le quali spesso s'immolano dieci generazioni per rendere, forse, felice l'undecima. Verità funesta e per i principi e per i popoli!

Le rovine di quelli e di questi per l'ordinario sono l'effetto de' ministri, e di coloro che si millantano amici dei re (1).

§. IX.

Finanze.

Chi paragona la somma de' tributi che noi pagavamo con quella, che pagavano le altre nazioni di Europa, crederà che noi non eravamo i più oppressi. Chi paragona la somma delle imposizioni, che noi pagavamo ai tempi di *Carlo III* con quelle che poscia pagammo ai tempi di *Ferdinando*, vedrà forse che la differenza tra quella e questa non era grandissima. Ma intanto i bisogni della nazione eran cresciuti, erano cresciuti i bisogni della corte: quella veniva a pagare più, perchè in realtà avea meno superfluo; questa veniva ad esiger meno: il poco che esigeva era mal versato, non si pensava a restituire alla nazione ciocchè da lei si prendeva: era facile il prevedere che tra poco le rendite non erano bastanti; ed il bisogno delle nuove imposizioni sarebbe stato tanto maggiore nella corte, quanto maggiore sarebbe stata nel popolo l'impotenza di pagarle.

S'incominciò dal cangiare per speculazione taluni dazj indiretti i quali sembravano gravosi, tali erano, per esempio, quelli sul tabacco e sulla manna, e furono commutati in dazj diretti che rendevano quasi il doppio. S'impose un dazio sulla caccia che fino a quell'epoca era stata libera, ma non si pensò a regolarla, perchè il dazio interessava la corte, ed il regolamento interessava la nazione. S'impose un dazio sull'estrazione de' nostri generi, mentre se ne doveva imporre uno sull'introdu-

---

(1) Vedi *Bonnet, art de rendre les revolutions utiles;* libro pieno di buon senso.

sione de' generi esteri. Si ricorse finanche alla risorsa della *crociata*, di cui non credo che vi possa essere risorsa più vile, o che il governo creda, o che non creda esser dell'onore della divinità de' cattolici, che in taluni giorni dell'anno si mangino solo alcuni cattivi cibi che ci vendono gli eretici.

Si ricercarono per tutto il regno i fondi che due, tre, quattro, dieci secoli prima erano stati posseduti dal fisco, e si aprì una persecuzione contro cose non meno crudeli di quella contro le persone. Finchè questa persecuzione fu contro i soli feudatarj ed ecclesiastici fu tollerabile, ma gli agenti del fisco dopo che ebbero assicurato il dominio, come essi dicevano, del re, annullarono spietatamente tutt'i contratti, e beffandosi di ogni buona fede, turbarono il povero colono, il quale fu costretto ricomprarsi con una lite o col danaro quel terreno che era stato innaffiato dal sudore de' suoi maggiori, e che formar dovea l'unica sussistenza de' figli suoi.

Forse un giorno non si crederà che il furore delle revindiche era giunto a segno, che i cavalieri dell'ordine Costantiniano, *immaginando non so qual parentela tra Ferdinando IV gran maestro dell'ordine e s. Antonio Abate*, diedero a credere al re che tutt'i beni i quali nel regno fossero sotto l'invocazione di questo Santo si appartenessero a lui; ed egli in ricompensa del consiglio e delle cure che mettevano i cavalieri in ricercare tali beni ovunque fossero, credette utile allo Stato, ed in conseguenza giusto; toglier tali beni a coloro che utilmente li coltivavano, e darli ad altri, i quali essendo cavalieri Costantiniani, avevano il diritto di vivere oziosi.

Le municipalità presso di noi avevano molti fondi pubblici, che le stesse popolazioni amministravano, la rendita de' quali serviva a pagare i pubblici pesi. Molti altri ve n'erano sotto nome di *luoghi pii* addetti alla pubblica beneficenza, fin da que' tempi ne' quali la sola religione, sotto nome di *carità*, potea indurre gli uomini a far un'opera utile a' loro simili, ed il solo nome di un *santo* potea raffrenar gli Europei ancora barbari dall'usurparli. Mille abusi ivi erano e nell'oggetto e nell'amministrazione di tali fondi; ma essi intanto formavano parte della ricchezza nazionale, ed il privarne la nazione, senzachè altronde avesse avuto niun accrescimento di arti e di commercio, onde supplirvi, era lo stesso che impoverirla. Il tempo, che tutt'i mali riforma meglio dell'uomo, avrebbe corretto anche questo.

Una parte di questi fondi pubblici fu occupata dalla corte, e questo non fu il maggior male; l'altra sotto pretesto di essere male amministrata dalle popolazioni fu fatta amministrare dalla *camera de' conti* e da un tribunale chiamato *misto*, ma che nella miscella de' suoi *subalterni* tutto altro avea che gente onesta. L'amministrazione dalle mani delle comuni passò in quella de' commessi di questi tribunali, i quali continuarono a rubare impunemente, e tutto il vantaggio che dalle nuove riforme si ritrasse, fu, che si rubò da pochi dove prima si rubava da molti, si rubò dagli oziosi dove prima si rubava dagl'industriosi; il danaro fu dissipato tra i vizj ed il lusso della capitale, dove che prima s'impiegava nelle provincie; la nazione divenne più povera, e lo Stato non divenne più ricco.

Lo stesso era avvenuto per i fondi allodiali e gesuitici (1). Tutto nel regno di Napoli tendeva alla concentrazione di tutt'i rami di amministrazione in una sola mano. Ma questa mano non potendo tutto fare da sè,

---

(1) *Ecco un esempio della dissipazione che vi era nell'amministrazione di tali beni. I gesuiti in Sicilia quando furono espulsi possedeano fondi, i quali nel primo anno dell'amministrazione regia diedero cinquantamila ducati di rendita, nel secondo anno ne diedero settantamila; nel terzo quarantamila: ed a questa ragione furono calcolati allorchè si vendettero. Ab uno disce omnes.*

dovea per necessità servirsi di agenti non fedeli, e la nazione allora cadde in quel deplorabile stato in cui dagli impieghi sperasi non tanto l'onore di servir la patria quanto il diritto di spogliarla. Allora la nazione è inondata da quelle *vespe* giudicatrici che tanto ci fanno ridere sulle scene di *Aristofane*.

La nostra capitale incominciava ad essere affollata da quest'insetti, i quali colla speranza di un miserabile impiego *subalterno* trascurano ogni fatica; intanto i vizj ed i capricci crescono coll'ozio ed il miserabile soldo che hanno non crescendo in proporzione, sono costretti a tenere nell'esercizio del loro impiego una condotta, la quale accresca la loro fortuna a spese della fortuna dello Stato e del costume della nazione. Io giudico della corruzione di un governo dal numero di coloro che domandano un impiego per vivere: l'onesto cittadino non dovrebbe pensare a servir la patria, se non dopo di avere già onde sussistere. Roma nell'antica santità de' suoi costumi non concedeva ad altri quest'onore. Così il disordine dell'amministrazione è la più grande cagione di pubblica corruzione.

Sul principio il disordine nelle finanze attaccò i più ricchi; ma siccome la loro classe formava anche la classe degl'industriosi, e da questi il rimanente del popolo vivea, così il disordine attaccò l'anima dello Stato, e tra poco tutte le membra doveano risentirsene egualmente.

Nulla bastava alla corte di Napoli. Non bastò il danaro ritratto dallo spoglio delle Calabrie; si rimisero in uso i *donativi*, non passò anno senza che ve ne fosse uno. Finalmente nè anche i *donativi* furono sufficienti, ed incominciaron le operazioni de' banchi.

I banchi di Napoli erano depositi di danaro di privati, ai quali il governo non prestava altro che la protezione. Erano sette corpi morali, che tutti insieme possedevano circa tredici milioni di ducati, ed ai quali la nazione ne avea affidati ventiquattro. Le loro carte godevano il massimo credito, tra perchè ipotecate sopra fondi immensi; tra perchè un corpo morale si creda superiore a quegli accidenti a cui talora va soggetto un privato; tra perchè tenevano sempre i banchi il danaro di cui si dichiaravano per depositarj, e che non potevano convertire in altro uso. Fino al 1793 essi furono riputati sacri.

La regina pensò da banchi privati farli diventar banchi di corte. Il primo uso che ne fece fu di gravarli di qualche pensione in beneficio di qualche favorito; il secondo fu di costringerli a far degli imprestiti a qualche altro favorito meno vile o più intrigante: il terzo di far contribuire grosse somme per i *progetti di Acton*, che si chiamavano bisogni dello Stato, quasichè il danaro de' banchi non fosse danaro di quegl'istessi privati ch'erano stati già tassati. Indi incominciarono le operazioni segrete. Si fecero estrazioni immense di danaro: quando non vi fu più danaro, si fecero fabbricar carte, onde venderle come danaro. Le carte circolanti giunsero a circa trentacinque milioni di ducati de' quali non esisteva un soldo.

Allora incominciò un *agio* fino a quel tempo ignoto alla nazione, e che in breve crebbe a segno di assorbire due terzi del valore della carta. La corte lungi dal riparare al male, allorchè era sul nascere, l'accrebbe continuando tutto il giorno a metter fuori delle carte vuote e facendole convertire in contanti per mezzo de' suoi agenti a qualunque *agio* ne venisse richiesto. Si vide lo stesso sovrano divenir *agiotatore*: se avesse voluto far fallire una nazione nemica non potea fare altrimenti.

L'*agio* era tanto più pesante quanto che non si trattava di biglietti di azione, non di biglietti di corte, la sorte de' quali avesse interessati soli pochi renditieri; si trattava di attaccare in un colpo solo tutto il numerario, e di rovesciar tutte le proprietà, tutto il commercio, tutta la circolazione di una nazione agricola, la quale di sua natura ha sempre la circolazione più languida delle altre. La corte si scosse quando il male era irreparabile. Diede i suoi *allodiali* per ipoteca delle carte vuote; ma nè que' fondi potean ritrovare così facilmente compratori, nè venduti, riparato avrebbero alla mala fede. Conveniva persuadere al popolo, che di carte vuote non se ne sarebbero più fatte, cioè conveniva persuadere o che la corte non avrebbe avuto più bisogno, o che avendo bisogno non avrebbe adoperato l'espediente di far nuove carte. Lo stato delle cose avrebbe fatto temere il bisogno, la condotta della corte faceva dubitar della sua fede. Come fidarsi di una corte, la quale avendo già incominciata la vendita de' beni ecclesiastici, invece di lacerar due milioni e mezzo di carte ritratte dalla vendita, li rimise di nuovo in circolazione? Così questa porzione di debito pubblico venne a duplicarsi, poichè rimasero a peso della nazione le carte, e si alienò l'equivalente de' fondi.

Non manca taluno il quale ha creduto la vendita dei beni ecclesiastici essere stata effetto non già di cura che si avesse di riempire il vuoto de' banchi, ma bensì di timore che essi servissero di pretesto e di stimolo ad una rivoluzione. Quanto meno vi sarà da guadagnare, dicevasi, tanto minore sarà il numero di coloro che desiderano una rivoluzione. L'uomo che si dice autor di questo consiglio conosceva egli la rivoluzione, gli uomini, la sua patria?

§. X.

Continuazione. Commercio.

Il disordine de' banchi quindici anni prima forse o non vi sarebbe stato, o sarebbe stato più tollerabile, perchè la nazione avea allora un erario sufficiente a riempire il vuoto che ne' banchi si faceva, o almeno a mantenervi sempre tanto danaro quanto era necessario per la circolazione. È una verità riconosciuta da tutti, che ne' pubblici depositi può mancare una porzione del contante, senza che perciò la carta perda il suo credito;

ma conviene che la circolazione sia in piena attività, e che mentre una parte della nazione restituisce le sue carte, un'altra depositi nuovi effetti. Ora in Napoli da alcuni anni era cessata del tutto l'introduzione delle nuove specie, poichè estinta era ogni industria nazionale, e quasi rapporti di commercio che soli ci eran rimasti colle altre nazioni erano tutti passivi. I tremuoti del 1783, e più de' tremuoti l'economia distruttiva della corte, avean desolate le Calabrie; due delle più fertili province eran divenute deserte. Il disseccamento delle Paludi Pontine, e la coltura che *Pio VI* vi aveva introdotta, ci avean tolto, o almeno diminuito, un ramo utilissimo di esportazione de' nostri grani. Noi avevamo altre volte un commercio lucrosissimo colla Francia, e quello che sulla Francia guadagnavamo compensava ciò che perdevamo cogli Inglesi, cogli Olandesi, e coi Tedeschi. La rivoluzione di Francia, distruggendo le manifatture di Marsiglia e di Lione, fece decadere il nostro commercio d'olio e di sete. Conveniva dare maggiore attività alle nostre manifatture di seta ed istituir delle fabbriche di sapone: esse sarebbero divenute quasi privative per noi, ed avremmo ritratto almeno questo vantaggio dalla rivoluzione Francese (1). Ma quest'oggetto non importava ad *Acton*. Conveniva serbare un'esatta neutralità, la quale ne' primi anni della rivoluzione Francese avrebbe dato un immenso smercio de' nostri grani. Ma *Acton* e la regina credevano poter far morire i Francesi di fame. Intanto i Francesi destarono i Ragusei ed i Levantini, dai quali ebbero il grano, e non morirono di fame: noi perdemmo allora tutto il lucro che pote-

———————

(1) *Il re aveva eretta un'ottima manifattura di seterie in Caserta; ma le seterie si travagliavano solo in Caserta, nè si sarebbero mai travagliate altrove. Chi mai poteva reggere alla concorrenza d'un re? Il sovrano deve essere il protettore de' manifatturieri e non il rivale.*

vamo ragionevolmente sperare, ed oggi ci troviamo di aver acquistati in questo ramo di commercio de' concorrenti tanto più pericolosi in quanto che abitano un suolo egualmente fertile, e sono più poveri di noi. Ci si permise il solo commercio cogl' Inglesi, poichè il commercio di Olanda era anche nelle mani dell' Inghilterra, cioè ci si permise quel solo commercio che ci si avrebbe dovuto vietare; anzi siccome l'opinione della corte era venduta agl' Inglesi, così l'opinione della nazione lo fu egualmente, e non mai le brillanti bagattelle del Tamigi hanno avuta tanta voga sul Sebeto; non mai noi siamo stati di tanto debitori agl' Inglesi, quanto nel tempo appunto in cui meno potevamo pagare. Questo disquilibrio di commercio ha tolto in otto o nove anni alla nazione Napolitana quasi dieci milioni di suo danaro effettivo, oltre tanto, e forse anche più, che avrebbe dovuto e che avrebbe potuto guadagnare, se il vero interesse della nazione si fosse preferito al capriccio di chi la governava.

A tutti questi mali erasi aggiunto quello di una guerra immaginata e condotta in modo che distruggeva il regno senza poterci far sperare giammai nè la vittoria nè la pace. Si manteneva da quattro anni un esercito di sessantamila uomini ozioso nelle frontiere, ed il suo mantenimento costava quanto quello di qualunque esercito attivo in campagna. Per conservar, come si dicea, la pace del regno, la quale si dovea fondar solo sulla buona fede del re, si richiesero nuovi soccorsi al popolo, e si ottennero. Si richiese non solo l'argento delle chiese, ma anche quello de' privati, dando loro in prezzo delle carte che non avevano alcun valore; e si ottenne (1). S'im-

---

(1) *Solamente la nazione rise un poco leggendo nell'editto con cui si toglieva l'argento ai privati, che la mente del re era quella di rimettere in vigore le antiche leggi suntuarie tanto utili allo Stato. Chi fu mai il ministro che*

pose una decima su tutti i fondi del regno, la quale
produceva quasi il quarto di tutti gli altri tributi che
già si pagavano. Ma tutte queste risorse, che non furono piccole, si dissiparono, si perdettero passando per
mani negligenti o infedeli.

Si spogliarono le campagne di cavalli, di muli, di
bovi, che parte morirono per mancanza di cibo, parte
si rivendettero da quegl'istessi che ne avean fatta la re-
quisizione.

Si tolsero nella prima leva le migliori braccia all'agricoltura, allo Stato la più utile gioventù, che strappata
dal seno delle loro famiglie fu condotta a morire in San
Germano, Sessa, e Teano; l'aria pestilenziale di quei
luoghi, e la mancanza di tutte le cose necessarie alla
vita in una sola estate ne distrussero più di trentamila.
Una disfatta non ne avrebbe fatto perdere tanti.

Allora si vide quanto la nazione Napolitana era ragionevole, amante della sua patria, ma nel tempo istesso
nemica di oppressioni e d'ingiustizie. Erano due anni
da che si era ordinata una leva di sedicimila uomini,
ma questa leva, commessa ad agenti venali, non era
stata eseguita; la nazione vi aveva opposti tanti ostacoli,
che pochissime popolazioni appena aveano inviate il con-
tingente delle loro reclute. Gli abitanti delle province

---

*indusse il re a prestar il sacro suo nome a menzogna
tanto evidente? Ed in qual altro caso mai è permesso
ad un re di esporre ai suoi popoli i proprj bisogni, se
non quando questi bisogni sono bisogni dello Stato? Perchè non si disse: la patria è in pericolo; i bisogni della
patria sono i miei e vostri: salviamo la patria? Quale
idea dovea aver l'onore, e qual generosità dovea aver
nell'animo, il ministro che potè consigliare una simile
versipelleria? Or il senso di onore e la nobiltà e generosità delle idee de' ministri non sono forse la più esatta
misura della vera forza di uno Stato?*

del regno di Napoli non amavano di farp il soldato mercenario, servo de' capricci di un generale tedesco che non conosce altra ordinanza che il suo bastone. La corte vide il male; la nuova leva fu commessa alle *municipalità*, o sia alle stesse popolazioni; ed i nuovi coscritti furon dichiarati *volontarj* da dover servire alla difesa della patria fino alla pace. Al nome di patria, al nome di volontarj, tutti corsero, e si ebbe in pochissimi giorni quasi il doppio del numero ordinato colla leva.

Ma questi stessi un anno dopo, disgustati dai cattivi trattamenti della corte, e più dalla sua mala fede, per la maggior parte disertarono. Essi erano volontarj da servir fino alla pace; la pace si era conchiusa, ed essi chiesero il loro congedo. Un governo savio l'avrebbe volontieri accordato, sicuro di riaverli al nuovo bisogno; ma il governo di Napoli non conosceva il potere della buona fede e della giustizia: anzi che esserne amato, credeva più sicuro esser temuto dai suoi popoli, e ne fu odiato. Tanti disertori, per evitare il rigore delle persecuzioni, si dispersero per le campagne: il regno fu pieno di ladri, e le frontiere rimasero prive di soldati.

I cortigiani diedero torto ai soldati, perchè volevano adular la corte (1); gli esteri diedero torto ai soldati, perchè volevano avvilir la nazione; e molti tra i nostri, che pure hanno fama di pensatori, diedero torto ai soldati, perchè non conoscevano la nazione, ed adulavano gli esteri. Questi piccoli tratti caratterizzano le nazioni, gli uomini che le governano, e quelli che le giudicano.

---

(1) *Si avverta una volta per sempre che in questa storia, governo, corte, ed anche re e regina, sono tutti sinonimi di* Acton. *Pochi sono i casi ne' quali convien distinguerli.*

§. XI.

Guerra.

Tale era lo stato del regno sul cadere dell'estate del 1798, quando la vittoria di *Nelson* ne' mari di Alessandria (1), lo scarso numero della truppa Francese in Italia, le promesse venali di qualche Francese, la nuova alleanza colla Russia, e più di tutto gl'intrighi del gabinetto Inglese, fecero credere al re di Napoli esser venuto il momento opportuno a ristabilire le cose d'Italia.

Da una parte la repubblica Romana, teatro delle prime operazioni militari, più che di uno *stato*, presentava l'apparenza di un deserto, i pochi uomini abitatori del quale in vece di opporsi all'invasore dovean ricevere chiunque loro portasse del pane. Dall'altra, l'Imperatore di Germania rivolgeva di nuovo pensieri di guerra: nè egli nè il Direttorio volevan più la pace; e si osservava, che mentre i plenipotenziarj delle due potenze stavano inutilmente in *Rastadt*, i Francesi occupavano la Svizzera ed i Russi marciavano verso il Reno.

Il re di Napoli per completare il suo esercito ordinò una leva di quarantamila uomini, la quale fu eseguita in tutto il regno in un giorno solo. In tal modo sulle frontiere al cader di ottobre trovaronsi riuniti circa settantamila uomini.

Mancava a queste truppe un generale, e credendosi che non si potesse trovare in Napoli, si chiese alla Germania. *Mack* giunse come un genio tutelare del regno.

---

(1) *Il giubilo per questa vittoria si spinse fino all'indecenza: non si seppe nemmeno serbar le apparenze della neutralità. La flotta Inglese era stata chiamata dalla corte di Napoli; dalla medesima corte, sebbene sotto nome privato, era stata approvvisionata.*

Il piano della guerra era che il re di Napoli avrebbe fatto avanzar le sue truppe nel tempo stesso che l'imperatore avrebbe aperta la campagna dalla sua parte. Il duca di Toscana ed il re di Sardegna doveano avere anch'essi parte nell'operazione; ed a tale oggetto facevano delle leve segrete ne' loro Stati, e si erano inviati dalla corte di Napoli sette mila uomini sotto il comando del general *Naselli*, il quale occupò Livorno, ed a tempo opportuno doveva insieme colle truppe Toscane marciar sopra Bologna e riunirsi alla grande armata. Si era creduto necessario, sotto apparenza di difesa, occupare militarmente la Toscana, perchè quel governo era tra tutti i governi Italiani il più sinceramente alieno dai pensieri di guerra; e questo avea reso il ministero Toscano tanto odioso al Governo di Napoli, che poco mancò che non si vedessero dei corpi di truppa spedirsi da Napoli in Livorno a solo fine di obbligare il gran duca a deporre Manfredini. In tal modo i Francesi, circondati ed attaccati in tutti i punti, dovevano sloggiar dall'Italia.

Ma l'imperatore intanto non si movea, tra perchè forse opportuna non era ancora la stagione, tra perchè aspettava i Russi che non erano giunti ancora. Il consiglio di Vienna avea risoluto di non aprir la campagna prima del mese di aprile. Non si sa come si ottennero lettere più autorevoli delle risoluzioni del Consiglio, le quali permettevano all'esercito Napolitano di muoversi prima; e queste lettere erano state chieste ed ottenute con tanta segretezza, che il ministero istesso di Vienna non le seppe se non nello stesso giorno nel quale seppe e la marcia delle truppe e la disfatta. Amarissimi rimproveri ne ebbe chi allora risedeva in Vienna per la corte di Napoli. Il ministro *Thugut* diceva che questa corte avea tradita la causa di tutta l'Europa e che meritava di esser abbandonata al suo destino. La protezione dell'imperatore Paolo I, presso il quale principal mediatrice fu la Gran-Duchessa Elena Paolowna, allora Arciduchessa Palatina, salvò la corte dagli effetti di questa minaccia. L'ambasciatore Napolitano si giustificò mostrando ordini in faccia ai quali quelli del Consiglio dovean tacere. Ma rimase e rimarrà sempre incerto e disputabile, perchè mai, contro gli stessi proprj interessi, da Napoli si chiedevano e da Vienna si davano ordini segreti, contrarj al piano pubblicamente risoluto, da tutti accettato, da tutti riconosciuto per più vantaggioso? Intendevasi con ciò ingannar l'inimico o sè stesso?

È probabile che la corte di Napoli ardesse di soverchia impazienza di discacciar i Francesi dall'Italia. È probabile ancora che tanta impazienza non nascesse da solo odio, ma anche da desiderio di trarre da una vittoria, la quale credevasi sicura, un profitto che forse l'Austria non avrebbe volentieri conceduto, ma trovandolo già preso lo avrebbe tollerato. Siccome nelle leghe non si dà mai più di quello che uno si prende, così de' collegati ciascuno si affretta a prendere quanto più può e quanto più presto è possibile; la vicendevole gelosia genera la comune mala fede, e mentre ciascuno pensa a sè si obbliano gl'interessi di tutti. Ma in tale ipotesi perchè mai l'Austria acconsentì alla dimanda di Napoli? Non è nè anche inverosimile che *Mack* sempre fertile in progetti, credesse facile discacciar i Francesi; e sicuro de' primi successi (e chi non l'avrebbe creduto quando *Mack* non si conosceva ancora?) amava più d'invitare l'Imperatore a goderne i frutti, che dividerne la gloria.

Sopra ogni altra congettura però è verosimile che la corte di Napoli operasse spesso senza l'intelligenza dell'Imperatore di Germania, perchè mentre da una parte prestava il suo nome alla lega che si era stretta nel Nord e della quale era il centro principale in Vienna, dall'altra manteneva un suo ambasciatore in Parigi, il quale, quando la pace fu già rotta potette ottenere dal Direttorio ordini tali al generale in capo dell'armata d'Italia che gl'impedivano d'invadere il regno di Napoli, e limitavano le sue operazioni militari a respingere solamente l'aggressione. Il corriere che portava tali ordini fu, non si sa bene per quale accidente, assassinato nel Piemonte. Ora ordini di tale natura, quando anche s'ignorino le trattative precedenti, è certo che non si possono ottenere senza supporre o che il Direttorio ignorasse interamente i disegni ed i movimenti del gabinetto di Napoli, il che è incredibile, o che avesse risoluto di abbandonar l'Italia, talchè la corte di Napoli più che sugli ajuti degli alleati fondasse le speranze de' suoi vantaggi sull'abbandono del Governo Francese, e volesse per ciò procurarseli da sè sola onde non esser costretta a dividerli cogli altri. È certo che la guerra di Napoli fu fatta contro gli ordini del Direttorio, che *Championet* non ebbe altri che lo autorizzasse a farla se non il generale in capo *Joubert*; e che in faccia al Direttorio dovette scusarsi colla ragione di quella necessità che spesso spinge un generale oltre i limiti delle istruzioni superiori: e fu assoluto perchè facilmente si giustifica ogni audacia che abbia ottenuto prospero successo.

Ma tutte queste cose agitavansi nel segreto del gabinetto, nè a tutti i ministri del re erano confidate. Miserabile condizione di tempi ne' quali la sorte de' popoli dipende più dall'intrigo che dal valor vero, e vedesi un governo, il quale poteva tutto ragionevolmente sperare dalle forze proprie e dall'opportunità delle circostanze, avvilirsi a cercar la vittoria dai capricci e dalle promesse degli uomini meno stabili della stessa fortuna! Se la corte di Napoli, consultando le proprie forze e la propria ragione, anzichè *taverneggiare* la guerra l'avesse guerreggiata, ne avrebbe ottenuti successi o più felici o meno disastrosi. Di fatti il maggior numero de' consiglieri del re, sia che ignorassero le segrete ragioni sulle quali si fondavano tutte le speranze del buon successo, sia che non vi mettessero molta fede, rimasero fermi nel parere della pace. Ma *Acton* ebbe cura di allontanarli. Quando si decise la guerra non intervennero molti degli antichi consiglieri. Il marchese de *Marco*, il generale

Pignatelli, il marchese del *Gallo* eran per la pace. Per la pace furono il maresciallo *Parisi* ed il general *Colli*; chiamati in consiglio sebbene non consiglieri. Ma la Regina, *Mack*, *Acton*, *Castelcicala* formarono la pluralità, e strascinarono l'animo del re.

Che vi pare di questa guerra già risoluta? domandò molti giorni di poi la regina ad *Ariola*, che era ministro di guerra, e che intanto non ne sapeva ancor nulla. *Ariola* che avrebbe voluto tacere, spronato a parlare, le disse, che da tal guerra vi era più da temere che da sperare.

Il re potrebbe, disse *Ariola*, sostener con vantaggio una guerra difensiva, ma tutto gli manca per l'offensiva. Egli non combatte ad armi eguali. I Francesi, pochi di numero, son tutti soldati avvezzi alla guerra ed alla fatica; l'esercito nostro è per metà composto di reclute strappate appena da un mese dal seno delle loro famiglie, ed il loro numero maggiore non servirà che ad imbarazzare i buoni veterani che son tra loro, ed a rendere più sensibile la mancanza in cui siamo di buoni officiali, il numero de' quali non abbiam potuto raddoppiare in un momento come abbiamo raddoppiato quello della truppa. Perchè non si aspetta che queste truppe si disciplinino? Perchè non si aspetta che l'imperatore si muova il primo? Tanta fretta si ha dunque di vincere, che non si ha cura nè anche di render sicura la vittoria? Tanto certo è della vittoria *Mack*, che si avvia senza nè anche pensare alla possibilità di un rovescio? Si apre una guerra nelle frontiere; è necessario che uno de' suoi Stati immediatamente sia invaso, ed intanto niuna cura egli si ha preso della difesa dell'interno del regno, che tutto è aperto, ed al primo rovescio che noi avremo il nemico sarà nel cuore de' nostri Stati. A noi non sarà molto facile, soli e senza il soccorso dell'imperatore, discacciar l'inimico dall'Italia, e finchè ciò non si ottenga, nulla si potrà dir fatto. Molte vittorie bisognano a noi, una sola basta all'inimico. Quanto più l'inimico si avanzerà, tanto più facile troverà la strada alla vittoria;

ma quanto più ci avanzeremo noi, tanto maggiori e più numerosi ostacoli incontreremo: la sorte dell'inimico si decide in un momento, la nostra, sebbene prospera, avrà bisogno di molto tempo. Intanto *Mack*, quasi potesse terminar la guerra in pochi giorni, si avvia verso un paese desolato, ove è penuria di tutto, senza aver prima pensato a provvedersi, ed in una stagione in cui difficili sono i trasporti ed i generi non abbondanti.... Egli si avvia a conquistare il territorio altrui, e forse a perdere il proprio.

Quale fu l'effetto di questo discorso? *Mack* ed *Acton* se ne offesero; *Acton* minacciò *Ariola*; *Ariola* se ne dolse col re, e mentre il re gli dava ragione, *Acton* in sua presenza gli tolse il portafoglio. Pochi giorni dipoi l'esperimento confermò la veracità de' suoi pronostici. Il re, fuggito da Roma, giunse a Caserta; si ricorda di *Ariola*, e lo invoca come l'unico suo liberatore. *Ariola* parte pel campo onde concertare con *Mack* i mezzi di difendere il regno da un'invasione. Trova lo *stato maggiore* in Terracina, ma *Mack* non vi era, nè alcuno sapeva indicare ove mai si trovasse. Intanto vede ritornar l'esercito tutto disperso. Crede necessario tornare in Caserta, e non perder tempo. Poche ore dopo la di lui partenza, *Mack* arriva. Scrive al re che il ministro della guerra era un vile il quale avea abbandonato il suo posto. Ed *Ariola* è arrestato. Nè è improbabile che a questa disgrazia di *Ariola* abbia prestata la sua mano anche *Acton*, se è vero ciò che taluni dicono, che accusato egli di aver mal diretti alcuni preparativi militari, abbia voluto farne creder colpevole *Ariola*, ed abbia afferrata potentemente l'occasione di poter far sequestrare le di lui carte onde non si venisse mai in chiaro del vero autore. Credeva egli con un delitto di cortigiano conservar la fama di generale?

§. XII.

Continuazione.

La guerra fu risoluta. Si pubblica un proclama, col quale il re di Napoli con equivoche parole dichiara che egli voleva conservar l'amicizia che aveva colla repubblica Francese, ma si credeva oltraggiato per l'occupazione di Malta, isola che apparteneva al regno di Sicilia, e non poteva soffrire che fossero invase le terre del Papa, che amava come suo antico alleato e rispettava come capo della Chiesa; che avrebbe fatto marciare il suo esercito per restituire il territorio Romano *al legittimo sovrano* (si lascia in dubbio se questo sovrano fosse o no il Papa), ed invita qualunque forza armata a ritirarsi dal territorio Romano perchè in altro caso se le sarebbe dichiarata la guerra. Simile proclama non si era veduto in nessun secolo della diplomazia, a meno che i Romani non ne avessero formato uno, allorchè ordinarono agli altri Greci di non molestar gli *Acarnanj*, perchè tra i popoli della Grecia erano stati i soli che non avevano inviate truppe all'assedio di Troja.

Questo proclama fu pubblicato a' 21 novembre. A' 22 tutto l'esercito partì, e diviso in sette colonne per sette punti diversi entrò nel territorio romano. Le colonne che mossero da s. Germano e da Gaeta si avanzarono rapidissimamente. Nè la stagione dirottamente piovosa; nè i fiumi che s'incontrarono pel cammino; nè la difficoltà dei trasporti di artiglieria e viveri in cammini impraticabili per profondissimo fango, fecero arrestar gli ordini di *Mack*. Egli non faceva che correre; si lasciava indietro l'artiglieria; cominciavano a mancare i viveri; il soldato era privo di tutto; avea bisogno di riposo, e *Mack* correva. Le colonne d *Micheroux* e di *Sanfilippo* erano state già battute negli Abruzzi. La voce pubblica di questo rovescio incolpò i generali; ma è certo che posteriormente la condotta di *Micheroux* è stata esaminata da un Consiglio di guerra, ed è stata trovata irreprensibile. Di *Sanfilippo* non sappiamo nulla. Ma la voce pubblica, in questi casi non merita mai intera fede, perchè il popolo giudica per l'ordinario dall'esito, e spesso dà più lode e più biasimo di quello che taluno merita. *Mack*, il quale non avea pensato mai a stabilire una ferma comunicazione tra i diversi corpi del suo esercito ed un concerto tra le varie loro operazioni, non seppe se non tardi un avvenimento il quale dovea cangiar tutto il suo piano, ed intanto continuava a correre. Giunse a' 27 di novembre in Roma. S'impiegarono cinque giorni in un cammino che ne avrebbe richiesto quindici. Non si concessero che cinque ore di riposo sotto le armi alla truppa, e fu costretta di nuovo a correre a Civita Castellana. Per la strada i viveri mancarono del tutto: i provisionieri dell'esercito chiedevano in vano a *Mack* ove dovessero inviarli; gli ordini del generale erano tanto rapidi, che mentre si eseguiva il primo si era già dato il secondo, il terzo, il quarto, il quinto: i viveri si perdevano inutili per le strade; ed i soldati, e i cavalli intanto morivan di fame. Quando giunsero a Civita Castellana, i nostri da tre giorni non aveano veduto pane. Essi erano nell'assoluta impossibilità di poter reggere a fronte di un nemico fresco, che conosceva il luogo, e che distrusse il nostro esercito raggirandolo qua e là per siti ove il maggior numero era inutile. *Mack* non seppe ispirar coraggio ad una truppa nuova, esercitandola con piccole scaramuccie contro i piccoli corpi nemici che incontrò da Terracina a Roma, e che messi, per insensato consiglio, in libertà, produssero due mali gravissimi; il primo de' quali fu quello di non avvezzare le truppe sue alla vittoria, quando questa era facile e sicura; il secondo di accrescer il numero de' nemici nel momento delle grandi e pericolose azioni. Non seppe *Mack* far battere due colonne nello stesso tempo: furon tutte disfatte in dettaglio. *Mack* ignorava i luoghi dove si trovava, e sull'orlo del precipizio credeva, e faceva credere al re che le cose andavano prospere. Per la resistenza che i Francesi avean fatta all'esercito del re delle due Sicilie, costui dichiarò loro la guerra a' 7 dicembre, cioè quando la guerra, per le disfatte ricevute, era già terminata, e dovea pensarsi alla pace. Dopo due altri giorni tutto l'esercito fu in rotta, e *Mack* non trovò altra risorsa che correre indietro come prima avea corso in avanti. In meno di un mese *Ferdinando* partì, corse, arrivò, conquistò il regno altrui, perdette uno de' suoi; e poco sicuro dell'altro, fu quasi sul punto di fuggire fino al terzo suo regno di Gerusalemme per ritrovare un asilo.

Io non sono uomo di guerra; gli altri leggeranno la storia di tali avvenimenti nelle memorie di *Bonamy* ed in quelle del nostro *Pignatelli* che vide i fatti e che era capace di giudicarne. *Mack* ha pubblicato anche egli la sua memoria. Egli calunnia la nazione, e l'esercito. Ma, l'esercito alla testa del quale fu battuto, non era quello stesso esercito col quale, mentre taluno lo consigliava a procedere più adagio, egli avea detto di voler conquistare l'Italia in quindici giorni? (1)

Quest'uomo che un momento prima sfidava tutte le potenze della terra, al primo rovescio perdette tutto il suo genio. Sebbene battuto, pure conservava tuttavia forse infinitamente superiori; e se non poteva vincere poteva almeno resistere; cogli avanzi del suo esercito poteva fermarsi a Velletri; oppure al Garigliano, ove potea per lungo tempo contendere il passo; potea salvar

---

(1) Mack *per salvar la sua fama calunnia la nazione.* Bonamy *sembra più inclinato a render giustizia a* Mack *che alla nazione, perchè non conosceva questa, ed era suo interesse dopo la vittoria lodare il generale vinto. Pare che* Pignatelli, *conoscendo egualmente e la nazione ed il generale, renda a ciascuno quella giustizia che si compete.*

Gaeta e salvare il regno. Ma egli che nella sua fortuna
non avea fatto altro che correre, nella disgrazia non
seppe far altro che fuggire; nè si fermò se non giunse
a Capua, dove pensava difendersi, e dove non si trattenne che un momento.

Capua si poteva facilmente difendere, e di là forse si
potea con migliori auspicj ritentar di nuovo la sorte delle
armi. Ad un proclama che si pubblicò per la leva in
massa, tutto il regno fu sulle armi. Gli Abruzzesi si opposero
alla divisione di *Rusca*, e se non riuscirono ad
impedirgli il passo, fecero però sì che gli costasse molto
caro. Tra le montagne impraticabili della provincia dell'*Aquila*,
non si pervenne mai ad estinguere l'insorgenza;
e la stessa capitale della provincia non fu che per pochi
gi ni in poter de' Francesi, ridotti a doversi difendere
entro il castello. L'altra divisione che venne per *Terracina*
e *Gaeta* si avanzò fino a *Capua*, ma non potè impedire
l'insorgenza che era scoppiata ad *Itri* e *Castelforte*; e
gl'insorgenti che cedettero per poco le pianure, si rifuggirono
nelle loro montagne, donde tornarono poco dopo
ad infestare la coda dell'esercito Francese, che vide rotta
ogni comunicazione coll'Italia. Un corpo di truppe difendeva
con valore e con felice successo il passo di *Cajazzo*.
Capua avea quasi dodici mila uomini di guarnigione.
Tutti gli abitanti delle contrade di *Nola* e di *Caserta*
eransi levati in massa, ed eravi ancora un corpo
di truppe intatto comandato da *Gams*.

Io dirò cosa che ai posteri sembrerà inverosimile ma
che intanto mi è stata giurata da quasi tutt' i Capuani.
Se *Capua* non fu presa per sorpresa non fu merito di
Mack, ma di un semplice tamburino o cannoniere che
fosse stato, il quale di proprio movimento diè fuoco ad
un cannone de' posti avanzati verso S. Giuseppe, e fece
sì che i Francesi si arrestassero. *Mack* certamente non
avea data alcuna disposizione di difesa.

Io lo ripeto; non sono uomo di guerra, ne imprendo
ad esaminar ad una ad una le operazioni e gli accidenti

della campagna. Ma io credo che gli accidenti debbano mettersi a calcolo, e che la somma finale dell'esito dipenda meno dagli accidenti che dal piano generale. Mack peccò naturalmente nell'estender troppo la linea delle sue operazioni, talchè il minimo urto dell'inimico gliela ruppe. Ebbe più cura dell'inimico che gli stava a fronte che di quello che gli stava sui fianchi, mentre forse questo era sempre più terribile di quello; quindi è che egli si avanzò sempre rapidissimamente, e questa stessa rapidità che alcuni chiaman vittoria fu la cagione principale delle sue inopinate irreparabili disfatte. Battuto in un punto Mack fu battuto in tutta la linea perchè tutta la linea gli fu rotta. Quando Mack preparava un piano tanto vasto per combattere un inimico debolissimo, molti dissero che Mack era un gran generale, perchè molti sono quelli che misurano la grandezza di una mente dalla grandezza delle forze che move: io dissi che era poco savio, perchè la saviezza consiste nel produrre il massimo effetto col minimo delle forze. Mack è un generale da brillare in un gabinetto perchè in un gabinetto appunto, e prima dell'azione, predomina nelle menti del maggior numero l'errore di confonder a grandezza della macchina colla grandezza dell'artefice. Non manca *Mack* di quelle cognizioni teoretiche della scienza militare che impongono tanto facilmente al maggior numero. È sicuro di ottenere in suo favore la pluralità de' voti un generale il quale vi parli sempre di matematica, geografia, storia; che vi rammenta i nomi antichi di tutt'i Sciti, vi enumera tutte le grandi battaglie che gli hanno illustrati, ed a confermar ogni evoluzione che gli vien fatta d'immaginare vi adduce l'esempio di *Eugenio*, di *Montecucoli*, di *Cesare*, di *Annibale*, e di *Scipione*. Il buon senso per altro pare che ci dovrebbe indurre a diffidare dei piani di campagna troppo eruditi: essi per necessità son troppo noti anche all'inimico, ed in conseguenza inutili. Tutto il vero segreto della guerra, dice *Macchiavelli* consiste in due cose: fare tutto ciò che l'inimico non può sospettar che tu faccia; lasciargli fare tutto ciò che tu hai previsto che egli voglia fare: col primo precetto renderai inutile ogni sua difesa, col secondo ogni offesa. Questi capitani soverchiamente sistematici hanno anche un altro difetto, ed è quello di dar un nesso, una concatenazione troppo stretta alle loro idee: si mandano il loro piano a memoria, e se avviene che una volta la fortuna della guerra lo tocchi, rassomigliano i fanciulli che han perduto il filo della loro lezione, e son costretti ad arrestarsi. Vuoi conoscere a segni infallibili uno di questi capitani? Soffre pochissimo la contraddizione, ed i consigli altrui: il criterio delle verità è, per lui, non già la concordanza tra le sue idee e le sue cose, ma bensì tra le sue idee medesime. Prima dell'azione sono audacissimi, timidissimi dopo l'azione: audacissimi perchè non pensano che le cose possan esser diverse dalle idee loro; timidissimi perchè non avendo prevista questa diversità non vi si trovan preparati. Affettano nei loro discorsi estrema esattezza, ma questa è inesattissima, perchè trascurano tutte le differenze che esistono nella natura. Numerano gli uomini e non li valutano; più che nell'uomo confidano, nell'esercito; più che nella virtù dell'animo confidano in quella del corpo; e più che nel valore confidano nella tattica. Questi duci più potenti in parole che in opere prevalgon sempre, per disgrazia delle nazioni; o quando gli ordini militari di uno Stato sono tali che tutta l'esecuzione di una guerra dipenda da un'assemblea e da un consiglio, o quando coloro che reggono la somma delle cose non sono esenti da ogni spirito di partito; e questo non è certamente il minore de' mali che lo spirito di partito e gli ordini mal congegnati sogliono produrre.

§. XIII.

Fuga del re.

I governi son simili agli uomini: tutte le passioni sono utili al saggio e forman la rovina dello stolto. Il timore che la corte di Napoli ebbe de' Francesi, in vece d' ispirarle una prudente cautela, fu cagione di rovinosa viltà. A forza di temerli, li rese più terribili di quello che erano.

Una persona di corte mi diceva pochi giorni prima di dichiararsi la guerra, esser prudente consiglio non far sapere al soldato che egli andava a battersi contro i Francesi, e con tale idea l'essersi imaginato quel gergo equivoco, col quale fu scritto il proclama, e col quale si ottenne di tener celato fino al momento dell'attacco il vero oggetto della spedizione. *Ebbene!* dissero i soldati quando lo seppero, *ci si era detto che noi non avevamo guerra coi Francesi?* Questa non è stata una delle ultime cagioni per cui in Napoli hanno mostrato più coraggio le leve in massa che le truppe regolari, ed il coraggio in vece di scemar colle disfatte, è andato crescendo, e sarebbe cresciuto anche dippiù, se il generale non fosse stato *Mack.* Vi è della differenza tra l'avvezzare un popolo a disprezzare il nemico, ed il fargli credere che non ne abbia: il primo produce il coraggio, il secondo la spensieratezza, cui nel pericolo succede lo sbalordimento. Cesare i suoi soldati spaventati talora dalla fama delle forze nemiche non confortava col diminuirla; ma coll'accrescerla. Una volta che si temeva vicino l'arrivo di Juba, ragunati a concione i soldati, sappiate, loro disse, che tra pochi giorni sarà qui il re con dieci legioni, trentamila cavalli, centomila armati alla leggiera, e trecento elefanti. Cessate quindi di più vaneggiare per saper quali sieno le sue forze. Cesare accrebbe il pericolo reale, che sebben grande ha però un limite, per toglier quello della fantasia che non ha limite alcuno. Così voglion esser governati tutt'i popoli.

Lo stesso timore che la corte ebbe ne' primi rovesci, le ispirò il consiglio di una leva in massa. Si pubblicò un proclama col quale s'invitarono i popoli ad armarsi e difendere contro gl'invasori i loro beni, le loro famiglie, la religione de' padri loro: fu la prima volta che fu udito rammentare ai nostri popoli, ch'essi erano Sanniti, Campani, Lucani, e Greci. Fu commesso ai preti di risvegliare tali sentimenti in nome di Dio. Queste operazioni non mancano mai di produrre grandi effetti. Il fermento maggiore fu in Napoli dove un popolaccio immenso, senza verun mestiere e verun' educazione, non vive che a spese de' disordini del governo e de' pregiudizj della religione.

Ma questo istesso fermento, che doveva e che potea conservare il regno, divenne per colpa di *Acton*, e per timore della corte, la cagione principale della sua rovina. Il popolo corse in folla al palazzo reale ad offerirsi per la difesa del regno. Un re che avesse avuto mente e cuore non aveva a far altro che montare a cavallo e profittare del momento di entusiasmo: egli sarebbe andato a sicura vittoria. *Acton* lo ritenne. Il popolo voleva vederlo. Egli non si volle mostrare, ed in sua vece fece uscire il generale *Pignatelli* ed il *conte dell'Acerra*. Tra le tante parole che in tale occasione ciascuno può immaginare essersi dette, uno del popolo disse, i mali del regno esser nati tutti dagli esteri che erano venuti a far da ministri; prima godersi profonda pace e generale abbondanza; da quindici anni in qua tutto esser cangiato; gli esteri esser tutti traditori: quindi o per un sentimento di patriotismo, di cui il popolo napolitano non è privo, o per ispirito di adulazione verso due cavalieri popolari, soggiunse: *perchè il re non fa primo ministro il general Pignatelli, e ministro di guerra il conte dell'Acerra?* Queste parole raccolte da' satelliti di *Acton*, e riferite a lui, mossero il di lui animo sospettoso ad accelerare la partenza. Da che mai dipende la salute di un regno!

Fu facile trarre a questo partito la regina. A trarvi anche il re si fece crescere l'insurrezione del popolo. Gli agenti di *Acton* lo spinsero la mattina seguente ad arrestare *Alessandro Ferreri*, corriere di gabinetto, il quale portava un plico a *Nelson*: moltissimi hanno ragioni di credere che costui fosse una vittima già da lungo tempo designata, perchè conscio del segreto delle lettere di Vienna alterate in occasione della guerra. Io non oso affermar nulla. Sia caso, sia effetto della politica del ministro, o della vendetta di qualche suo inimico privato, fu arrestato sul *molo*, nel punto in cui s'imbarcava per passare sul legno di *Nelson*, fu ucciso, ed il cadavere sanguinoso fu strascinato fin sotto il palazzo reale, e mostrato al re in mezzo alle grida di *morano i traditori! viva la santa fede! viva il re!* Il re era alla finestra; vide l'imponente forza del popolo, e diffidando di poterla reggere, incominciò a temerla. Allora la partenza fu risoluta.

Furono imbarcati su i legni inglesi, e portoghesi i mobili più preziosi de' palazzi di Caserta e di Napoli, e le rarità più pregevoli de' musei di Portici e Capodimonte, le gioie della corona, e venti milioni, e forse più di moneta e metalli preziosi non ancora coniati, spoglio di una nazione che rimaneva nella miseria. La corte di Napoli avea tanti tesori inutili, ed intanto avea ruinata la nazione con un disordine generale nell'amministrazione, con un vuoto nelle finanze e ne' banchi; avea ruinata la nazione, mentre potea accrescer la sua potenza rendendola più felice: la corte di Napoli dunque avea sempre pensato più a fuggire che a restare! S'imbarcò di notte, come se fuggisse il nemico già alle porte; e la mattina seguente (21 dicembre) si lesse per Napoli un *avviso* col quale si faceva sapere al popolo napolitano che il re andava per poco in Sicilia per ritornare con potentissimi soccorsi, ed intanto lasciava il general *Pignatelli* suo vicario generale fino al suo ritorno.

Il popolo mostrò quella tacita costernazione, la quale vien meno dal timore che dalla sorpresa di un avvenimento non previsto. Ne' primi giorni che il re per tempo contrario si trattenne in rada, tutti corsero a vederlo, ed a pregarlo perchè si restasse; ma gl'Inglesi, i quali già lo consideravano come lor prigioniere, allontanavano tutti come vili e traditori. Il re non volle, o non gli fu mai permesso di mostrarsi. Questi duri e non meritati disprezzi, la memoria delle cose passate, la perdita di tante ricchezze nazionali, i mali presenti, passati e futuri, diedero luogo alla riflessione, e scemarono la pietà. Il popolo lo vide partire a' 23 dicembre senza dispiacere e senza gioia.

§. XIV.

Anarchia di Napoli, ed entrata de' Francesi.

Nella storia dell'Italia gli avvenimenti della fine del secolo XVIII somiglian quelli della fine del secolo XV. In ambedue le epoche gli stessi avvenimenti furon prodotti dalle stesse cagioni, e seguiti dai medesimi effetti. In amendue le epoche il regno fu perduto per opera di picciolissime forze inimiche; nel XV secolo i partiti, che dividevano il regno, vi attirarono la guerra, nel XVIII la guerra e la disfatta vi suscitarono i partiti: in quello il re avea tentati tutt'i mezzi per evitar la guerra, in questo tutti li avea messi in opera per suscitarla; lo scoraggiamento dopo la disfatta eguale e nel re Aragonese e nel Borbonico, ma prima della guerra questi ha dimostrato coraggio maggiore di quello. In ambedue le epoche però il regno fu perduto quando il fatto posteriore ha dimostrato che era facile il conservarlo, poichè è impossibile credere che non si avesse potuto facilmente conservare quel regno che, anche dopo la perdita fattane, si è potuto tanto facilmente ricuperare. In ambedue le epoche ha preceduta la perdita del regno una vicendevole e funesta diffidenza tra il re ed i popoli, non irragionevole nell'epoca degli Aragonesi, priva però di ogni ragione ne' tempi nostri. Ferdinando di Aragona avea trattati crudelmente i baroni i quali avean tramata una congiura e guerreggiata una guerra civile, Vanni avea punita una congiura che ancora non si era tramata ed il pensiero di una ribellione che non si poteva eseguire. In amendue le epoche alla difesa del regno è mancata l'energia piuttosto ne' consigli del re che nelle asioni de' popoli. Finalmente in ambedue le epoche il regno è stato abbandonato dai vincitori, perchè costretti a ritirar le loro forze nell'Italia superiore.

Io vorrei che ogni qual volta succede un simile avvenimento si rileggesse la seguente, non saprei dir se dottrina o profezia di *Macchiavelli*: credevano, dice egli, *i nostri principi Italiani, prima che essi assaggiassero i colpi delle oltramontane guerre, che ai principi bastasse sapere negli scritti pensare una cauta risposta, scrivere una bella lettera, mostrare ne' detti e nelle parole arguzia e prontezza; saper tessere una fraude, ornarsi di gemme e di oro, dormire e mangiare con maggior splendore che gli altri, tenere assai lascivie intorno, governarsi coi sudditi avaramente, superbamente, marcirsi nell'ozio, dare i gradi della milizia per grazia, disprezzare se alcuno avesse dimostrato loro alcuna lodevole via, volere che le parole loro fossero responsi di oracoli; nè si accorgevano i meschini che si preparavano ad esser preda di qualunque gli assaltava. Di qui nacquero nel 1494 i grandi spaventi, le subite fughe, e le miracolose perdite; e così tre potentissimi Stati che erano in Italia sono stati più volte saccheggiati e guasti*. Non è meraviglia che gli stessi errori abbiano avuto nel 1798 gli stessi effetti, e che un potentissimo regno sia rovinato nel tempo stesso in cui, con ordini più savj, tale era lo Stato politico di Europa, dovea ingrandirsi. *La meraviglia è*, continua *Macchiavelli*, *che quelli che restano, anzi quegli stessi che han sofferto il male, stanno nello stesso errore, e vivono nello stesso disordine*.

La *città* avea assunto il governo municipale di Napoli: erasi formata una milizia nazionale per mantenere il buon ordine. Il popolo ne' primi giorni riconosceva l'autorità della *Città* (1), tutto in apparenza era tranquillo, ma

---

(1) Città si chiamava in Napoli un'unione di sette

il fuoco ardeva sotto le ceneri fallaci. *Pignatelli* avrebbe dovuto avvedersi che il pericoloso onore, a cui era stato destinato era forse l'ultimo tratto del suo rivale *Acton* per perderlo. Egli avrebbe potuto vendicarsi del suo rivale, render al suo re uno di quei servigj segnalati e straordinarj per i quali un uomo acquista quasi il nome ed i diritti di fondator di una dinastia, renderne un altro egualmente grande alla patria; avrebbe potuto o vincere la guerra o finirla risparmiando l'anarchia e tutti i mali dell'anarchia: le circostanze nelle quali trovavasi erano straordinarie, ma egli non seppe concepire che pensieri ordinarj.

Si disse che la regina partendo gli avesse lasciate istruzioni segrete di sollevare il popolo, di consegnargli le armi, di produrre l'anarchia, di far incendiare Napoli, di non farvi rimanere anima vivente *da Notaro in sopra* . . . . Sia che queste voci fossero vere, sia che fossero state immaginate quasi inevitabili conseguenze dell'insurrezione che la regina partendo organizzava, è certo però che queste voci furono da tutti ripetute, da tutti credute; e nell'osservare le vicende di una rivoluzione meritano eguale attenzione le voci vere e le false,

persone, delle quali sei erano nobili ed una popolare. I nobili erano eletti dai cinque sedili, tra' quali era divisa tutta la nobiltà del regno, (il sedile di Montagna *ne eleggeva due, i quali però aveano un voto solo) e questi sedili erano succeduti alle Fratrie in una città che fino all'undesimo secolo era stata Greca. Il popolare avrebbe dovuto esser eletto dal popolo, che avea un sedile solo, ad onta che fosse mille volte più numeroso de' nobili, ma era eletto dal re. Questa Città rappresentava nel tempo stesso e la municipalità di Napoli ed il regno intero. Quando nel governo viceregnale furono aboliti i parlamenti nazionali, la Città rimase depositaria de' privilegj della nazione. Ma sotto Ferdinando IV la Città era rimasta un nome del tutto vano.*

perchè essendo, a differenza de' tempi tranquilli, l'opinione del popolo, grandissima cagione di tutti gli avvenimenti, diviene egualmente importante e ciò che è vero e ciò che si crede tale.

Pochi giorni dopo si videro i primi funesti effetti degli ordini della regina nell'incendio de' vascelli e delle barche cannoniere che non eransi potute per la troppa precipitevole fuga, trasportare in Sicilia. Poche ore bastarono a consumare ciò che tanti anni e tanti tesori costavano alla nostra nazione. Il conte *Thurn*, da un legno portoghese, dirigea e mirava tranquillamente l'incendio; ed allo splendore ferale di quelle fiamme parve che il popolo napolitano vedesse al tempo stesso, e tutti gli errori del governo, e tutte le miserie del suo destino.

Il popolo non amava più il re; non volea nè anche udirlo nominare, ma ripiena la mente delle impressioni di tanti anni, amava ancora la sua religione, amava la patria, e odiava i Francesi. Da queste sue disposizioni si avrebbe potuto trarre un utile partito. Insursero delle gare tra la *Città* ed il vicario generale. Questi volea usurparsi dritti che non avea, quasi che allora non fosse stato più utile, ed anche più glorioso, cedere tutti quelli che avea: quella si ricordava che tra' suoi privilegj eravi anche quello di non dover mai esser governata dai *viceré*. La *Città* allora spiegò molta energia. Perchè dunque allora non surse la repubblica? Il popolo avrebbe senza dubbio seguito il partito della *Città*. Ma tra coloro che la reggevano, alcuni pendevano per una oligarchia, la quale non avrebbe potuto sostenersi a fronte delle province, dove l'odio contro i baroni era la caratteristica comune di tutte le popolazioni; e nello stato in cui trovavansi gli animi e le cose volendo stabilirsi un'oligarchia sarebbe stato necessario rinunciare alla feudalità: altri non osavano; e vi fu anche chi propose di doversi offrire il regno ad un figlio di Spagna, quasi che questo progetto fosse allora, non dico lodevole, ma eseguibile. Ne' momenti di grandissima trepidazione, quando discordi sono le idee e molti i partiti, difficile è sempre ritrovar la via di mezzo; e più che altrove era difficilissimo in Napoli, dove il maggior numero credeva i Francesi indispensabili a fondare repubbliche.

Intanto *Capua* si difendeva, ed il popolo applaudiva alla sua difesa. Si era anche lusingato di maggiori vantaggi, poichè facile è sempre il popolo a sperare, e non mai manca chi fomenti le sue speranze. Ai 12 però di gennajo lesse affisso per Napoli l'armistizio conchiuso tra il generale francese, ed il vicario *Pignatelli*, per lo quale i Francesi venivano ad acquistare tutto quel tratto del regno che giace a settentrione di una linea tirata da *Gaeta* per *Capua* fino all'imboccatura dell'*Ofanto*, ed in oltre per ottener due mesi di armistizio il vicario si obbligava pagar tra pochi giorni la somma di due milioni e mezzo di franchi.

Non mai vicario alcuno di un re conchiuse un simile armistizio. La gloria gli consigliava a contrastare sulle mura di *Capua* il passo ai Francesi, ed a morirvi; la prudenza gli consigliava a cedere tutto, e salvar la sua patria da nuove inutili sciagure. Che poteva sperarsi da un breve armistizio di due mesi? Non vi era neanche ragione di poter sperare un trattato. Il funesto consiglio per cui il re erasi messo in mano degl'Inglesi lo metteva nella dura necessità di perdere o il regno di Napoli o quello di Sicilia. Avea il re commesso lo stesso errore pel quale erasi perduto l'ultimo dei re della dinastia Aragonese, quello cioè di mettersi in braccio di uno de' due che si disputavano il di lui regno; quell'errore dal quale il savio *Guicciardini* ripete l'ultima rovina di quella famiglia, poichè per esso le fu impedito di profittar delle occasioni che ne' tempi posteriori la fortuna le offrì a ricuperare il trono. Perchè dunque il vicario volle frappor del tempo tra la cessione ed il possesso, e lasciar libero lo sfogo all'odio che il popolaccio avea contro i Francesi, quando questi erano abbastanza vicini per destarlo, e non ancora tanto da poterlo frenare? Volea la guerra civile, l'anarchia? Tali erano gli ordini della regina?

Il popolo si credette tradito dal vicario, dalla *Città*, dai generali, dai soldati, da tutti. La venuta de' commissarj Francesi spediti ad esigere le somme promesse, accrebbe i suoi sospetti ed il suo furore. Il giorno seguente corse ai castelli a prender le armi; i castelli furono aperti, la truppa non si oppose perchè non avea ordine di opporsi. Il vicario fuggì come era fuggito il re: il popolaccio corse a *Caivano* (1) per deporre *Mack*, il quale, sebbene alla testa delle truppe, non seppe far altro che fuggire (2). Ogni vincolo sociale fu rotto. Orde forsennate di popolaccio armato scorrevano minaccianti tutte le strade della città gridando *viva la santa fede, viva il popolo napolitano!* Si scelsero per lor capi *Moliterni*, e *Rocca Romana*, giovani cavalieri che allora erano gl'idoli del popolo, perchè avean mostrato del valore a *Capua* ed a *Cajazzo* contro i *Francesi*. Riuscirono costoro a frenar per poco i trascorsi popolari, ma la calma non darò che due giorni. I Francesi erano già quasi alle porte di Napoli.

S'inviò al loro quartier generale una deputazione composta da' principali demagoghi perchè rinunciassero al pensiero di entrare in Napoli, offerendo loro e quello che era stato promesso coi patti dell'armistizio, e qual-

---

(1) *Villaggio otto miglia lontano di Napoli.*
(2) *È noto che allora depose la divisa di generale del re di Napoli e vestì quella di generale austriaco; si presentò a* Championet*: e pretendea, qual generale austriaco, non dover esser fatto prigioniero di guerra. Championet non ascoltò questo miserabile sofisma. Ma da questo fatto ben traspariva l'uomo il quale dieci mesi di poi avrebbe disfidato a duello Moliterni e poi l'avrebbe egli stesso impedito. Il disfidare non è a creder mio un'azione di valore forse sarà un'azione d'imprudenza, ma il disfidare e poi ricusar di battersi, è un'azione che riunisce l'imprudenza alla viltà. Traspariva l'uomo che prigioniero e libero sulla sua parola di onore sarebbe fuggito.*

che somma dippiù. La risposta de' Francesi fu negativa, qual si dovea prevedere, ma non qual dovea essere: qualche nostro emigrato, mentre moltissimi convenivano della ragionevolezza della dimanda, aggiunse alla negativa le minacce e l'insulto, e ciò finì d'inferocire il popolo.

Non mancavano agenti della corte che lo spingevano a nuovi furori; non mancava quello spirito di rapina, che caratterizza tutti i popoli della terra; non mancavano preti e monaci fanatici, i quali benedicendo le armi di un popolo superstizioso in nome del Dio degli eserciti, accrescevano colla speranza l'audacia; e coll'audacia il furore. La *Città* che sino a quel giorno avea tenute delle sessioni, più non ne tenne. Il popolo si credette abbandonato da tutti; e fece tutto da sè. La città intera non offrì che un vasto spettacolo di saccheggi, d'incendj, di lutto, di orrori, e di replicate immagini di morte. Tra le vittime del furore popolare meritano di non essere obbliati il *duca della Torre* e *Clemente Filomarino* suo fratello, rispettabili per i loro talenti e le loro virtù, e vittime miserabili della perfidia di un domestico scellerato.

Alcuni repubblicani, ed allora erano repubblicani in Napoli tutti coloro che avevan beni e costume, impedirono mali maggiori rimescolandosi col popolo, e fingendo gli stessi sentimenti per dirigerlo. Altri colla cooperazione di *Moliterni* e di *Rocca Romana* s'introdussero nel forte *s. Elmo* sotto varj pretesti, e finti nomi, e riuscirono a discacciarne i *lazzaroni* che ne erano i padroni. *Championet* avea desiderato, che prima ch'ei si movesse verso Napoli fosse stato sicuro di questo castello che domina tutta la città. Molti altri corsero ad unirsi coi Francesi, e ritornarono combattendo colle loro colonne.

Tutt'i buoni desideravano l'arrivo de' Francesi. Essi erano già alle porte. Ma il popolo ostinato a difendersi, sebbene male armato, e senza capo alcuno, mostrò tanto coraggio che si fece conoscer degno di una causa migliore. In una città aperta trattenne per due giorni l'entrata del nemico vincitore; ne contrastò a palmo a palmo il terreno: quando poi si accorse che *s. Elmo* non era più suo; quando si avvide che da tutt'i punti di Napoli i repubblicani facévan fuoco alle sue spalle, vinto anzi che scoraggiato, si ritirò, meno avvilito dai vincitori, che indispettito contro coloro ch'esso credeva traditori.

§. XV.

Perchè Napoli dopo la fuga del re non si organizzò a repubblica?

Il re era partito, il popolo non lo desiderava più. Egli avea spinto fino al furore l'amor d'indipendenza nazionale che altri credeva attaccamento all'antica schiavitù. Quando il popolo Napolitano spedì la deputazione a *Championet* non volle dir altro che questo: *la repubblica Francese avea guerra col re di Napoli, ed ecco che il re è partito: la nazione Francese non avea guerra colla nazione napolitana; ed intanto perchè mai i soldati Francesi voglion vincere coloro che offrono volontarj la loro amicizia?* Questo linguaggio era saggio, ed i Napolitani, senza saperne il nome, erano meno di quel che si crede lontani dalla repubblica.

Ma siccome in ogni operazione umana vi si richiede la forza e l'idea, così per produrre una rivoluzione è necessario il numero e sono necessarj i conduttori, i quali presentino al popolo quelle idee, che egli talora travede quasi per istinto, che molte volte segue con entusiasmo, ma che di rado sa da sè stesso formarsi. Più facili sono le rivoluzioni in un popolo che da poco abbia perduta una forma di governo, perchè allora le idee del popolo son tratte facilmente dall'abolito governo di cui tuttavia fresca conserva la memoria. Perciò *ogni rivoluzione al dir di Macchiavelli, lascia l'addentellato per un'altra.* Quanto più lunga è stata l'oppressione da cui si risorge, quanto maggiore è la diversità tra la forma del governo distrutto e quella che si vuole stabilire, tanto più incerte, più instabili sono le idee del popolo, e tanto più difficile è ridurlo all'uniformità onde avere e concerto ed effetto nelle sue operazioni. Questa è la ragione per cui e più sollecito e più felice fine hanno avuto le rivoluzioni di quei popoli, ne' quali o vi era ancor fresca memoria di governo migliore, o i rivoluzionarj attaccati si sono ad alcuni dritti (come la *gran carta* che è stata la bussola di tutte le rivoluzioni Inglesi) o a talune magistrature, e taluni usi, come fecero gli Olandesi, che essi aveano conservati quasi a fronte del dispotismo usurpatore.

Le idee della rivoluzione di Napoli avrebbero potuto esser popolari ove si avesse voluto trarle dal fondo istesso della nazione. Tratte da una costituzione straniera, erano lontanissime dalla nostra, fondate sopra massime troppo astratte erano lontanissime da' sensi, e quel ch'è più, si aggiungevano ad esse, come leggi, tutti gli usi, tutt'i capricci e talora tutt'i difetti, di un altro popolo, lontanissimi dai nostri difetti, da' nostri capricci, dagli usi nostri. Le contrarietà ed i dispareri si moltiplicavano in ragione del numero delle cose superflue che non doveano entrar nel piano dell'operazione, e che intanto vi entrarono.

Quanto maggiore è questa varietà, tanto maggiore è la difficoltà di riunire il popolo, e tanto maggior forza ci vuole per vincerla. Se le idee fossero uniformi, potrebbero tutti agire senza concerto, perchè tutti agirebbero consordemente alle loro idee, ma quando sono difformi è necessario che agisca uno solo. Di rado avviene che una rivoluzione si possa condurre a fine se non da una persona sola: la stessa libertà non si può fondare che per mezzo di dispotismo. Il popolo ondeggia lungo tempo in partiti; diresti quasi che la nazione vada a distruggersi, ne vedi già scorrere il sangue, finchè una persona si eleva, acquista dell'ascendente sul popolo, fissa le idee, ne riunisce le forze: col tempo, o costui forma la felicità della patria, o se vuole opprimerla,

Sag. Stor.

talora ne rimane oppresso. Ma egli ha già indicata la strada, ed allora il popolo può agire da sè.

Quest'uomo non si trova se non dopo replicati infelici esperimenti, dopo lungo ondeggiar di vicende, quando i suoi fatti medesimi lo abbiano svelato: le guerre civili mettono ciascuno nel posto che gli conviene. Se taluno si voglia far conoscere e seguire dal popolo ne' primi moti di una rivoluzione, a meno che la rivoluzione sia religiosa, non basta che non abbia egli mente e gran cuore, convien che abbia gran nome; e questo nome ben spesso si ha per tutt'altro che pel merito.

Il modo più certo e più efficace per guadagnar la pubblica opinione è una regolarità di giurisdizione, che taluno ancora conservi nel passar dagli ordini antichi ai nuovi. La *Città* era nelle circostanze di poter farsi seguire da tutto il popolo; dopo la *Città* poteva *Moliterni*: ma nè *Moliterni* ebbe idea di far nulla, nè la *Città*, ondeggiando tra tante idee, quasi tutte chimeriche, seppe determinarsi a quelle che il tempo richiedeva.

Parve che in Napoli niuno si fosse preparato a questo avvenimento, e quando si videro in mezzo al vortice, tutti si abbandonarono in balia delle onde. Non è molto onorevole a dirsi per lo genere umano, ma pure è vero: quasi tutte le nazioni nelle loro crisi politiche, allora sono giunte più facilmente al loro termine, quando si è trovato tra loro un uomo profondamente ambizioso, il quale prevedendo da lontano gli avvenimenti vi si sia preparato; e riunendo tutte le forze a proprio vantaggio, abbia prodotto poi il vantaggio della nazione; poichè, o è stato saggio e virtuoso, ed ha fondata la sua grandezza sulla felicità della patria; o è stato uno stolto, uno scellerato, ed è caduto vittima de' suoi progetti. Ma allora, lo ripeto, egli avea già insegnata la strada.

In Napoli *Pignatelli* vicerè non ebbe nè anche il pensiero di far nulla; la *Città* non seppe risolversi; *Moliterni* non ardì; niun altro si mostrò; tra' *repubblicani* molti che menavan più rumore, erano più Francesi (1) che repubblicani, ed ai veri repubblicani allora una folla infinita si era rimescolata di *mercatanti di rivoluzione* che desideravano per calcolo un cangiamento. Era già passato il primo momento; troppo innanzi era trascorso il popolo: gli stessi saggi disperavano di poterlo più frenare; gli stessi buoni desideravano una forza esterna che lo contenesse.

Forse i Francesi istessi eran già troppo vicini. Quell'operazione che avrebbe potuto riuscire a' 25 di dicembre, allorchè la *Città* la fece da re, facendo aprir di suo ordine le cacce del sovrano già partite, difficilmente potea eseguirsi allorchè i Francesi erano a Capua. Per quanto disinteressata fosse stata la *Città* nelle sue operazioni e lontana dalle sue idee di oligarchia, volendo però formar la felicità della nazione, non potea nè dovea allontanarsi dalle idee nazionali; e troppo queste idee sarebbero state lontane dall'idee di molti altri. Ora i più leggeri dispareri si conciliano con difficoltà quando vi sia una forza esterna pronta a sostenere un partito. I partiti non cedono se non per diseguaglianza di forza, o per vicendevole stanchezza di combattere: molte offese si tollerano, e tollerando, molti mali si evitano, sol perchè

---

(1) Per questa espressione non s'intende indicare se non due classi di persone: la prima, di coloro che volevano più un cangiamento che un buon cangiamento: la seconda di coloro che credevano doversi imitare in tutto la Francia, anche in quello che non poteva e non doveva, per le differenze che vi erano tra le due nazioni, imitarsi: la prima era la classe de' furbi, la seconda dei fantastici. Non s'intende al certo parlare di quel ragionevole attaccamento che anche gli uomini dabbene doveano provare per quella nazione trionfatrice da cui allora dipendeva la felicità della patria. Ma il nobile attaccamento di costoro onorava ambedue le nazioni, mentre il vile o sciocco partegianismo de' primi era indegno e della nazione liberata e della liberatrice.

non possiamo sul momento farne vendetta; e la concordia tra gli uomini è meno effetto di saviezza che di necessità. Le potenze estere pronte in tutt'i tempi a prender parte, prima nelle gare tra fazione e fazione di una medesima città, indi nelle dispute tra uno Stato e l'altro, hanno distrutta prima la libertà, e poscia l'indipendenza dell'Italia. Niuna nazione più della napolitana ne' ha provati gl'infelici effetti. Tra le tante potenze estere che vantavano un titolo su quel regno, ogni gara che sorgeva tra cittadini vi era un estero che vi prendeva parte: talora gli esteri stessi fomentavano le gare; i cittadini per essere più forti univano i loro disegni a quelli dell'estero, simili al cavallo che per vendicarsi del cervo si donò ad un padrone, e così quel regno è stato per cinque secoli (quanti se ne contano dall'estinzione della dinastia de' Normanni fino allo stabilimento di quella dei Borboni) l'infelice teatro d'infinite guerre civili, senza che una di esse abbia potuto giammai produrre un bene alla patria.

Io forse non faccio che pascermi di dolci illusioni. Ma se mai la repubblica si fosse fondata da noi medesimi; se la costituzione diretta delle idee eterne della giustizia si fosse fondata su' i bisogni, e su gli usi del popolo; se un'autorità che il popolo credeva legittima e nazionale, in vece di parlargli un astruso linguaggio che esso non intendeva, gli avesse procurato de' beni reali, e liberato lo avesse da que' mali che soffriva: forse allora il popolo, non allarmato all'aspetto di novità contro delle quali avea inteso dir tanto male, vedendo difese le sue idee, ed i suoi costumi, senza soffrire il disagio della guerra e delle dilapidazioni che seco porta la guerra; forse..... chi sa?.... noi non piangeremmo ora sui miseri avanzi di una patria desolata, e degna di una sorte migliore.

§. XVI.

Stato della nazione Napolitana.

L'armata francese entrò in Napoli a' 22 di gennajo. La prima cura di *Championet* fu quella d'*istallare* un governo provvisorio, il quale nel tempo stesso che provvedeva ai bisogni momentanei della nazione, doveva preparar la costituzione permanente dello Stato. Una cura tanto importante fu affidata a venticinque persone, le quali, divise in sei *comitati*, si occupavano de' dettagli dell'amministrazione, ed esercitavano quello che chiamasi *potere esecutivo*; riunite insieme formavano *l'assemblea legislativa.*

I sei comitati erano: 1. *Centrale*, 2. *dell' Interno*, 3. *di Guerra*, 4. *di Finanza*, 5. *di Giustizia* e *di Polizia*, 6. *di Legislazione.* Le persone elette al governo furono: *Abamonti*, *Albanese*, *Baffi*, *Bassal* francese, *Bisceglia*, *Bruno*, *Cestari*, *Ciaja*, *De Gennaro*, *de Philippis*, *de Rensis*, *Doria*, *Fulcigni*, *Fasulo*, *Forges*, *Laubert*, *Logoteta*, *Manthonè*, *Pagano*, *Paribelli*, *Pignatelli*, *Vaglio*, *Porta*, *Riarj*, *Rotondo*.

Ma l'immaginare un progetto di costituzione repubblicana non è lo stesso che fondare una repubblica. In un governo in cui la volontà pubblica, o sia la legge, non ha e non dee avere altro sostegno, altro garante, altro esecutore, che la volontà privata, non si stabilisce la libertà se non formando uomini liberi. Prima d'innalzare sul territorio Napoletano l'edificio della libertà vi erano nelle antiche costituzioni, negl' invecchiati costumi e pregiudizj, negl' interessi attuali degli abitanti mille ostacoli, che conveniva conoscere, che era necessario rimuovere. *Ferdinando* guardava bieco la nostra nascente libertà, e da Palermo moveva tutte le macchine per riacquistare il regno perduto. Egli avea de' potenti alleati, i quali erano per noi nemici terribili, specialmente gl'Inglesi padroni del mare, ed in conseguenza del commercio di Sicilia e di Puglia, senza di cui una capitale immensa, qual è Napoli, non potea che difficilmente sussistere.

Dall'epoca de' Romani in qua la sorte dell'Italia meridionale dipende in gran parte da quella della Sicilia. I Romani ridussero l'Italia a giardino, il quale ben presto si cangiò in deserto. Dopo le grandi conquiste dei Romani s'incominciò ad udire per la prima volta che la Sicilia era il granaio dell'Italia, detto quanto glorioso per la prima tanto ingiurioso per la seconda. Non si sarebbe ciò detto prima del quinto secolo di Roma, quando l'Italia bastava sola ad alimentare trenta milioni di uomini industriosi e guerrieri, di costumi semplici e magnanimi. Ne' secoli di mezzo chiunque fu padrone della Sicilia turbò a suo talento l'Italia. Dalla Sicilia Belisario distrusse il regno de' Goti; dalla Sicilia i Saraceni la infestarono per tre secoli, finchè i Normanni la riunirono di nuovo al regno di Napoli, al quale rimase unita fino all'epoca di Carlo I d'Angiò. E chi potrebbe negare che quella separazione non abbia influito a ritardare nel regno di Napoli il progresso di quella civiltà, la quale, prima che in ogni regione d'Italia, vi avevan destata il gran Federico di Svevia, e la sventurata sua progenie? I due regni furon riuniti sotto la lunga dominazione della casa Austriaca di Spagna. In que' tempi appunto Napoli incominciò ad ingrandirsi, ed è divenuta una capitale immensa, la quale per sussistere ha bisogno del formento e più dell'olio delle province lontane che bagna l'Adriatico, ed il commercio delle quali non si può comodamente esercitare, nè la capitale potrebbe comodamente sussistere senza il libero passaggio per lo stretto di Messina. E si aggiunga che di quello stretto il vero padrone è colui che possiede la Sicilia, poichè egli vi tiene in Messina ampio e comodo porto, mentre dalla parte delle Calabrie non vi sono che picciole e mal sicure rade.

Avea il re nel regno stesso non pochi partigiani, i quali amavano l'antico governo in preferenza del nuovo; ed in qual rivoluzione non si trovavano tali uomini? Vi erano molte popolazioni in aperta controrivoluzione, perchè non ancora avean deposte quelle armi, che avean prese, invitate e spinte da' proclami del re; altre pronte a prenderle, tostochè rinvenute una volta dallo stupore, che loro ispirava una conquista sì rapida, ed accorte della debolezza della forza francese, avessero ritrovato un intrigante per capo, ed un'ingiustizia anche apparente del nuovo governo per pretesto di una sollevazione.

Il numero di coloro che eran decisi per la rivoluzione, a fronte della massa intera della popolazione, era molto scarso; e tosto che l'affare si fosse commesso alla decisione delle armi, era per essi inevitabile soccombere. Eccone un esempio nella provincia di Lecce, dove la sollevazione fu prodotta da un accidente, che per la sua singolarità merita d'esser ricordato.

Trovavansi in Taranto sette emigrati Corsi, che si erano colà portati a causa di procurarsi un imbarco per la Sicilia. I continui venti di scirocco che impediscono colà l'uscita del porto, impedirono la partenza de' Corsi, i quali loro malgrado furono presenti allorchè fu in Taranto proclamata la repubblica. E dubitando di poter essere arrestati, e cader nelle mani dei Francesi sen partirono la notte degli 8 febbrajo 1799, e si diressero per Brindisi, sperando di trovar un imbarco per Corfù, o per Trieste. Dopo varie miglia di viaggio a piedi si fermarono ad un villaggio chiamato *Monteasi*; qui furono alloggiati da una vecchia donna, alla quale per esser ben serviti, dissero, che vi era tra essi loro il principe ereditario. Ciò bastò perchè la donna uscisse, e corresse da un suo parente chiamato *Bonafede Girunda* capo contadino del villaggio. Costui si recò immediatamente dai Corsi, si inginocchiò al più giovine, e gli protestò tutti gli atti di riverenza, e di vassallaggio. I Corsi rimasero sorpresi, e dubitando di maggiori guai, appena partito il Girunda, senz'aspettare il giorno, se ne scapparono immediatamente. Avvertito il Girunda dalla vecchia istessa della partenza del supposto principe ereditario, montò tosto a cavallo per raggiungerlo; ma tenne una strada diversa. E non avendolo incontrato, domandando a tutti se visto avessero il principe ereditario col suo seguito, sparse una voce che tosto si diffuse, e bastò per far mettere in armi tutti i paesi per dove passò, e per far correre le popolazioni ad incontrarlo. Il supposto principe fu raggiunto a Mesagne, e fu obbligato dalle circostanze del momento a sostener la parte comica incominciata; ma non credendosi sicuro in Mesagne si ritirò sollecitamente in Brindisi. Qui rinchiusosi nel forte cominciò a spedire degli ordini. Uno dei dispacci conteneva, che dovendo egli partire per la Sicilia a raggiungere il suo augusto genitore, lasciava suoi vicarj nel regno due suoi generali in capo, che il popolo di poi credè due altri principi del sangue. Questi due impostori uno cognominato Boccheciampe, e l'altro De-Cesare si misero tosto alla testa degl'insurretti. Il primo restò nella provincia di Lecce, ed il secondo si diresse per quella di Bari conducendo seco il Girunda, che dichiarò generale di divisione.

Con questa truppa, che fu tutta composta di birri, degli uomini d'armi dei baroni, dei galeotti, e carcerati fuggiti dalle case di forza, e dai tribunali, e da tutti i facinorosi delle due provincie, riuscì loro facile l'impadronirsi di tutti i paesi, che proclamata avevano la repubblica, e di sottomettere con un assedio Martina, ed Acquaviva, le quali città giurato avevano piuttosto morire, che riconoscer gl'impostori. Audaci per i buoni successi avuti tentarono di provarsi coi Francesi, i quali erano già padroni di una buona porzione della provincia di Bari, ma incontratisi con un piccolo distaccamento francese nel bosco di Casamassima, furono essi intieramente disfatti, e sen fuggirono il Boccheciampe in Brindisi, ed il De-Cesare in Francavilla. Il primo però cadde nelle mani de' Francesi, ma il secondo più astuto se ne scappò, dopo la nuova della prigionia del suo compagno, in Torre di mare, l'antico Metaponto, e andò ad unirsi al cardinal Ruffo nelle vicinanze di Matera.

La nostra rivoluzione essendo una rivoluzione passiva: l'unico mezzo di condurla a buon fine era quello di guadagnare l'opinione del popolo. Ma le vedute de' patrioti (1), e quelle del popolo non erano le stesse: essi aveano diverse idee, diversi costumi, e finanche due lingue diverse. Quella stessa ammirazione per gli stranieri, che avea ritardata la nostra coltura ne' tempi del re, quell'istessa formò nel principio della nostra repubblica il più grande ostacolo allo stabilimento della libertà. La nazione Napolitana si potea considerare come divisa in due popoli diversi per due secoli di tempo e per due gradi di clima. Siccome la parte colta si era formata sopra modelli stranieri, così la sua coltura era diversa da quella di cui abbisognava la nazione intera, e che potea sperarsi solamente dallo sviluppo delle nostre facoltà. Alcuni erano divenuti Francesi, altri Inglesi, e coloro che erano rimasti Napolitani, e che componevano il massimo numero, erano ancora incolti. Così la coltura di pochi non avea giovato alla nazione intera, e questa, a vicenda, quasi disprezzava una coltura che non l'era utile, e che non intendeva (2).

―――――――――

(1) Patriota. *Che è mai un patriota? Questo nome dovrebbe indicare un uomo che ama la patria; nel decennio scorso esso era sinonimo di repubblicano; ben inteso però che non tutti i repubblicani eran patrioti.*

(2) *Il fondo delle maniere e de' costumi di un popolo in origine è sempre barbaro; ma la moltiplicazione degli uomini, il tempo, le cure de' sapienti, possono egualmente raddolcire ogni costume, incivilire ogni maniera. Il dialetto pugliese, per esempio, che fu il primo a scriversi in Italia, era atto al pari del toscano a divenir colto e gentile; se non lo è divenuto, è colpa de' nostri*

Le disgrazie de' popoli sono spesso le più evidenti dimostrazioni delle più utili verità. Non si può mai giovare alla patria se non si ama, e non si può mai amare la patria se non si stima la nazione. Non può mai esser libero quel popolo, in cui la parte, che per la superiorità della sua ragione è destinata dalla natura a governarlo, sia coll'autorità, sia cogli esempj, ha venduta la sua opinione ad una nazione straniera: tutta la nazione ha perduto allora la metà della sua indipendenza. Il maggior numero rimane senza massime da seguire: gli ambiziosi ne profittano: la rivoluzione degenera in guerra civile; ed allora tanto gli ambiziosi che cedono sempre con guadagno, quanto i savj che scelgono sempre i mi-

―――――

che lo hanno abbandonato per seguire il toscano. Noi ammiriamo le maniere degli esteri, senza riflettere che quest'ammirazione appunto ha recato pregiudizio alle nostre: esse sarebbero state eguali, e forse superiori a quelle degli esteri, se le avremmo coltivate. Una nazione che si sviluppa da sè, acquista una civiltà eguale in tutte le sue parti, e la coltura diventa un bene generale della nazione. Così in Atene la femminuccia parlava colla stessa eleganza di Teofrasto, ed il ciabattino giudicava Demostene. Ammirando ed imitando le nazioni straniere, nè si coltivano tutti gli uomini che compongono un popolo, nè si coltivano bene; non tutti, perchè non tutti possono vedere, ed imitare gli esteri; non bene, perchè l'imitatore, per eterna legge della natura, resta sempre al disotto del suo modello. La coltura straniera porta in una nazione divisioni e non uniformità, e quindi non si acquista, che a spese della forza. Quali sono oggi le nazioni preponderanti in Europa? Quelle che non solo non imitano ma disprezzano le altre. E noi volevamo far la repubblica indipendente incominciando dal disprezzare la nostra nazione!

N. B. A scanso di ogni equivoco, questa nota poco più poco meno vale per tutta l'Italia.

nori tra' mali, e gl' indifferenti, i quali non calcolano che sul bisogno del momento, si riuniscono a ricever la legge da una potenza esterna, la quale non manca mai di profittare di simili torbidi o per sè stessa, o per ristabilire il re discacciato.

Quell' amore di patria, che nasce dalla pubblica educazione, e che genera l'orgoglio nazionale, è quello che solo ha fatto reggere la Francia ad onta di tutt' i mali che per la sua rivoluzione ha sofferti, ad onta di tutta l' Europa collegata contro di lei; mille Francesi si avrebbero di nuovo eletto un re, ma non vi è nessuno, che lo abbia voluto ricevere dalla mano de' Tedeschi, o degl' Inglesi. Niuno più di *Pitt*, dagli esempj domestici, ne avrebbe dovuto esser convinto, se mai la vendetta dei diritti Borbonici fosse stata la cagione e non già il pretesto della lega, che una tal guerra, col pretesto di rimettere un re, era inutile.

La nazione Napolitana, lungi dall' avere questa unità nazionale, si potea considerar come divisa in tante diverse nazioni. La natura pare che abbia voluto riunire in una piccola estensione di terreno tutte le varietà: diverso è in ogni provincia il cielo, diverso è il suolo; le avanie del fisco, che ha sempre seguite tali varietà per ritrovar ragioni di nuove imposizioni ovunque ritrovasse nuovi beneficj della natura; ed il sistema feudale, che ne' secoli scorsi, tra l' anarchia e la barbarie, era sempre diverso secondo i diversi luoghi e le diverse circostanze, rendevano da per tutto diverse le proprietà, ed in conseguenza diversi i costumi degli uomini, che seguon sempre la proprietà ed i mezzi di sussistenza.

Conveniva tra tante contrarietà ritrovare un interesse comune, che chiamare e riunir potesse tutti gli uomini alla rivoluzione. Quando la nazione si fosse una volta riunita, invano tutte le potenze della natura si sarebbero collegate contro di noi. Se lo stato della nostra nazione presentava grandi ostacoli, offriva dall' altra parte grandi risorse per menare avanti la nostra rivoluzione.

Si avea una popolazione la quale, sebbene non avrebbe mai fatta la rivoluzione da sè, era però docile a riceverla da un'altra mano. I partiti decisi erano ambedue scarsi. La massima parte della nazione era indifferente; che altro vuol dir questo, se non che essa non era mossa da verun partito, non era animata da veruna passione; giudice imparziale, e perciò giusto de' due pretendenti, avrebbe seguito quello che maggiori vantaggi le avesse offerto. Un tal popolo s'illude difficilmente, ma facilmente si governa.

Esso non ancora comprendeva i suoi diritti, ma sentiva però il suo bene. Credeva un sacrilegio attentare al suo sovrano, ma credeva che un altro sovrano potesse farlo, usando di quello stesso diritto pel quale agli Austriaci eran succeduti i Borboni, e quando questo nuovo sovrano gli avesse restituiti i suoi diritti, esso ne avrebbe ben accettato il dono.

Le insorgenze ardevano solamente in pochi luoghi, i quali, perchè erano stati il teatro della guerra, erano ancora animati dai proclami del re; dalla guerra istessa, che a forza di farci finger odio ci porta finalmente alla necessità di odiare da vero, e dalla condotta di taluni officiali Francesi, i quali armati e vincitori non sempre si ricordavano del giusto. La gran massa della nazione intese tranquillamente la rivoluzione, e stette al suo luogo: le insorgenze non iscoppiarono, che molto tempo dopo.

Vi furono anche molte popolazioni le quali spinsero tanto avanti l'entusiasmo della libertà, che prevennero l'arrivo de' Francesi nella capitale, e si sostennero colle sole loro forze contro tutte le armi mosse dal re, anche dopo che la capitale si era resa. Tutte queste forze riunite insieme avrebbero potuto formare una forza imponente se si avesse saputo trarne profitto.

La popolazione immensa della capitale era più istupidita che attiva. Essa guardava ancora con ammirazione un cangiamento, che quasi avea creduto impossibile. In generale dir si poteva, che il popolo della capitale era più lontano dalla rivoluzione di quello delle provincie, perchè meno oppresso da' tributi, e più vezzeggiato da una corte che lo temeva. Il dispotismo si fonda per lo più sulla feccia del popolo, che senza cura veruna nè di bene nè di male si vende a colui che meglio soddisfa il suo ventre. Rare volte un governo cade che non sia pianto dai pessimi, ma deve esser cura del nuovo di far sì che non sia desiderato anche dai buoni. Ma forse il soverchio timore che si concepì di quella popolazione fece sì che si prendesse troppo cura di lei, e si trascurassero le province, dalle quali solamente si doveva temere, e dalle quali si ebbe infatti la controrivoluzione.

§. XVII.

Idee de' patrioti.

Quali dunque esser doveano le operazioni da farsi per spingere avanti la rivoluzione del regno di Napoli?

Il primo passo era quello di far sì che tutti i patrioti fossero convenuti nelle loro idee, o almeno che per essi vi fosse convenuto il governo.

Tra i nostri patrioti, ci si permetta un' espressione che conviene a tutte le rivoluzioni, e che non offende i buoni, moltissimi aveano la repubblica sulle labbra, moltissimi l'aveano nella testa, pochissimi nel cuore. Per molti la rivoluzione era un affare di moda, ed erano repubblicani sol perchè lo erano i Francesi; alcuni lo erano per vaghezza di spirito; altri per irreligione, quasi che per esentarsi dalla superstizione vi bisognasse un brevetto di governo; taluno confondeva la libertà colla licenza, e credeva acquistar colla rivoluzione il diritto d'insultare impunemente i pubblici costumi; per molti finalmente la rivoluzione era un affare di calcolo. Ciascuno era mosso da quel disordine, che più lo aveva colpito nell' antico governo. Non intendo con ciò offendere la mia nazione; questo è un carattere di tutte le rivoluzioni: ma al contrario, qual altra può, al pari della nostra, presentare un numero maggiore o anche eguale di persone che solo amavano l'ordine e la patria?

Si prendeva però, come suol avvenire, per oggetto principale della riforma ciò che non era che un accessorio, ed all'accessorio si sagrificava il principale. Seguendo le idee de'patrioti non si sapeva nè donde incominciare, nè dove arrestarsi.

Che cosa è mai una rivoluzione in un popolo? Tu vedrai mille teste delle quali ciascuna ha pensieri, interessi, disegni diversi dalle altre. Se a costoro si presenta un capo, che li voglia riunire, la riunione non seguirà giammai. Ma se avviene, che tutti abbiano un interesse comune, allora seguirà la rivoluzione, ed andrà avanti solo per quell'oggetto che è comune a tutti. Gli altri oggetti rimarranno forse trascurati? No; ma ciascuno adatterà il suo interesse privato al pubblico, la volontà particolare seguirà la generale: le riforme degli accessorj si faranno insensibilmente dal tempo e tutto camminerà in ordine.

Non vi è governo il quale non abbia un disordine: che produce moltissimi malcontenti; ma non vi è governo il quale non offra a molti molti beni, e non abbia molti partigiani. Quando colui che dirige una rivoluzione vuol tutto riformare, cioè vuol tutto distruggere, allora ne avviene, che quelli istessi i quali braman la rivoluzione per una ragione l'aborrono per un'altra: passato il primo momento dell'entusiasmo, ed ottenuto l'oggetto principale, il quale, perchè comune a tutti, è sempre, per necessità con più veemenza desiderato e prima degli altri conseguito, incomincia a sentirsi il dolore di tutti gli altri sacrificj che la rivoluzione esige. Ciascuno dice prima a sè stesso, e poi anche agli altri; *ma per ora potrebbe bastare ... il di più, che si vuol fare è inutile .... è dannoso.* Comincia ad ascoltarsi l'interesse privato;

ciascuno vorrebbe ottener ciò che desidera al minor prezzo che sia possibile; e siccome le sensazioni del dolore sono in noi più forti di quelle del piacere, ciascuno valuta più quello che ha perduto, che quello, che ha guadagnato. Le volontà individuali si cangiano, incominciano a discordar tra loro; in un governo in cui la volontà generale non deve o non può avere altro garante ed altro esecutore che la volontà individuale, le leggi rimangono senza forza, in contraddizione coi pubblici costumi; i poteri caderanno nel languore; il languore o menerà all'anarchia, o per evitar l'anarchia sarà necessità affidare l'esecuzione delle leggi ad una forza estranea, che non è più quella del popolo libero, e voi non avrete più repubblica.

Ecco tutto il segreto delle rivoluzioni: conoscere ciò che tutto il popolo vuole, e farlo; egli allora vi seguirà: distinguere ciò che vuole il popolo da ciò che vorreste voi, ed arrestarvi tosto che il popolo più non vuole: egli allora vi abbandonerebbe. Bruto allorchè discacciò i Tarquinj da Roma pensò a provvedere il popolo di un *re sagrificatore*: conobbe che i Romani, stanchi di avere un re sul trono, lo credevano però ancor necessario nell'altare.

La mania di voler tutto riformare porta seco la controrivoluzione; il popolo allora non si rivolta contro la legge, perchè non attacca la volontà generale, ma la volontà individuale. Sapete allora perchè si segue un usurpatore? perchè rallenta il rigore delle leggi; perchè non si occupa, che di pochi oggetti, che li sottopone alla volontà sua, la quale prende il luogo ed il nome di volontà generale, e lascia tutti gli altri alla volontà individuale del popolo. *Idque apud imperitos humanitas vocabatur cum pars servitutis esset.* Strano carattere di tutti i popoli della terra! Il desiderio di dar loro soverchia libertà, risveglia in essi l'amore della libertà contro gli stessi loro liberatori!

§. XVIII.

Rivoluzione francese.

Io credeva di far delle riflessioni sulla rivoluzione di Napoli, e scriveva intanto la storia della rivoluzione di tutt'i popoli della terra, e specialmente della rivoluzione francese. Le false idee che i nostri aveano concepite di questa non han poco contribuito ai nostri mali.

Hanno voluto imitare tutto ciò, che vi era in essa; vi era molto di bene, e molto di male, di cui i Francesi stessi si sarebbero un giorno avveduti; ma non hanno i nostri voluto aspettare i giudizj del tempo nè han saputo indovinarli. Si è creduto, che la rivoluzione Francese fosse l'opera della filosofia; mentre la filosofia aveva fatto poco men che guastarla. Ne giudicavano sullo stato attuale, senza ricordarsi qual'era stata, e senza preveder quale sarebbe un giorno divenuta.

La rivoluzione francese aveva un'origine quasi *legale*, che mancava alla nostra. Il suo primo scopo fu quello di rimediare ai mali della nazione, sui quali eran concordi egualmente il popolo, ed il re; ed il popolo riconobbe la legittima autorità degli stati generali, e poscia delle assemblee, non altrimenti che venerava quella del re per di cui comando, o almeno col di cui consentimento tanto gli stati generali quanto le assemblee erano state convocate.

Quello stesso stato politico della Francia, che faceva preveder ai saggi da tanto tempo inevitabile una rivoluzione, produsse la disunione degli *stati generali*, si formò *l'assemblea nazionale*, ed il re fu dalla parte dell'assemblea. Che vi sia stato solo in apparenza, e costretto dal timore, ciò importa poco: fin qui non vi è ancora rivoluzione.

Essa incominciò allorchè il re si separò dall'assemblea: allora incominciò la guerra civile, ed il partito dell'assemblea seppe guadagnare il popolo coll'idea della giustizia.

E fin qui il popolo francese fece sempre operazioni al livello, diciamo così, delle sue idee. *I stati generali* gli sembravano giusti, tra perchè la Francia conservava ancor fresca la memoria di altri *stati generali*; tra perchè erano convocati dall'autorità del re, che egli credeva legittima. Il re stesso autorizzò l'assemblea nazionale; il re contrattò con la medesima, allorchè divenne re costituzionale: quando fu condannato lo fu pel pretesto di aver mancato al proprio patto, a cui il popolo intero era stato spettatore. E quale era questo patto? Quello con cui avea egli stesso riconosciuta la sovranità della nazione ed aveva giurata la sua felicità. Il popolo, seguendo il partito dell'assemblea, credette seguire il partito della giustizia e del suo interesse. Quando io paragono la rivoluzione inglese del 1749 alla francese del 1789, le trovo più simili che non si pensa: s'incomincia la riforma in nome del re; il re è arrestato, è giudicato, è condannato quasi dal re istesso; il popolo passa per gradi dalle antiche idee alle nuove, e sempre le nuove sono appoggiate alle antiche.

Le operazioni de' popoli van soggette ad un metodo non altrimenti che le idee degli uomini. Se invertite, se turbate l'ordine e la serie delle medesime, se volete esporre nell'89 le idee del 92, il popolo non la comprenderà, ed in vece di veder rovesciato un trono vedrete esiliato un mezzo sapiente o venale declamatore. Al pari che l'uomo lo è nelle idee, un popolo è nelle sue operazioni servo delle forme esterne onde son rivestite; l'esattezza esterna di un sillogismo ne fa bevere, senza avvedersene, un errore; l'esterna solennità delle formole sostiene un'operazione manifestamente ingiusta. Incominciate per inavvertenza o per malizia da un leggierissimo errore; quanto più vi inoltrerete tanto più vi discosterete da quella retta nella quale sta il vero; e vi inoltrerete tanto, che talora conoscerete l'errore, ma ignorerete la strada di ritornare indietro. Allora pochi ambiziosi dichiareranno giustizia e pubblica necessità quello che non è se non capriccio ed ambizione loro, ed il delitto si consumerà non perchè il popolo approvi, ma perchè ignora le vie di poterlo legittimamente impedire. Quando l'errore vien da un metodo fallace, il ricredersene è più difficile, perchè è necessità ritornar in dietro fino al punto, spesso lontano, in cui la linea delle fallacie si separa da quella della verità; ma, ricreduti una volta gli animi, per cagion di un solo errore, distruggeranno tutto il sistema. La convenzione nazionale condannò *Luigi XVI* contro tutte quelle leggi che essa istessa avea proclamate. I faziosi ragionarono allora come avea ragionato *Virginio* quando *Appio* appellava al popolo; ed è cosa *di cattivissimo esempio in una repubblica*, dice Macchiavelli, *fare una legge e non la osservare, e tanto più quanto la non è osservata da chi l'ha fatta*. Tutto il bene che poteva produrre la rivoluzione di Francia fu distrutto colla stessa sentenza che condannò l'infelice *Luigi XVI*.

Nell'epoca istessa in cui la Francia credette acquistar piena libertà, incominciarono anche quelle riforme che noi chiamiam superflue. Qual'effetto produssero queste riforme? Vi fu una continua lotta tra partiti e partiti; finalmente i partiti non s'intendevano più tra loro, ed il popolo non ne intendeva nessuno. Si correva dietro una parola che indicava una persona più che una cosa, e talora non indicava nè una cosa, nè una persona; e le controversie che non potevano decidersi colla ragione si decisero colla forza. *Robespierre* surse; ebbe una forza maggiore, e contenne tutte le altre col timore.

Robespierre ritenne le parole per perdere i suoi rivali, ma attaccò a queste parole delle cose sensibili, sebbene tutte diverse, per guadagnar il popolo. Il popolo non intendeva nè *Robespierre*, nè *Brissot*, ma sapeva che *Robespierre* gli accordava più licenza degli altri, e scannava tutti quelli che *Robespierre* voleva scannati. *Robe-*

spierre non poteva durar molto tempo, per la ragione, che i suoi fatti non avean veruu rapporto colle sue idee, e si potevano conservar le cose senza conservar le idee. Che volle significare in fatti quella parola di *oltrerivoluzionario*, che i suoi rivali inventarono per caratterizzarlo e perderlo?

Robespierre salvò la Francia facendo rivoltare tutt'i partiti contro di lui, ed in conseguenza riunendoli (1); ma *Robespierre* non salvò, nè potea salvare la sua persona, le sue idee, la costituzione sua.

Le idee erano giunte all'estremo, e doveano retrocedere. Si era riformato più di quello, che il popolo volea; e siccome queste riforme superflue non aveano in favor loro il pubblico costume, così conveniva farle osservare col terrore e colla forza: le leggi sono sempre tanto più crudeli, quanto più son capricciose. Il sistema de' moderati riduceva le cose al loro stato naturale, e non dava loro altra importanza che quella che il popolo istesso lor dava; così il suo rigore e la sua dolcezza erano il rigore e la dolcezza del popolo.

L'uomo è di tale natura, che tutte le sue idee si cangiano, tutt'i suoi affetti giunti all'estremo s'indeboliscono e si estinguono: a forza di voler troppo esser libero l'uomo si stanca dello stesso sentimento di libertà. *Nec totam libertatem, nec totam servitutem pati possumus*, disse *Tacito* del popolo romano: a me pare, che si possa dire di tutt'i popoli della terra. Or che altro avea fatto *Robespierre* spingendo all'estremo il senso della libertà, se non che accelerarne il cambiamento?

La vita e le vicende de' popoli si possono misurare e calcolare dalle loro idee. Vi è tra l'estrema servitù e la libertà estrema uno stadio che tutt'i popoli corrono, e si può dire che in questo corso appunto consiste la vita di tutt'i popoli. La plebe romana era serva addetta alle glebe di pochi patrizj; non aveva proprietà nè di beni

---

(1) Robespierre *operò sulla Francia come lo stimolo opera sull'eccitabilità umana nel sistema di Brown.*

nè di persona. Incominciò dal reclamar leggi certe; ottenne la sicurezza delle persone e de' beni, ma rimaneva ancora senza nozze, senza auspicj, senza magistrature; chiese ed ottenne la partecipazione a tutte queste cose, ma le chiese con temperanza, le furon concesse con moderazione, e ciò non solo prolungò la vita della repubblica, ma la rese, per la vicendevole emulazione delle parti che la componevano, più energica e più gloriosa. Pervenute le cose a quella, che chiamar si potrebbe eguaglianza di diritto, i tribuni pretessero anche l' eguaglianza di fatto; s' incominciò a parlar di leggi agrarie; e la repubblica perì. Si era giunto a quell' estremo oltre del quale era impossibile progredire. Nel primo anno della rivoluzione francese non si pensava che a stabilire quella eguaglianza di diritto alla quale tendevano irresistibilmente gli ordini pubblici di tutta l' Europa; nel senso però si pretendeva l' eguaglianza di fatto: in tre anni voi passate dall'età di *Menenio Agrippa* a quella de' Gracchi. Che dico io mai? Nell'età de' Gracchi mentre si pretendeva eguagliare i beni si riconosceva la legittimità del dominio civile. Il rispetto che il popolo ancora serbava per la legge delle doti lo trattenne dall' eseguire la divisione de' beni. In Francia le idee eran corse molto più innanzi; erasi messa in dubbio la legittimità delle doti, quella de' testamenti, l' istessa legge fondamentale del dominio senza la quale non vi è proprietà. Le idee della rivoluzione francese erano un secolo più innanzi di quelle de' Gracchi: ed ecco, perchè contando quest'epoca, la repubblica francese ha avuto un secolo meno di vita della romana.

Quando le pretensioni di eguaglianza si spingono oltre il confine del diritto, la causa della libertà, diventa la causa degli scellerati. La legge, diceva *Cicerone*, non distingue più i patrizj dai plebei: perchè dunque vi sono ancora dissensioni tra i plebei ed i patrizj? perchè vi sono ancora e vi saranno sempre i pochi e i molti; pochi ricchi e molti poveri; pochi industriosi e moltissimi scioperati; pochissimi savj e moltissimi stolti.

Le idee di *Robespierre* non potevano star insieme nè colle altre idee della nazione Francese, nè con quelle delle altre nazioni di Europa. Togliendo, se però era possibile, alla sua nazione le arti, il commercio e la marina, avrebbe fatti de' Francesi tanti Galli: li avrebbe resi più guerrieri, ma meno capaci di sostener la guerra: avrebbe potuto in un momento invadere tutta la terra, ma a capo di qualche tempo la terra tutta si sarebbe vendicata, e la nazione Francese sarebbe stata distrutta. Di un antico si diceva che o doveva esser *Cesare*, o pazzo; di *Robespierre* si avrebbe potuto dire, che o doverà essere il dittatore del mondo, o pazzo.

Ho cercato nella storia un uomo a cui *Robespierre* si potesse assomigliare. Alcuni de' suoi amici ed anche dei suoi nemici lo han paragonato a *Silla*, ma convien dire che i primi non conoscessero *Robespierre*, ed i secondi non conoscessero *Silla*. *Robespierre* ha molta somiglianza con *Appio*. Differivano nelle massime che predicavano; non so se differissero nello scopo che si avean prefisso, perchè per me è ben lontano dall' esser evidente che *Robespierre* predicando libertà non tendesse al dispotismo; ma ambedue egualmente ambiziosi, e nella loro ambizione egualmente crudeli, egualmente imbecilli. Ambedue volevano stabilir colle leggi quel dispotismo, il quale non è altro che la forza distruttrice della legge. Ambedue ebbero quell'autorità, che *Macchiavelli* chiama pericolosissima, libera nel potere, limitata nel tempo, onde nell' uomo nasce brama di perpetuarla, nè gli mancano i mezzi, ma questi non essendosi dati dalle leggi a quel fine al quale egli li indirizza, debbono per necessità divenir tirannici. Nè l' uno nè l' altro compresse la massima o di non offender nessuno o di fare le offese ad un tratto, e di poi rassicurare gli uomini e dar loro cagioni di quietare e fermare l' animo, ma rinfrescavano ogni giorno ne' cittadini con nuove crudeltà nuovi timori, e rendevan feroce quel popolo che volevan dominare. Ambedue volevan stabilire l' impero col terrore, non eran militari, nè soffrivano la milizia della quale temevano, ma aveano alla medesima sostituita l'inquisizione ed una prostituzione di giudizj, che è più crudele di ogni milisia, perchè è costretta a punire i delitti che questa previene, ed accresce i sospetti che questa minora. Questa specie di tirannide, che chiamar si potrebbe decemvirale, è la più terribile di tutte, ma per buona sorte è la meno durevole.

Per gli uomini che riflettevano, il *moderantismo* non era che uno stato intermedio, il quale ne dovea produrre un altro. La nazione respirava dopo la lotta, che avea sostenuta con *Robespierre*, ma non ancora avea scelto il punto del suo riposo. Un eccesso di energia ne dovea produrre un altro di rilasciatezza. La guerra contro *Robespierre* era stata desiderata dalla nazione; ma era stata fatta da un partito, il quale poi, come suol avvenire, avea affidata la somma delle cose a mani perfide e sciagurate. La nazione sotto *Robespierre* fu costretta a salvar la sua libertà, sotto il direttorio la sua indipendenza (1).

Questo è il corso ordinario di tutte le rivoluzioni. Per lungo tempo il popolo si agita senza saper ove fermarsi: corre sempre agli estremi, e non sa che la felicità è nel mezzo. Guai se, come avvenne altre volte al popolo fiorentino, esso non ritrova mai questo punto!

§. XIX.

Quante erano le idee della nazione?

Il male che producono le idee troppo astratte di libertà è quello di toglierla mentre la vogliono stabilire. La libertà è un bene perchè produce molti altri beni, quali sono la sicurezza, l'agiata sussistenza, la popolazione, la moderazione dei tributi, l'accrescimento dell'industria, e tanti altri beni sensibili; ed il popolo perchè

---

(1) *Questo punto oggi è provato.*

ama tali beni, viene poi ad amare la libertà. Un uomo, il quale senza procurare ad un popolo tali vantaggi, venisse a comandargli di amare la libertà, rassomiglierebbe l'*Alcibiade* di *Marmontel*, il quale voleva esser amato *per sè stesso*.

La nazione Napolitana bramava veder riordinate le finanze, più incomode per la cattiva distribuzione che per la gravezza de' tributi; terminate le dissensioni che nascevan dalla feudalità, dissensioni che tenevano la nazione in uno stato di guerra civile; divise più equamente le immense terre che trovavansi accumulate nelle mani degli ecclesiastici e del fisco. Questo era il voto di tutti: quest'uso fecero della loro libertà quelle popolazioni, che da per loro stesse si democratizzarono, e dove o non pervennero, o sol pervennero tardi, gli agenti del governo e de' Francesi.

Molte popolazioni si divisero in terreni, che prima appartenevano alle caccie regie (1). Molti si revindicarono le terre litigiose del fondo. Ma io non ho cognizione di tutti gli avvenimenti, nè importerebbe ripeterli, essendo tutti gli stessi. In *Picerno*, appena il popolo intese l'arrivo de' Francesi, corse, seguendo il suo paroco, alla chiesa a render grazie al *Dio d'Israele che avea visitato, e redento il suo popolo*. Dalla chiesa passò ad unirsi in parlamento, ed il primo atto della sua libertà fu quello di chieder conto dell'uso che per sei anni si era fatto del pubblico danaro. Non tumulti, non massacri, non violenze accompagnarono la revindica de' suoi diritti: chi fu presente a quell'adunanza udì con piacere, ed ammirazione rispondersi dal maggior numero a taluno, che proponeva mezzi violenti: *non conviene a noi, che ci lagniamo dell'ingiustizia degli altri, il darne l'esempio*. Il secondo uso della libertà fu di rivendicare

(1) *Estesissima caccia che il re teneva nella provincia di Salerno: intorno alla medesima erano le popolazioni nominate nel testo.*

le usurpazioni del feudatario. E quale fu il terzo? quello di far prodigj per la libertà istessa; quello di battersi fino a che ebbero munizioni, e quando non ebbero più munizioni, per aver del piombo, risolvettero in parlamento di fondersi tutti gli organi delle chiese.... *I nostri santi*, si disse, *non ne hanno bisogno*. Si liquefecero tutti gli utensili domestici, finanche gl'istrumenti più necessarj della medicina: le femmine travestite da uomini, onde imporre al nemico, si batterono in modo da ingannarlo più col loro valore, che colle vesti loro.

Non son questi gli estremi dell' amore della libertà? Ed a questo stesso segno molte altre popolazioni pervennero, e pervenute vi sarebbero tutte, poichè tutte aveano le stesse idee, i bisogni medesimi, ed i medesimi desiderj.

Ma mentre tutti avean tali desiderj, moltissimi desideravano anche delle utili riforme, che avessero risvegliata l'attività della nazione, che avessero tolto l'ozio de' frati, l'incertezza delle proprietà, che avessero assicurata e protetta l'agricoltura, il commercio; e questi formavano quella classe, che presso di tutte le nazioni è intermedia tra il popolo e la nobiltà. Questa classe, se non è potente quanto la nobiltà, e numerosa quanto il popolo, è però dappertutto sempre la più sensata. La libertà delle opinioni, l'abolizione de' culti, l'esenzione dai pregiudizj era chiesta da pochissimi, perchè a pochissimi interessava. Quest'ultima riforma dovea seguire la libertà già stabilita, ma per fondarla si richiedeva la forza, e questa non si potea ottenere se non seguendo le idee del maggior numero. Ma si rovesciò l'ordine, e si volle guadagnar gli animi di molti presentando loro quelle idee che erano idee di pochi.

Che sperare da quel linguaggio, che si temeva in tutt'i proclami diretti al nostro popolo? *Finalmente siete liberi* .... Il popolo non sapeva ancora cosa fosse libertà: essa è un sentimento, e non un'idea; si fa provare coi fatti, non si dimostra colle parole .... Il vostro Claudio è fuggito, Messalina trema . . . . Era obbligato il popolo a saper la storia Romana per conoscere la sua felicità? L'uomo riacquista tutt' i suoi diritti . . . . E quali? Avrete un governo libero e giusto, fondato sopra i principj dell' eguaglianza; gl' impieghi non saranno il patrimonio esclusivo de' nobili, e de' ricchi; mà la ricompensa de' talenti, e della virtù . . . Potente motivo per il popolo, il quale non si picca nè di virtù, nè di talenti, vuol esser ben governato, e non ambisce cariche! Un santo entusiasmo si manifesti in tutt' i luoghi, le bandiere tricolori s'innalzino, gli alberi si piantino, le municipalità, le guardie civiche si organizzino . . . . Qual gruppo d'idee; che il popolo o non intende, o non cura! . . . . destini d'Italia debbono adempirsi. Scilicet id populo cordi est: ex cura quietos sollicitat animos. I pregiudizj, la religione, i costumi . . . Piano mio caro declamatore: finora sei stato solamente inutile, ora potresti esser anche dannoso (1).

―――――――――

(1) Questo linguaggio può star bene in bocca di un conquistatore, che voglia nobilitare le sue conquiste; di un retore che parli ad un' adunanza di oziosi; di un filosofo che parli agli altri filosofi: potrà esser anche il linguaggio dello storico che trasmetta alla posterità i risultati degli avvenimenti, ma non deve esser mai il linguaggio di un uomo, che parli al popolo e voglia muoverlo. Noi abbiamo perduta ogni idea dell' eloquenza popolare; la nostra non è che l' eloquenza delle scuole, e questa è la ragione per cui più non si veggono tra noi ripetuti quegli effetti che appena crediamo negli antichi. Dopo essersi or da pedanti, or da eruditi, or da filosofi analizzato il meccanismo del discorso, calcolata la sua forza, fissati i principj per dirigerlo, onde produca il massimo effetto, mi par che ancora resti a farsi un libro, in cui si calcoli la forza dell' eloquenza non sull' individuo ma sulle nazioni, e si vegga il rapporto che lo stato della nazione può aver sull' eloquenza, e

Il corso delle idee è quello che deve dirigere il corso delle operazioni, e determinare il grado di forza negli effetti. Le prime idee che si debbono far valere sono le idee di tutti; quindi le idee di molti; in ultimo luogo le idee di pochi. E siccome coloro che dirigono una rivoluzione sono sempre pochi di numero, ed hanno più idee degli altri, perchè veggono più mali e comprendono più beni, così molte volte è necessario che i repubblicani per istabilir la repubblica si scordino di loro stessi. Molti mali soffrì per lungo tempo *Bruto*, moltissimi ne previde, ma finchè fu solo a soffrire ed a prevedere, tacque; molti ne soffrirono i patriaj prima che si lagnasse il popolo, finalmente il fatto di *Lucrezia* fece ricordare ad ognuno che era marito; allora *Bruto* parlò al popolo, e lo mosse, poscia parlò al Senato, e quando la rivoluzione fu compita ascoltò sè stesso.

Tutto si può fare, la difficoltà è sola nel modo. Noi possiamo giugnere col tempo a quelle idee, alle quali sarebbe follia voler giugner oggi: impresso una volta il moto, si passa da un'avvenimento all'altro, e l'uomo diventa un essere meramente passivo. Tutto il segreto consiste in saper donde si debba incominciare.

Non si può mai produrre una rivoluzione, a meno che non sia una rivoluzione religiosa, seguendo idee troppo generali, nè seguendo un piano unico. Mille ostacoli tu incontrerai ad ogni passo, che non si erano preveduti; mille contraddizioni d'interessi, che non potendosi distruggere è necessità conciliare. Il popolo è un fanciullo, e vi fa spesso delle difficoltà alle quali non siete preparato. Molte nostre popolazioni non amavano

---

la natura di questa sullo stato di quella. Si conoscerebbe allora qual differenza vi sia tra i pomposi proclami, che dall' 89 inondano l'Europa, e la forza segreta ma irresistibile. Pericle tuonava, fulminava, sconvolgeva la Grecia intera, ed i figli d'Isacco, e d'Ismaele si dividevano l'impero della terra, e de' secoli.

l'albero, perchè non ne intendevano l'oggetto, e talune, che s'indispettivano per non intenderlo, lo biasimavano come magico; molte invece dell'albero avrebbero voluto un altro emblema. È indifferente che una rivoluzione abbia un emblema o un altro, ma è necessario che abbia quello che il popolo intende e vuole.

In molte popolazioni eravi un male da riparare, un bene da procurare per poter allettare il popolo: le stesse risorse non vi erano in altre popolazioni; nè potevano la legge, o il governo occuparsi di tali oggetti, se non dopo che la rivoluzione era già compita. Le rivoluzioni attive sono sempre più efficaci, perchè il popolo si dirige subito da sè stesso a ciò che più da vicino l'interessa. In una rivoluzione passiva conviene che l'agente del governo indovini l'animo del popolo, e gli presenti ciò che desidera, e che da sè stesso non saprebbe procacciarsi.

Talora il bene generale è in collisione cogl'interessi de' potenti. L'abolizione de' feudi, per esempio, reca un danno notabile al feudatario; ma più del feudatario sono da temersi coloro che vivono sul feudo. Il popolo trae ordinariamente la sussistenza da costoro; comprende che dopo un anno senza il feudatario vivrebbe meglio, ma senza di lui non può vivere un anno; il bisogno del momento gli fa trascurare il bene futuro quantunque maggiore. Il talento del riformatore è allora quello di rompere i lacci della dipendenza, di conoscer le persone egualmente che le cose; di far parlare il rispetto, l'amicizia, l'ascendente che taluno, o bene, o male gode talora su di una popolazione.

Spesse volte ho visto che una popolazione ama una riforma anzichè un'altra. Molte popolazioni desideravano la soppressione de' monasteri, molte non la volevano ancora: pinchè la superstizione influiva sul loro spirito il maggiore, o minor bisogno in cui erano de' terreni. Non urtate la pubblica opinione; crescerà col nuovo ordine di cose il bisogno, e voi sarete sollecitato a distruggere ciò che un momento prima si voleva conservare.

Basta dar avviamento alle cose; di molte non si comprende oggi la necessità, o l'utile, e si comprenderà domani: così avrete il vantaggio che farete far dal popolo quello che vorreste far voi.

Non vi curate degli accessorj quando avete ottenuto il principale. Io, che ho voluto esaminar la rivoluzione più nelle idee de' popoli che in quelle de' rivoluzionarj, ho visto che il più delle volte il malcontento nasceva dal volersi fare talune operazioni senza talune apparenze, e senza talune solennità che il popolo credeva necessarie. Avviene nelle rivoluzioni come avviene nella filosofia, dove tutte le controversie nascono meno dalle idee che dalle parole. I riformatori chiamano forza di spirito l'audacia colla quale attaccano le solennità antiche; io la chiamo imbecillità di uno spirito che non sa conciliarle colle cose nuove.

Il gran talento del riformatore è quello di menare il popolo in modo che faccia da sè quello che vorresti far tu. Ho visto molte popolazioni fare da per loro stesse ciò che, fatto dal governo, avrebbero condannato. *Volendo*, dice *Macchiavelli*, *che un errore non sia favorito da un popolo, gran rimedio è fare che il popolo istesso lo abbia a giudicare*. Ma a questo grande oggetto non si perviene se non da chi ha già vinto tanto la vanità dei fanciulli di preferir le apparenze alle cose reali, quanto la vanità anche di quegli uomini doppiamente fanciulli che non conoscono la vera gloria e che la fanno consistere nel far tutto da loro stessi.

Siccome nelle rivoluzioni passive il gran pericolo è quello di oltrepassare il segno in cui il popolo vuole fermarsi, e dopo del quale vi abbandonerebbe, così il miglior partito il più delle volte è di restarsene al di qua. Il governo avea ordinata la soppressione istantanea di molti monasteri; e questa, commessa a persone non sempre fedeli, non avea prodotto que' vantaggi che se ne speravano. Si poteano i conventi far rimanere, ma colla legge di non ricever più nuovi monaci; i loro fondi con altra legge si dichiaravano censiti a coloro che ne erano affittuali, colla libertà di acquistarne la proprietà e così si otteneva la ripartizione de' terreni, l'abolizione del monastero a capo di pochi anni, e frattanto ai monaci si avrebbe potuto vender anche caro questo prolungamento di esistenza. Il voler far in un momento tutto ciò che si può fare, non è sempre senza pericolo, perchè non è senza pericolo che il popolo non abbia più nè che temere nè che sperare da voi.

Il popolo è ordinariamente più saggio, e più giusto di quello che si crede. Talora le sue disgrazie istesse lo correggono de' suoi errori. Ho veduto delle popolazioni diventar repubblicane, ed armarsi, perchè nella loro indifferenza erano state saccheggiate dagl' insorgenti. In *Cajazzo* taluni della più vile feccia del popolo insursero, ed attaccarono le autorità costituite; tutti gli altri erano spettatori indolenti: gl' insorgenti, soli, furono i più forti; vollero rapinare, e questo ruppe il letargo degli altri. Allora gl' insorgenti non furono più soli, tutta la popolazione difese le autorità costituite; ed istruita dal pericolo, *Cajazzo* divenne la popolazione più attaccata alla repubblica.

Da tutto si può trar profitto: tutto può esser utile ad un governo attivo che conosca la nazione e non abbia sistemi. Tutt' i popoli si rassomigliano, ma gli effetti delle loro rivoluzioni sono diversi, perchè diversi sono coloro, che le dirigono. Molti avvenimenti io potrei narrare in prova di ciò che ho detto; ma si potrebbe dir tutto senza una noia mortale? Agli esteri bastano i risultati; i nazionali, quando vogliano, possono applicare a ciascuno di essi i fatti ed i nomi, che già sanno.

§. XX.

Progetto di governo provvisorio.

Nello stato in cui era la nazione Napolitana, la scelta delle persone, che formar doveano il governo provvisorio, era più importante che non si pensa. Noi riferiremo a questo proposito ciò che taluno propose a *Championet*, ed a coloro che consigliavano *Championet*.

« Il primo passo in una rivoluzione passiva è quello di guadagnar l'opinione del popolo; il secondo è quello d'interessare nella rivoluzione il maggior numero delle persone che sia possibile. Queste due operazioni, sebbene in apparenza diverse, non sono però in realtà che una sola; poichè quello istesso, che interessa nella rivoluzione il maggior numero delle persone, vi fa guadagnare l'opinione del popolo, il quale non potendo giudicar mai di una rivoluzione, e di un governo per principj e per teorie, non potendo, ne' primi giorni, giudicarne dagli effetti, deve per necessità giudicarne dalle persone, ed approvare quel governo che vede commesso a persone che egli è avvezzo a rispettare ».

« Tra gl'impiegati del re di Napoli molti ve ne sono, i quali non hanno giammai fatta la guerra alla rivoluzione; amici della patria, perchè amanti del bene, ed attaccati al governo del re sol perchè quel governo dava loro un mezzo onesto di sussistenza. Molti di costoro meritano di esser impiegati per i loro talenti, e possono guadagnare alla rivoluzione l'opinione di molte classi del popolo ».

« Il foro ne somministra moltissimi, e la classe del foro una volta guadagnata strascina seco il quinto della popolazione. Moltissimi ne somministra la classe degli ecclesiastici, e vi è da sperare altrettanto di bene: il resto si avrebbe dalla nobiltà (uso per l'ultima volta questa parola per indicare un ceto che più non deve esistere, ma che ha esistito finora) e dalla classe dei negozianti. I nobili si crederanno meno offesi quando si vedranno non del tutto obbliati; ed i negozianti, finora disprezzati da' nobili, saranno superbi di un onore che li eguaglia ai loro rivali, e può la nazione sperar da loro aiuti grandissimi ne' suoi bisogni. In Napoli questa è la classe amica del popolo, poichè da questa classe dipende e vive quanto in Napoli vi sono pescatori, marinai, *facchini*, e di altri tali, che formano quella numerosa e sempre mobile parte del popolo, che chiamansi *lazaroni*. Utili anche sarebbero molti ricchi proprietarj delle provincie, i quali possono colà ciò che possono i negozianti in Napoli, e potranno dare al governo quei lumi che non ha, e che non può avere altrimenti sulle medesime ».

« Per effetto della nostra mal diretta educazione pubblica, la cognizione delle nostre cose si trova riunita al potere ed alla ricchezza: coloro che hanno per loro porzione il sapere, per lo più tutto sanno fuorchè ciò che saper si dee. Allevati colla lettura de' libri inglesi e francesi, sapranno le manifatture di *Birmingan* e di *Manchester*, e non quelle del nostro *Arpino*; vi parleranno dell'agricoltura della *Provenza*, e non sapranno quella della *Puglia*; non vi è tra loro chi non sappia come si elegga un re di Polonia, o un imperatore dei Romani, e pochi sapranno come si eleggono gli amministratori di una nostra municipalità: tutti vi diranno il grado di longitudine, e di latitudine d' *O-thaiti*, se domandate il grado di Napoli nessuno saprà dirlo. Un tempo i nostri si occuparono di tali cose, ed avemmo scrittori di questi oggetti, prima che le altre nazioni di Europa ancora vi pensassero. Oggi ciascuno sdegna di occuparsene, vago di una gloria straniera, quasichè si potesse meritare maggior stima dagli altri popoli ripetendo loro male ciò che essi sanno bene, che dicendo loro ciò che ancora non sanno. Queste cognizioni intanto sono necessarie, e per averle, o convien ricorrere ai libri senza ordine, e senza gusto, scritti due secoli fa, o convien dipendere da coloro i quali, per avere maneggiati gli affari del regno e visto diverse nostre regioni, conoscono e gli uomini e lo stato degli uomini. Per difetto della nostra educazione la scienza che noi abbiamo è inutile, e siam costretti a mendicare le utili dagli altri ».

« Ma affinchè le cognizioni delle cose patrie non siano scompagnate dai lumi della filosofia universale di Europa, ed affinchè coloro de' quali abbiam bisogno per opinione non diventino i nostri padroni per necessità, affinchè gli antichi interessi (se pure costoro avessero interesse per l'antico governo) non opprimano i nuovi, a costoro si unirà un doppio numero di savj e virtuosi patrioti: così avremo il vantaggio del patriotismo nelle decisioni; ed il patriotismo avrà il vantaggio delle cognizioni patrie nell'esame, e dell'opinione pubblica nell'esecuzione ».

« In vece di fare l'assemblea, che chiamar si potrebbe costituente, di venticinque persone, far si potrebbe di ottanta, e combinare in tal modo insieme tutti questi vantaggi. Un' assemblea provvisoria di ottanta non è troppo grande per una nazione, che dee averne una costituzionale più che doppia; all'incontro una di venticinque può sembrare troppo piccola, specialmente non essendosi ancora pubblicata la costituzione. Il popolo potrà credere, che si voglia prender giuoco di lui, e che si pensi ad escluderlo da tutto. Un generale estero che venisse egli solo a darci la legge, si tollererebbe come un re conquistatore, e l'oppressione, in cui ciascuno vedrebbe gli altri tutti, gli renderebbe tollerabile la propria; ma subito che chiamate a parte della sovranità la nazione, conviene che usiate più riguardi: o conviene dar a tutti, o a nessuno: i consigli di mezzo non tolgono l'oppressione, e vi aggiungono l'invidia ».

Si passava ad indicare in tutte le classi de' veri *patrioti*, i quali senza esser ascritti a verun *club* amavano la patria, ed avrebbero saputo renderla felice.... Ma i nomi di costoro sarebbe ora colpevole imprudenza rivelare.

§. XXI.

Massime che si seguirono.

Io prego coloro che leggeranno questo paragrafo a non credere, che io intenda scrivere la satira de' patrioti. Se il patriota è l'uomo che ama la patria, non sono io stesso un patriota? Come potrei condannare un nome che onora tanti amici, de' quali or piango la lontananza, o la perdita? Noi possiamo esser superbi che in Napoli la classe de' patrioti sia stata la classe migliore: ivi, e forse ivi solamente, la rivoluzione non è stata fatta da coloro che la desideravano sol perchè non avevano che perdere. Ma in una grande agitazione politica è impossibile, che i scellerati non si rimescolino ai buoni, come appunto, agitando un vaso, è impossibile che la feccia non si rimescoli col fluido. Il grande oggetto delle leggi e del governo è di far sì che ad onta de' nomi comuni de' quali si vogliono ricoprire, si possano sempre distinguere i buoni dai cattivi, e che si riconosca per patriota solo colui che è degno di esserlo. Allora i cattivi non corromperanno l'opera de' buoni. Allora il governo dei patrioti sarà il migliore de' Governi, perchè sarà il governo di coloro che amano la patria. Ma tale è la dura necessità delle cose umane, che spesso le maggiori avvertenze che si prendono per far prevalere i buoni non fanno che allontanarli, e verificare l'antico adagio, che nelle rivoluzioni trionfano sempre i pessimi.

Nelle altre rivoluzioni i rivoluzionarj non buoni han fatto sorgere principj pessimi. In quella di Napoli principj non nostri e non buoni fecero perdere gli uomini buoni. Nulla di migliore degl'individui che avevamo, perchè i principj loro individuali erano retti: se le operazioni politiche non corrisposero alle loro idee, ciò avvenue perchè i principj pubblici non erano di essi, ed

Sag. Stor.

erano fallaci. Questi principj politici per necessità doveano corromper tutto.

Alcuni falsi patrioti, o maligni speculatori, ai quali nè la classe de' buoni nè un solo del governo aderì mai, dicevano che tutti gli aristocratici, che tutt'i vescovi, tutt'i preti, tutt'i ricchi dovevano essere distrutti. Non erano contenti che fossero eguagliati agli altri. La repubblica fiorentina operava una volta cogli stessi principj, e la repubblica fiorentina fu perciò in una continua guerra civile, che finalmente produsse la sua morte. Questo avviene inevitabilmente tutte le volte che la repubblica non è fondata sopra la giustizia, e non lo è mai ogni qualvolta, dopo aver distrutta la classe, continua a perseguitar l'individuo, non perchè ami le distinzioni della classe già estinta, ma solo perchè le apparteneva un giorno. I Romani si contentarono di far che i plebei potessero ascendere a tutte le cariche: e questo era il giusto, e formava la libertà; se essi avessero voluto escluderne i patrizj, sol perchè erano patrizj, sarebbe stato lo stesso che voler rimettere il patriziato dopo averlo distrutto, e voler far nascere la guerra civile.

Pretendevano non doversi impiegar nessuno di coloro che aveano ben servito il re. Era giusto, che non s'impiegassero coloro, se mai ve ne erano, che lo aveano servito nei suoi capricci, nelle sue dissolutezze, nelle sue tirannie; che doveano l'onore di servire all'infamia, onde si eran ricoperti. Ma molti servendo il re, avean servita la patria; e molti altri, al contrario, non aveano potuto servire il re, perchè non meritavano servir la patria: l'escluder quelli, l'ammetter questi sol perchè quelli aveano servito il re, e questi non già non era lo stesso che tradire la patria, e farla servire da coloro che non sapevano servirla?

Chi dunque dovea impiegarsi? Coloro solamente che erano patrioti. La repubblica napolitana fu considerata come una preda, la di cui divisione spettar dovea a pochissimi; e questo fu il segnale, nè poteva esserlo diversamente, della guerra civile tra la parte numerosa della nazione e la parte debole.

Questo fece mancare tutt'i buoni agenti della repubblica; se un uomo di genio e da bene è raro in tutto il genere umano, come mai può ritrovarsi poi facilmente in una classe poco numerosa? È vero che i clamori della folla nè esprimevano il voto de' buoni, nè erano di norma al governo; ma in circostanze precipitose ed incerte, quando la curiosità pubblica è grandissima, ed ignote sono ancora le massime di un governo nuovo, nè vi è tempo e modo da paragonare le voci ai fatti, i clamori, sebben falsi, producono un male reale, perchè il popolo li crede massime del governo, e se ne offende. Il più difficile in tali tempi è il far sorgere una opinione che dir si possa pubblica; fare che nel tempo istesso e parlassero molti, perchè le voci riunite producano effetto maggiore, e le parole fossero concordi, onde l'effetto, per contrasto delle medesime, non venisse distrutto. Questo, per altro, era in Napoli più difficile ad ottenersi che altrove; tra perchè la rivoluzione non era attiva ma passiva, nè vi era, in conseguenza, un'opinione predominante, ma si imitavano quelle di Francia, le quali erano state molte e diverse, onde è che vi erano alcuni *terroristi*, *altri moderati* ec; tra perchè le opinioni non eran libere, e spesso prevaleva, per effetto di forza, quella che non era la più comune; tra perchè finalmente il tempo fu brevissimo, e l'opinione pubblica, ovunque non vi è forza che possa dirigerla, ha bisogno di tempo lunghissimo.

È un'osservazione costante che il popolo non s'inganna mai ne' particolari; ma una fazione s'inganna, e molto più una fazione la quale riduce le virtù ed i talenti tutti ad un solo nome di cui usa egualmente e *Catilina e Catone*. Il vero *patriotismo* è l'amor della patria, ed ama la patria chi vuole il suo bene, ed ha i talenti per procurarlo. Se lo separate da queste idee sensibili, allora formate del patriotismo una parola chimerica, la quale apre il campo alla calunnia, ed impedisce all'uomo da bene, che non è fazioso, di accostarsi al governo: allora si sostituisce al merito reale un merito di opinione che ciascuno può fingere, ed il merito reale rimane sempre dietro a quelle dei ciarlatani.

Con questi mezzi abbiam veduti allontanati dal corpo legislativo il virtuoso *Vincenzo Russo*, ed alcuni altri, tra quali uno che in quelle circostanze avrebbe potuto esser utile alla patria.

Se la nostra rivoluzione fosse stata attiva, i nostri patrioti si sarebbero conosciuti nell'azione precedente, il che non avrebbe lasciato luogo alla impostura, e si sarebbero conosciuti per quello che ciascun valea. Si è detto realmente che le guerre civili fanno sviluppare i genj di una nazione, non perchè li facciano nascere, ma perchè li fanno conoscere; perchè ciascuno nell'azione si metta al posto che il suo genio gli assegna, e la scelta per lo più suole riuscir buona; perchè si giudica dell'uomo dai suoi fatti.

Presso di noi l'uomo era riputato patriota da che apparteneva ad un *club*. Ma quando anche questa invenzione inglese di *club* fosse stata atta a produrre un giorno una rivoluzione, pure non avendola prodotta, non potea far giudicare degli uomini se non dalle parole. I nostri *club* non avean ancora superata la prima prova delle congiure, che è quella di conservare il segreto tra il numero; composti sulle prime da pochi individui, allorchè incominciò la persecuzione, si sciolsero. Quando venne la rivoluzione, si trovarono moltissimi, i quali non aveano fatto altro che dare il loro nome negli ultimi tempi, uomini che non si conoscevano nè anche tra loro, e tra costoro fu facile a qualunque audace rimescolarsi e dichiararsi patriota.

Così la patria fu in pericolo di esser vittima dell'ambizione de' privati, poichè non si trattava di soddisfar questa con servigj resi alla patria medesima, ma bensì con quelli che taluno forsi voleva renderle; ma si esaminava chi sapeva, chi potea, ma si cercava chi voleva; ed in tale gara il più audace mentitore, il più sfacciato millantatore doveano vincere il merito e la virtù sempre modesta.

§. XXII.

Accusa di Rotondo. *Commissione censoria.*

S'incominciò dai primi giorni della repubblica a fare una guerra a tutti gl'impiegati: accuse sopra accuse, deputazioni sopra deputazioni: chi ambiva una carica non dovea far altro che mettersi alla testa di un certo numero di *patrioti* e far dello strepito. Siccome tutto si aggirava su parole vaghe che niuno intendeva, così la ragione non poteva aver luogo, e doveano vincere il numero e lo strepito, prima forza che gli uomini usano nelle gare civili finchè passino ad usarne un'altra più efficace e più crudele. All'uomo ragionevole e dabbene non rimaneva che involgersi nel suo mantello e tacere.

Prosdocimo Rotondo, eletto rappresentante, offese l'invidia di qualche suo nemico. Si mosse *Nicola Palomba* ad accusarlo, *Nicola Palomba* che non conosceva *Rotondo*, ma entusiasta, ed in conseguenza poco saggio, credea che ei fosse indegno della carica sol perchè qualche suo amico lo credeva tale. Un'accusa di tale natura non avrebbe dovuto ammettersi, poichè l'indegnità di taluno potrà far sì che il sovrano non lo elegga, ma eletto che l'abbia, perchè sia deposto prima del tempo stabilito dalla legge, vi è bisogno di un delitto. Ammessa però una volta l'accusa, conveniva esaminarla; nella repubblica deve esser libera l'accusa, ma punita la calunnia. Io non so se *Rotondo* fosse reo; so però ch'egli insisteva perchè fosse giudicato, so che dimesso dalla carica pubblicò il conto della sua amministrazione, e tutti tacquero. Il presidente allora del Comitato Centrale vedea in questo affare, in apparenza privato, quanto importasse conservarsi il rispetto alla legge senza di cui non vi è governo, ed intendeva bene, che una folla di patrioti poteva diventar fazione subito che non fosse più nazione. Ma poco di poi alcuni, disperando di farsi amare e rendersi forti colla nazione, vollero adular la fazione, e non si permise che dell'affare di *Rotondo* più si parlasse. *Palomba* partì pel dipartimento del quale era stato nominato commissario. Gli fu data, è vero, la facoltà di proseguir l'accusa anche per mezzo de' suoi procuratori: ma non si trattava di dargli una facoltà: era necessario imporgli un'obbligazione. *Palomba* non avrebbe dovuto partire se prima non adempiva al dovere che gl'imponeva l'accusa. In un governo giusto l'accusatore è nel tempo istesso accusato, e mentre si disputava se *Rotondo* era degno o no di seder tra i legislatori, *Palomba* non avea diritto di esser nominato commissario. Dispiacque a *Rotondo* ed a tutt'i buoni un silenzio che sagrificava il governo alla fazione e la fazione all'individuo.

Il segreto una sola volta svelato tolse ogni freno all'intrigo. Napoli si vide piena di adunanze patriotiche che incominciarono a censurare le operazioni e le persone del governo. Ma non si contentavano di mettere così un freno alla condotta di coloro che potevano abusare della somma delle cose; ottimo effetto che la libertà de' partiti produce nella repubblica: non si contentavano di osservarsi a vicenda: voleano combattersi, voleano vincersi; le loro censure voleano che avessero la forza di accuse, e così lo studio delle parti dovea degenerare in guerra civile.

Non vi fu più uno il quale non fosse accusato; ma siccome le accuse non erano dirette dall'amore della patria, così non erano fondate sulla ragione: motivi personali le facevano nascere, gli stessi motivi le facevano abbandonare. Si aggiugneva a ciò che il più delle volte le contese decidevansi per autorità degli esteri. Sebbene le loro decisioni talora fossero giuste, non potevano però mai esser legali, perchè anche quando si eseguiva la legge parlava l'uomo. Così gli uomini non si avvezzavano mai a credere, che a soddisfare i loro desiderj non vi fosse altra via che quella della legge; e senza questa intima, e profonda persuasione non vi è repubblica. Il costume pubblico si corrompe; le sette non servono più la patria, ma bensì l'uomo che esse credono superiore alla legge, e quest'uomo fomenta in segreto una divisione che annoda il suo imperio. I partiti corrompono l'uomo, e l'uomo corrompe la nazione: Gl'intriganti prendono le loro misure; i buoni si vedono senza alcuna difesa: i faziosi (importa poco di qual partito essi siano; è fazioso chiunque non è del partito della patria) trionfano; e siccome l'unico mezzo di acquetarli è quello di dar loro una carica, così si vedono elevati molti che la nazione non vuole, e che ruinano poi la nazione.

Male funesto, non ultima causa della nostra ruina, e che i buoni non debbono giammai obbliare onde esser più cauti ad accordare la loro confidenza ai pessimi che la forza della rivoluzione spinge sempre in alto! Essi divengono assai più terribili in una rivoluzione di opinione, nella quale un sentimento che non si vede, ma nome che si può fingere, tengono spesso il luogo delle vere virtù e del merito reale; in una rivoluzione prodotta da armi straniere, in cui è inevitabile la sconsigliata profusione delle cariche, tra il conquistatore, il quale spesso non sa ciò che dona nè a chi dona, ma sa solo ciò che dona non è suo; e tra i primi da lui impiegati, i quali rammentano più i bisogni di un amico, che quelli di uno stato che odiavano, e pieni ancora dell'impazienza di obbedire di rado sanno temperarsi nell'uso di comandare.

Il governo per acquetare un poco i rumori istituì una commissione di cinque persone per esaminare coloro che dovrano impiegarsi: non erano impiegati se non quei tali che dalla commissione venissero approvati; chi era riprovato veniva escluso per sempre.

Questa istituzione fu effetto delle circostanze. Le accuse; i reclami erano infiniti; il tempo era breve; il bisogno di ben conoscere le persone urgente. La commissione della quale parliamo fu imaginata affine di bene: le furon date istruzioni limitatissime, quasi private: ma essa divenne, contro la mente del governo, una magistratura che avea ed esercitava giurisdizione regolare, manteneva un officio, riceveva petizioni, faceva decreti. L'istituzione cangiò natura, e questo avvien sempre in tutte le istituzioni simili. Se in vece di istituire una commissione si fosse obbligato *Palomba* a proseguire l'accusa; se fosse stato condannato, come era di giustizia, o *Palomba* o *Rotondo*, quattro quinti de' clamori sarebbero cessati; ed il governo avrebbe conosciuto meglio le persone e le cose. Accaduto una volta un disordine, specialmente ne' primi giorni di un governo nuovo, di rado il popolo conosce la vera cagione del medesimo, e tutto attribuisce al governo; male inevitabile e gravissimo; il quale deve persuaderci, che non tutto ciò di cui il popolo si doleva era sempre cagionato dal governo; che le intenzioni eran sempre pure ma non eran sempre buone le istituzioni; e queste non eran sempre buone, perchè li principj dalli quali dipendevano eran fallaci; e finalmente che in un governo nuovo è necessità far quanto meno si possa d'istituzioni tali che possino divenir arbitrarie. Tutto deve esser potentemente afferrato dalla mano di chi governa.

§. XXIII.

Leggi. Fedecommessi.

In seguo il corso delle mie idee anzichè quello dei tempi. Tanti avvenimenti si sono accumulati e quasi addensati in sì breve tempo, che essi invece di succedersi s'incrocicchiano tra loro, nè se ne può giudicar bene, se non osservandone i loro rapporti.

Il momento della rivoluzione in un popolo è come unmomento di tumulto in un'assemblea; i disparori, il calore della disputa; destano tanti e sì varj rumori che impossibile riesce far ascoltare la voce della ragione. Se allora un uomo rispettabile per la sua prudenza e pel suo costume si mostra, gli animi si acchetano; tutti l'ascoltano: il suo nome gli guadagna l'attenzione di tutti, egli può far udire la voce della ragione. Nel primo momento l'opinione è necessaria per dar luogo alla ragione, ma nel secondo conviene che la ragione sostenga e confermi l'opinione.

Que' fatti che finora abbiam riferito aveano per iscopo il guadagnare la confidenza del popolo prima che il governo avesse agito; ma il governo dovea finalmente agire, e dovea colle opere meritarsi quella confidenza che avea già guadagnata. Esso si occupò dell'abolizione de' fedecommessi e della feudalità, che formavano presso di noi i più grandi ostacoli all'eguaglianza ed al governo repubblicano.

L'istituzione de' fedecommessi porta seco lo spirito di conservar i beni nelle famiglie, spirito non compatibile coll'eguaglianza nelle repubbliche ben ordinate. Forse così in Roma come in Sparta l'amor dell'eguaglianza avea fatto nascere lo spirito della conservazione de' beni. Ma i nostri fedecommessi non aveano di romano altro che il nome e le formole esterne di ciò che chiamati *sostituzione*: queste antiche istituzioni, utili alle idee di nobiltà ereditaria, e di successione feudale, avean prodotto presso di noi un mostro, di cui a torto incolperemmo i Romani. Nel regno di Napoli, ove tutte le ricchezze sono territoriali, si erano i fedecommessi moltiplicati all'estremo, e moltiplicato aveano ancora il numero de' celibi, degli oziosi, de' poveri, de' litiganti ec.

La riforma fu semplice e ragionevole. Non si distrusse la volontà de' testatori, che fino a quel tempo aveano ordinato de' fedecommessi; tra perchè una legge nuova non deve mai annollare i fatti precedenti; tra perchè la riforma della proprietà non deve distruggerne il fondamento, il quale altro non è che il possesso autorizzato dal costume pubblico (1). Ma i beni de' fedecommessi rimanendo liberi in mano de' possessori, e la legge proibendo di ordinarne de' nuovi, una sola generazione sarebbe stata sufficiente a produrre quella divisione che si desiderava, ma che ordinata dalla pubblica autorità si sarebbe mal volentieri accettata.

A' secondogeniti ed a' legatarj fu disposto darsi il capitale di quella parte del fedecommesso, di cui godevano la rendita: così ebbero anche essi una proprietà da trasmettere ai loro figli. Il calcolo de' capitali fu ordinato farsi sulla rendita alla ragione del tre per cento; e così in una nazione, ove i fondi sono in commercio alla ragione non minore del cinque e del sei per cento, le porzioni de' legatarj venivano indirettamente a duplicarsi, e si correggeva, senza violenza, quella disuguaglianza che lo spirito di primogenitura avea introdotta nelle pensioni de' figli di uno stesso padre.

Questa legge fu saggia, e ben accetta a tutti: i possessori stessi de' fedecommessi non perdevano tanto colla cessione ai legatarj, quanto guadagnavano coll' acquistar la libera proprietà de' loro beni in una nazione che incominciava a sviluppare qualche attività. I legami de' fedecommessi erano già mal tollerati, e da' dissipatori che volean abusare dei loro beni, e da' saggi i quali voleano usarne in bene.

Forse sarebbe stato giusto aggiugnere alla legge la condizione aggiuntavi dall' imperatore *Leopoldo*, allorchè fece la riforma de' fedecommessi di Toscana. Giudicando questo ottimo Sovrano che manca alla giustizia chiunque priva del diritto alla successione un uomo nato e nodrito con esso, riserbò la capacità di succedere ai fedecommessi non solo ai possessori, ma anche ai chiamati già nati o da nascere da matrimonj contratti prima della legge.

---

(1) *Una legge*, dice Macchiavelli, *che guarda molto indietro, è sempre tirannica.*

molti de' quali eransi fatti colla speranza di una successione fedecommessaria.

Rimanevano ancora alcuni altri oggetti da determinarsi: rimaneva a prendersi delle misure su i tanti e sì ricchi monti di maritaggi che vi sono in Napoli, e che altro in realtà poi non sono, che fedecommessi di famiglia e di gente . . . . . Ma tali oggetti dipendevano dalla legge testamentaria, dallo stato della nazione, e da tante altre considerazioni che era meglio aspettare tempo più opportuno. Di rado nella rivoluzione francese, ed in quelle che sono scoppiate in conseguenza, di rado si è peccato per soverchia lentezza in far le leggi: spessissimo per soverchia precipitanza.

§. XXIV.

Legge feudale.

La legge feudale richiedeva più lungo esame, e presentava interessi più difficili a conciliarsi. Quella dei fedecommessi toglieva poco ai possessori dei medesimi, e quel poco davalo ai figli ed ai fratelli loro: la legge dei feudi toglieva ai feudatarj moltissimo, e questo passava agli estranei, che talvolta erano i loro nemici. Intanto l'abolizione dei feudi era il voto generale della nazione. Gli abitanti delle province ardevano di tanta impazienza, che aveano quasiché strascinato il re a dare alla feudalità de' colpi, i quali sentivano più di democrazia che di monarchia. Io dico ciò per un modo di dire, ma non son certo che la feudalità convenga più all'una che all'altro di queste due forme di governo. La forma di governo a cui la feudalità meglio conviene è l'aristocrazia: aristocratici erano i governi di tutta l'Europa nell'epoca in cui la feudalità prevaleva. Le monarchie presenti d'Europa eransi elevate sulle rovine della medesima: ove essa era rimasta intatta il governo era rimasto aristocratico siccome in Polonia; ove era stata temperata ma non distrutta, era sorto una specie di governo misto, come in Inghilterra e nella Svezia; ove era stata interamente distrutta, era sorto un governo aristocratico, come in una grandissima parte dell'Europa, e specialmente in quella parte che altre volte componeva l'immensa monarchia di Spagna; essa era rimasta in uno stato singolare, dove avendo perduti tutt'i diritti che rappresentava in faccia al sovrano, avea conservati tutti quelli che una volta avea sul popolo. Prendendo per punto di paragone un vassallo degl'imperatori Svezzesi, un Pari della Gran Bretagna gli somiglia molto più che un Napolitano quando è nel parlamento; il Napolitano gli somiglia molto più dell'Inglese quando è nelle sue terre.

Ma i primi diritti sono gloriosi al feudatario, e posson esser utilissimi ed al Sovrano ed allo Stato: i secondi sono al feudatario vergognosi, perchè non è mai glorioso tutto ciò che è oppressivo, e nocivo allo Stato, al Sovrano, agli stessi baroni, perchè tendono a distruggere l'industria dalla quale solamente dipende la vera prosperità di una nazione. Questi diritti sono i diritti dei popoli barbari. Ovunque si sviluppa l'industria essi vanno a cadere in obblio, ed è interesse degli stessi feudatarj che ciò succeda. In Russia gli stessi grandi possessori di terra hanno incominciato a dar libertà e proprietà agli uomini che le abitano: con questa sola operazione han quasi triplicato il valore delle terre loro.

I feudatarj prevedevano che la rivoluzione li avrebbe obbligati a nuovi sacrificj, e bramavano che fossero i minori possibili. Taluni repubblicani troppo ardenti avrebbero voluto loro toglier tutto. Tra questi due estremi il mezzo era difficile a rinvenirsi. Non vi era nè anche un esempio da seguire: la Francia, ove i grandi feudatarj eran rimasti distrutti dalla guerra civile, non ebbe bisogno di leggi dopo l'opera delle armi (1). *Giuseppe II* nella

---

(1) *Nella Francia vi fu ne' primi giorni della rivoluzione una legge feudale, ma essa non riformò che i dis-*

Lombardia avea da lungo tempo eguagliata la condizione de' beni.

Molte popolazioni incominciarono dal fatto, prendendo il possesso di tutti i beni de' baroni; se tutte avessero fatto lo stesso, la legge sarebbe stata men difficile a concepirsi. La forza autorizza molte cose che la ragione non deve ordinare; ed il popolo stesso ama di veder approvati molti trascorsi che fremerebbe vedendo comandati.

La discussione del progetto di legge fu interessante. Le due parti contendenti seguivano opinioni diverse, secondo i loro diversi interessi; i principj erano opposti, e come suole avvenire allorchè si va agli estremi, nè sempre veri, nè sempre atti alla quistione.

I feudatarj credevano che la conquista potesse essere un diritto: i repubblicani la credevano sempre una forza; e quando anche avesse potuto diventar diritto, dicevano che se un tempo i baroni aveano conquistata la nazione, ora la nazione avea conquistati i baroni: una nuova conquista potea spogliare gli usurpatori nel modo stesso e collo stesso diritto con cui essi spogliato aveano altri usurpatori più antichi.

I feudatarj credevano legittimi tutti i titoli che dipendevano dall'antico governo, che essi riputavano del pari legittimo: i patrioti credevano illegittimo tutto ciò che non era stato fatto da una repubblica. Se si udivano i feudatarj tutto dovea conservarsi: se si udivano i patrioti tutto dovea distruggersi, poichè dichiarato una volta illegittimo un governo, non vi era ragione, per cui, parte dei suoi atti si dovesse abolire e parte conservare.

Questo era lo stesso che far la causa degli usurpatori

―――――――――――――

ordini più orribili, i quali non vi erano più tra noi. La feudalità in Francia era più gravosa che in Napoli. Noi dovevamo incominciare precisamente dal punto in cui eransi arrestate le leggi francesi. Or questa seconda riforma era stata fatta in Francia dalla guerra civile.

e dei governi; e non dell'umanità e della nazione, che
eran tradite per soverchio zelo dai loro stessi difensori.
Oggi si dice *un re non potea far questo*; domani un re
avrebbe detto *questo non si potea far da una repubblica*.
Quando prenderemo noi per principio la salute del popolo, ed esamineremo non ciò che il governo potea, ma
solo ciò che dovea fare?

Voler ricercare un titolo di proprietà nella natura, è
lo stesso che voler distrugger la proprietà; la natura
non riconosce altro che il possesso, il quale non diventa
proprietà se non per consenso degli uomini. Questo consenso è sempre il risultato delle circostanze e dei bisogni
nei quali il popolo si trova. Tutto ciò che la salute pubblica imperiosamente non richiede, non può senza tiran-
nia esser sottomesso a riforma, perchè gli uomini dopo
i loro bisogni, nulla hanno, e nulla debbono aver di
più sacro che i costumi dei loro maggiori. Se si riforma
ciò che non è necessario riformare, la rivoluzione avrà
molti nemici e pochissimi amici.

La feudalità presso di noi presentava una massa immensa di possessi, di proprietà, di esazioni, di premi-
nenze, di diritti, acquistati, ricevuti, usurpati da diverse
mani ed in tempi diversi. I feudatarj non furono in origine che semplici possessori di fondi coll'obbligo della
fedeltà; e colla legge della devoluzione essi non differivano dagli altri proprietarj, se non per aver ricevuti dalla
mano di un uomo quelle terre che altri ricevute avea
dalla sorte. Ma i grandi feudatarj erano nel tempo istesso
grandi officiali della corona, ed in tempi di anarchia o
di debolezza, quei rappresentanti della sovranità, potenti, ed innammovibili fecero obbliare la sovranità che
rappresentavano: quei diritti che esercitavano come officiali della corona divennero prima diritti del feudatario,
indi della sua famiglia, finalmente del feudo. In tempi
di continue guerre civili, i pochi uomini liberi che eran
rimasti nelle nostre regioni, non avendo nè sicurezza,
nè proprietà, chiesero la protezione dei potenti, e l'ottennero a prezzo di libertà.

Grandi erano certamente questi abusi, ma tale era l'infelicità dei tempi, tale la condizione degli uomini, tale la desolazione delle nostre contrade, che essi dovettero sembrar tollerabili effetti, e talora giunti all'estremo produssero il ritorno del bene. Gli uomini moltiplicati dovettero estendere la loro industria, e reclamarono la loro libertà civile: è questo il primo passo che le nazioni fanno verso la coltura. Un re di spirito generoso che voleva elevarsi, si rese forte col favore del popolo che egli difese contro gli altri tiranni minori, e le monarchie di Europa sorsero dalle rovine dell'aristocrazia feudale. Noi vediamo nella nostra storia tutti i passi dati dal popolo; le opposizioni de' baroni; l'ondeggiar perpetuo de' sovrani, a seconda che temevano o de' baroni o de' popoli; e la rapacità del fisco, eterno traditore de' baroni, de' popoli, e dei re. La storia indica la strada da seguire conforme alle idee de' popoli; le stesse leggi feudali indicano la riforma della feudalità, quella riforma che i popoli bramano, che i baroni non possono impugnare.

Non bastava una legge che dichiarasse abolita la feudalità: questa legge sarebbe stata più pomposa che utile. Poco rimaneva presso di noi che avesse l'apparenza feudale: il difficile era riconoscer la feudalità anche dove parea che non vi fosse.

I feudatarj aveano de' diritti acquistati come officiali della corona, e come protettori de' popoli; tali diritti non doveano più esistere in una forma di governo, in cui la sovranità veniva restituita al popolo, ed il cittadino non dovea aver altro protettore che la legge. I baroni possedevano delle terre: non bastava che queste fossero uguagliate alla condizione delle altre. Se la riforma fosse rimasta a questi termini, i baroni sgravati dall'adoa e dalla devoluzione, diventati proprietarj di terre libere, avrebbero guadagnato molto più di quello, che loro dava l'esazione de' diritti incerti, vacillanti ed odiosi: il popolo non avrebbe guadagnato nulla. In una nazione in cui l'industria è attiva, sarà vantaggio del feudatario, far coltivare le sue terre dall' uomo libero, anziché, dallo schiavo. Una nazione oziosa e povera chiede esser aggravata dai tributi : una nazione ricca ed industriosa è contenta di pagare, purché abbia mezzi di accrescer la sua industria. Nell' immensa estensione di terreni che i baroni possedevano, non vi erano che pochi, i quali appartenessero al feudo: negli altri voi vedevate un cumulo di diritti diversi accatastati l' uno sopra l'altro, ed appartenenti a persone diverse, tra le quali era facile il riconoscere che il più potente dovea esser l' usurpatore. Quindi veniva restituita alle popolazioni gran parte di quella massa di terreni feudali chiamati *demaniali de' feudi*, e che, ne formavano la maggior parte; i boschi doveano per necessità divenire oggetti di pubblica ispezione : ai feudatarj veniva a rimaner pure tanto di terreno da esser ricchi, quando all'ozio avessero sostituita l'industria: e la nazione senza legge agragria avrebbe avuta, se non la *perfetta eguaglianza*, almeno quella moderazione di beni, che in una gran nazione è più utile, meno pericolosa, e più vicina alla *vera eguaglianza*.

Non mai si vide più chiaramente quanto il freddo e costante esame sia più pericoloso agli usurpatori, che i caldo e momentaneo entusiasmo. I baroni avrebbero mille volte amato ritornare ai principj della *conquista*, e della *legittimità*, che sebbene in apparenza più distruttivi, erano più facili a combattersi, più facili ad eludersi nell' esecuzione. Ma come combattere principj evidenti, che essi stessi aveano riconosciuti anche nell' abolito governo?

Ad onta di tutto ciò il progetto non passò senza grand disapareri : la spirante feudalità avea tuttavia molti difensori. Talun legislatore credeva nulla potersi decidere sulla feudalità, perchè nulla avea deciso la Francia; invincibile argomento per un rappresentante di una nazione libera, ed indipendente! *Pagano* credeva non esser giunto ancora il tempo di decidere la controversia: egli riconosceva necessarie e giuste le abolizioni de' diritti, ma voleva che non si toccassero i terreni quasichè un popolo non dovesse esser oppresso, ma potesse essere legittimamente misero. Taluno volea che l'affare si fosse commesso ad un tribunale, chè si sarebbe di ciò incaricato; ma se le leggi sono fatte pel popolo, i giudizj sono fatti per i potenti, i quali col possesso, coi cavilli, e talora colla prevaricazione, riacquistano coi giudizj tutto ciò che il popolo avea guadagnato colle leggi.

Tanto importa, che le idee del legislatore sieno a livello con quelle della nazione, e che i progetti di legge contengano quelle idee medie che tutti gli uomini sentono, ed a cui tutti convengono! Se si fosse rimasto agli estremi, la legge non si sarebbe avuta, o avrebbe prodotta una guerra civile: essa avrebbe portata con sè l'apparenza dell'ingiustizia. Fondata su principj, che nessuno poteva negare, gli stessi baroni più avversi alla rivoluzione l'avrebbero sofferta, se non con indifferenza (poichè chi potrebbe pretendere che taluno resti indifferente alla perdita di tante ricchezze?) almeno con decoro.

Ma nel tempo appunto in cui il governo era occupato della discussione del progetto di questa legge, *Championet* fu richiamato, e *Magdonald* che a lui succcesse, fu ben lontano dal voler sanzionare ciò che il governo avea fatto. Si dovette aspettare *Abrial*, il quale fu ragionevole e giusto. Ma intanto il tempo era scorso, ed il timore di disgustar diecimila potenti fece perdere ai Francesi ed alla repubblica l'occasione di guadagnar gli animi di cinque milioni.

È degna di osservazione la differenza che passa tra la discussione che sulla feudalità vi fu in Francia e quella che vi è stata tra noi. Parlando della prima, *Anquetil* dice che la discussione dell'assemblea incominciò da una proposizione fatta per render sicura l'esazione delle rendite a coloro che ne possedevano i diritti, e passando da idea in idea si finì coll'abolizione di tutti i diritti. In Francia s'incominciò dalle massime moderate e si passò

Sag. Stor.

alle esagerate: in Napoli da queste si ritornò a quelle. Ed era ciò nell'ordine della natura, perchè noi riprendevamo le idee dal punto istesso nel quale le avean lasciate i Francesi. Quindi è che tra noi furono più esagerate le opinioni de' privati che le idee del governo. Il governo seguì la massima che le leggi sulle proprietà hanno una giustizia propria, la quale consiste nel far sì che ciascuno perda il meno che sia possibile; e nel caso della riforma feudale si può far in modo che guadagnino ambedue i partiti. Io per me son sicuro che i feudatarj potrebbero guadagnar più con una legge nuova che colle antiche. I diritti feudali si sostengono pel solo uso del foro. Da che fu imposto tra noi l'obbligo ai giudici di dettar le loro sentenze sul testo espresso della legge, i diritti feudali sono stati di giorno in giorno aboliti; e col tempo lo saranno tutti. Ma una legge nuova dovea considerarsi piuttosto come una transazione che come un decreto, ed il lunghissimo possesso poteva per essa acquistar forza di titolo. La nuova legge feudale non dovea aver per iscopo nè chimerica eguaglianza di beni, nè revindica di dominj, ma solamente di liberare il popolo da tutto ciò che turbava l'esercizio dell'autorità pubblica, comprimeva e distruggeva l'industria, ed impediva la libera circolazione delle proprietà.

§. XXV.

Religione.

Oggi le idee de' popoli di Europa sono giunte a tale stato che non è possibile quasi una rivoluzione politica senza che strascini seco un'altra rivoluzione religiosa, doveché prima la rivoluzione religiosa era quella che per lo più produceva la politica. Da ciò forse nasce che le rivoluzioni moderne abbiano meno durata delle antiche? (1)

---

(1) Rousseau *domandato dall' autore degli* studj della

In Francia la parte della rivoluzione religiosa dovette esser violenta, perchè violente era lo stato della nazione a questo riguardo. Si riunivano in Francia tutti gli estremi. Essa avea innalzata in Europa l'autorità papale; essa era stata la prima a scuoterne il giogo; ma scuotendolo non l'avea rotto come si era fatto in Inghilterra, ma le antiche idee erano rimaste per materia di eterne dispute su degli oggetti che conviene solamente credere. Il clero era continuamente alle prese con Roma; i parlamenti lo erano col clero, la corte ondeggiava tra il clero, i parlamenti, e Roma. La nazione non si potea arrestare ai primi passi una volta dati: l'incredulità venne dietro all'esame, ma nata in mezzo ai partiti risvegliar dovette la gelosia dei potenti, e si vide in Francia la massima tolleranza ne' filosofi, e la massima intolleranza nel governo e nella nazione. Poche nazioni di Europa possono in questo pregio di barbara intolleranza contendere coi colti ed umani Francesi.

La nazione Napolitana trovavasi in uno stato meno violento. La religione era un affare individuale, e siccome esso non interessava nè il governo nè la nazione, così le ingiurie fatte agli Dei, si lasciavano agli Dei istessi. Il popolo Napolitano amava la sua religione, ma la religione del popolo non era che una festa; e purchè la festa, se gli fosse lasciata, non si curava di altro. In Napoli non vi era da temere nessuno de' mali che l'abuso della religione ha persuasi a tanti popoli della terra.

Il fondo della religione è uno, ma veste nelle varie regioni forme diverse a seconda della diversa indole dei popoli. Essa rassomiglia molto alla favella di ciascuno di essi. In Francia, per esempio, al pari della lingua è

---

natura, *perchè mai con tanto amore per l'umanità, e tanto disgusto per gli uomini, non avea imitato Penn, e non si era ritirato con pochi saggi a fondare una colonia in America, rispose*: qual differenza! si credeva nel secolo di Penn, e non si crede più nel mio.

più didascalica che in Italia; in Italia è più poetica, cioè più liturgica che in Francia. In Francia la religione interessa più lo spirito che il cuore ed i sensi; in Napoli più i sensi ed il cuore che lo spirito.

Quall'altra nazione di Europa si può vantare di non aver mai prodotta una setta di eresia, e di essersi sempre ribellata ogni volta che le si è parlato di s. officio e d'inquisizione? La nazione che ha eretto un tribunale nazionale indipendente dal re contro questa barbara istituzione che tutte le altre nazioni di Europa hanno almen per qualche tempo riconosciuta e tollerata, deve essere la più umana di tutte.

In Napoli era facile far delle riforme sulle ricchezze del clero tanto secolare quanto regolare. Una gran parte della nazione era in lite col medesimo per ispogliarlo delle sue rendite, nè il rispetto per la religione e per i suoi ministri l'arrestava. Perchè dunque quando queste riforme si vollero tentare dalla repubblica furono odiate? Perchè i nostri repubblicani, seguendo sempre idee troppo esagerate, voleano far due passi nel tempo in cui ne doveano far uno: l'altro avrebbe dovuto venir da sè, e sarebbe venuto. Ma essi, mentre voleano spogliare i preti volean distruggere gli Dei; si unì l'interesse dei primi e dei secondi, e si rese più forte la causa dei primi. Ritorniamo sempre allo stesso principio: si volea fare più di quello che il popolo volea, e conveniva retrocedere; si potea giugnere alla meta, ma se ne ignorava la strada.

Conforti credeva, che una religione non si possa riformare, se non per mezzo di un'altra religione. La religione *cristiana* ridotta a poco a poco alla semplicità del Vangelo, riformate nel clero le soverchie ricchezze di pochi e la quasi indecente miseria di molti; diminuito il numero dei vescovati e dei beneficj oziosi; tolte quelle cause che oggi separan troppo gli ecclesiastici dal governo e li rendono quasi indipendenti, sempre indifferenti e spesso anche nemici, ec. ec., è la religione che meglio di ogni altra si adatta ad una forma di governo moderato e liberale (1). Nessun'altra religione tra le conosciute fomenta tanto lo spirito di libertà. La pagana avea per suo dogma fondamentale la forza: produceva degli schiavi indocili e dei padroni tirannici. La religion cristiana ha per base la giustizia universale: impone dei doveri ai popoli egualmente che ai re; e rende quelli più docili, questi meno oppressori. La religione cristiana è stata la prima che abbia detto agli uomini che Iddio non approva la schiavitù: per effetto della religione cristiana abbiamo nell'Europa moderna una specie di libertà diversa dall'antica; ed è probabile che i primi cristiani nella loro origine altro non fossero che persone le quali volevano in tempi corrottissimi ridurre la più superstiziosa idolatria alla semplicità della pura ed eterna ragione, ed il più orribile dispotismo che mai abbia oppresso la cervice del genere umano (tale era quello di Roma) alle norme della giustizia.

Ma gli uomini (diceva *Conforti*) corrono sempre agli estremi. La filosofia dopo aver predicata la tolleranza, è diventata intollerante (2), senza ricordarsi, che se non è degno della religione il forzar la religione, non è degno nè anche della filosofia. Non è ancora dimostrato che un popolo possa rimaner senza religione: se voi non gliela date se ne formerà una da sè stesso. Ma quando voi gliela date, allora formate una religione analoga al governo, ed ambedue concorreranno al bene della nazione;

---

(1) *Queste idee erano già popolari in Napoli. La disputa sulla Chinea avea istruiti tutti sulla legittimità di un concilio nazionale. Si era veduto un gran prelato declamare contro l'abuso delle indulgenze e del celibato, e ciò senza scandalo.*

(2) *Lo stesso cammino tenne il cristianesimo, che in origine non fu che filosofia. Cominciò dal predicar la tolleranza: essa non era venuta per i soli figli di Abramo, ma per tutte le genti; ma in seguito divenuta dominante nè anche i figli di Abramo furono da lei risparmiati.*

se il popolo se la forma da sè, allora la religione sarà indifferente al governo, e talora nemica. Così tutti gli abusi della religione cristiana sono nati da quegli stessi mezzi, che si vòglion prendere oggi per ripararli.

Conforti credeva, che la Francia istessa si sarebbe un giorno ricreduta de' suoi principj, e che quando si credeva di aver distrutti i preti, altro non avea fatto che accrescerne il desiderio, e che avrebbe dovuto renderli di nuovo, contentandosi il governo di potersi restringere a quelle riforme alle quali si sarebbe dovuto arrestare.

Ma gli altri erano lontani dall'avere le idee di *Conforti*, nè seppero mai determinarsi a prendere su tale oggetto un espediente generale (1). Ondeggiando tra lo stato della nazione e gli esempj della rivoluzion di Francia, abbandonarono quest'oggetto importante alla condotta degli agenti subalterni, e questo fu il peggior partito a cui si potessero appigliare. Un atto di forza avrebbe fatto odiare, e temere il governo; questa indolenza lo fece odiare, e disprezzare nel tempo istesso.

Il popolo si stancò tra le tante opinioni contrarie degli agenti del governo, e provò tanto maggior odio contro i repubblicani, quanto che vedeva le loro operazioni essere effetti della sola loro volontà individuale. L'odio contro gl'individui che governano, odio che poco può in un governo antico, è pericolosissimo in un governo nuovo; perchè siccome il governo nuovo è tale quale lo formano gl'individui che lo compongono, il popolo contro gl'individui niun soccorso aspetta da un governo che conosce, e l'odio contro di quelli diventa odio contro di questo.

È un carattere indelebile dell'uomo quello di sostener con più calore le opinioni proprie che le altrui, più le opinioni che crede nuove e particolari, che le antiche e comuni. Io credo e fermamente credo che se le opera-

---

(1) *Rendiamo giustizia ai migliori tra nostri. Essi intendevano l'importanza delle opinioni religiose in un popolo.*

zioni che taluni agenti si permisero contro i preti fossero state ordinate dal governo, il loro zelo sarebbe stato minore. La legge nulla determinava: il suo silenzio proteggeva le persone, ed i beni degli ecclesiastici; quindi quei pochi agenti del governo che volean dare sfogo alle loro idee proprie si doveano restringere agl' insulti. Or gl' insulti ricadono più direttamente contro gli Dei, e le operazioni contro gli uomini. La condotta di molti repubblicani era tanto più pericolosa, quanto che si restringeva alle sole parole; mentre si minacciavano i preti, si lasciavano: ed essi ripetevano al popolo, che gli agenti del governo l' aveano più colla religione che coi religiosi, perchè mentre si lasciavano i beni si attaccavano le opinioni. Si avrebbe dovuto far precisamente il contrario, ed allora tutto sarebbe stato nell' ordine.

Il governo si avvide, ma tardi dell' errore; volle emendarsi, e fece peggio. Il popolo comprese che il governo operava più per timore, che per interna persuasione, e quando ciò si è compreso tutto è perduto.

§. XXVI.

Truppa.

Un governo nuovo ha più bisogno di forza che un governo antico, perchè l' esecuzione della legge per quanto sia giusta, non può esser mai con sicurezza affidata al pubblico costume; gli scellerati, che non mancano giammai, hanno campo maggiore di calunniarla e di eluderla; ed i deboli sono più facilmente sedotti o trascinati nell' ondeggiar dubbioso tra le antiche opinioni e le nuove.

I Francesi impedirono però ogni organizzazione di forza nella repubblica Napolitana. Il primo loro errore fu quello di temer troppo la capitale; il secondo di non temere abbastanza le province. Essi non aveano truppa per inviarvene, e di ciò non poteano esser condannati; ma essi non permisero che si organizzasse truppa nazionale che vi potesse andare in loro vece, e di ciò non possono esser scusati.

Dagli avanzi dell'esercito del re di Napoli si potea formare sul momento un corpo di trentamila uomini, di persone che altro non chiedevano che vivere. Essi formavano il fiore dell'esercito del re, poichè erano quelli appunto che erano stati gli ultimi a deporre le armi. Tra questi per il loro coraggio si distinsero i *camisciotti*: contesero a palmo a palmo il terreno fino al castello del *Carmine*. Ciò dovea farli stimare e li fece odiare. Furono fatti tutti prigionieri: conveniva o assoldarli per la repubblica, o mandarli via. Si lasciarono liberi per Napoli, e furono stipendiati da coloro che in segreto machinavano la rivoluzione. Si tennero così i controrivoluzionarj nel seno istesso della capitale.

S'incominciò a raccogliere i soldati del re in *Capua*, indi un'altra volta in *Portici*: la repubblica Napolitana era in istato di mantenerli: essi avrebbero potuto salvar la patria, salvar l'Italia, ma appena si vide incominciare l'operazione, che fu proibita. A quei pochissimi soldati che si permise di ritenere, non si accordarono, se non a stento, le armi, che erano tutte nei castelli in potere dei Francesi.

Intanto si volea disarmare la popolazione. Come farlo senza forze? Ma i Francesi temeano egualmente le popolazioni, ed i patrioti; e questo loro soverchio timore fece di poi, che le popolazioni si trovassero armate per offenderli, ed i patrioti per difendersi disarmati. Si ordinava il *disarmo*, ed intanto i custodi Francesi delle armi non conoscendo gli uomini e le cose in un paese per essi nuovo le vendevano; e ne compravano egualmente tanto il governo repubblicano a cui era giusto restituirle senza paga, quanto i traditori a cui era ingiusto darle anche con paga. I mercenarj che avrebbero potuto diventar nostri amici, non avendo onde vivere, passarono a raddoppiar la forza dei nemici nostri.

Oltre di una truppa di linea si avrebbe potuto sollecitamente organizzare una gendarmeria; allora quando ordinossi a tutt'i baroni di licensiare le loro genti d'armi: costoro sarebbero passati volentieri al servizio della repubblica; essi non sapevano far altro mestiere : abbandonati dalla repubblica, si riunirono agl'insorgenti. Essi avrebbero potuto formare un corpo di cinque in sei mila uomini, e tutti valorosi.

Si ordinò congedarsi gli *armigeri* baronali, e non si pensò alla loro sussistenza; si soppressero i tribunali provinciali, e non si pensò alla sussistenza di tanti individui che componevano le loro forze e che ascendevano ad un numero anche maggiore degli *armigeri*.... Essi sono dei scellerati, diceva taluno il quale voleva anche i gendarmi eroi. Ma questi scellerati continuarono ad esistere, poichè era impossibile ed inumano il distruggerli, ed esistettero a danno della repubblica. Erasi obbliato il gran principio, che bisogna che tutto il mondo viva.

L'avea del tutto obbliato *de Rensis*, allorchè pubblicò quel proclama con cui diceva agli uffiziali del re, *che a chiunque avesse servito il tiranno nulla a sperar rimanea da un governo repubblicano*. Questo linguaggio in bocca di un ministro di guerra dir volea a mille e cinquecento famiglie che aveano qualche nome e molte aderenze nella capitale: *se volete vivere fate che ritorni il vostro re*. Questo proclama segnò l'epoca della congiura degli uffiziali. Il proclama fu corretto dal governo col fatto, poichè molti uffiziali del re furono dalla repubblica impiegati; ben si vide dalle persone che aveani senno esser stato esso piuttosto feroce nelle parole che nelle idee, effetto di quella specie di eloquenza che allora predominava, e per la quale la parola la più energica si preferiva sempre alla più esatta; ma io lo ripeto, nelle rivoluzioni passive, quando le opinioni sono varie ed ancora incerte, le parole poco misurate posson produrre gravissimi mali. Le eccezioni, le quali si reputan sempre figlie del favore, non distruggevano le impressioni prodotte una volta dalla legge generale; molti rimasero ancora ondeggianti; moltissimi si trovavano già aver dati passi irretrattabili contro un governo che credevano ingiusto. La durata della nostra repubblica non fu che di cinque mesi; nei primi gli uffiziali non poterono ottener gradi, negli ultimi non vollero accettarne.

Si vuole dippiù? Degli stessi insorgenti si avrebbero potuto formare tanti amici. Essi seguivano un capo, il quale per lo più non era che un ambizioso: questo capo, quando non avesse potuto estinguersi, si poteva guadagnare, e le sue forze si sarebbero rivolte a difendere quella repubblica, che mostrava di voler distruggere.

§. XXVII.

Guardia Nazionale.

Il nostro governo erasi ridotto a fondar tutte le speranze della patria sulla guardia nazionale. Ma la guardia nazionale dev'essere la forza del popolo, e non mai quella del governo.

Tutto fu ruinato in Francia quando il governo credette non dover avere altra forza: la Vandea non fu mai ridotta, gli assassini ingombrarono tutte le strade, non vi fu più sicurezza pubblica, ed invece della tranquillità si ebbero le sedizioni. Il primo difetto di ogni guardia nazionale è l'esser più atta all'entusiasmo che alla fatica; il secondo è, che quando non difende la nazione intera, quando a buon conto una parte della nazione è armata contro dell'altra, è impossibile evitare che ciascun partito non abbia tra le forze dell'altro dei seguaci, degli amici, i quali impediscano o almeno ritardino le operazioni.

La vera forza della guardia nazionale risulta dall'uniformità dell'opinione: ove non siasi giunto ancora a tale uniformità convien usare molta scelta nella sua formazione. Non si debbono ammettere se non quelli, i quali si presentino per volontario attaccamento alla causa, o che abbiano nella loro educazione principj di onestà, e nel loro stato civile una cautela di responsabilità. Quei tali, che *Aristotile* direbbe formare in ogni città la classe degli ottimi, se non sono entusiasti, di rado almeno saranno traditori.

Io parlo sempre de' principj di una rivoluzione passiva. Nei primi giorni della nostra repubblica infiniti furono quelli che diedero il loro nome alla milizia nazionale; rispettabili magistrati, onestissimi cittadini, i principali tra i nobili; quanto insomma vi era di meglio nella città, disperando dell' abolito governo, voleva farsi un merito col nuovo. Conveniva ammetterli; si sarebbe ottenuto il doppio intento di compromettere molta gente, e di guadagnare l'opinione del popolo: in ogni evento infelice il libro che conteneva i loro nomi avrebbe forse potuto formar la salute di molti. Ma si volle spinger la parzialità anche nella formazione della guardia nazionale: allora il maggior numero si ritirò, e non si ebbe l'avvertenza nè anche di conservare il libro che conteneva i loro nomi.

Si formarono quattro compagnie di *patrioti*: essi erano tutti entusiasti, tutti bravi. Ma quattro compagnie erano poche. Si dovette ritornare al punto donde si era partito, ed ammettere coloro che si erano esclusi. Ma essi non ritornavano più. Si ordinò che nessuno potesse essere ammesso a cariche civili e militari, se prima non avesse prestato il servizio nella guardia nazionale. Ciò era giusto, e dovea bastare. Ma si volle ordinare che tutti si ascrivessero, e nel tempo stesso si ordinò un' imposizione per coloro che volessero essere esentati; dico volessero, perchè i motivi di esenzione erano tali che ciascuno potea fingerli, ciascuno potea ammetterli, senza timore di poter esser smentito se li fingeva, o rimproverato se gli ammetteva. Che ne avvenne? Coloro che poteano esser mossi dal desiderio delle cariche, erano senza dubbio i migliori del paese, ma essi per lo più erano ricchi e comprarono l'esenzione: furono costretti ad ascriversi coloro che non aveano nè patriotismo, nè onestà, nè beni, e così la legge fece passar le armi nelle mani dei nostri nemici.

Si volle sforzar la nazione che solo si dovea invitare. L'imposizione riuscì gravosissima per le province. Il governo era passato da un estremo all'altro: prima non volea nessuno, poi volea tutti. Era però da riflettersi che questa misura fu presa quando già incominciava a vedersi lo stato intero delle cose volgersi ad inevitabile rovina. Allora siccome in chi opera non vi è luogo a calcolo, così in chi giudica non deve predominar il sistema. Il governo allora giuocava, come suol dirsi, tutto per tutto. Trista condizione di tempi, nei quali taluno per non aver potuto far ciò che voleva è poi costretto a volere ciò che non può! Altre massime, altra direzione nelle prime operazioni, avrebbero fatto evitar la necessità di dover fondare tutte le speranze della patria nella guardia nazionale; e forse la patria sarebbesi salvata.

Se la guardia nazionale in Francia erasi sperimentata inutile, in Napoli dovea prevedersi inevitabilmente nociva, perchè essendo la rivoluzione passiva, la massima parte della nazione dovea supporsi almeno indifferente ed inerte. Avendo io osservato le guardie Nazionali in molti luoghi delle province ho sempre trovata più diligente ed energica quella dove o erasi sofferto o temevasi danno dalle insorgenze. L'amor di sè ridestava l'amor della patria. Pure, ad onta di tutto ciò, la guardia nazionale non produsse in noi alcuno sconcerto; e nella capitale fu più numerosa e più attiva di quello che si avrebbe potuto sperare. In somma: nè il governo mancava di rette intenzioni, nè il popolo di buona volontà: l'errore era tutto nelle massime e nella prima direzione data agli affari. A misura che ci avviciniamo al termine di questo saggio vediamo i mali moltiplicarsi: son come tanti fiumi e tutti diversi, ma che intanto derivano dalla stessa sorgente; ed il maggior utile che trar si possa dalla osservazione di questi avvenimenti io credo che sia appunto quello di vedere quanti generi di mali posson derivare da un solo errore. Gli uomini diventeranno più saggi quando conosceranno tutte le conseguenze che un picciolo avvenimento può produrre.

§. XXVIII.

Imposizioni.

Championet entrando coll'armata vittoriosa in Napoli impose una contribuzione di due milioni e mezzo di ducati, da pagarsi tra due mesi. Tale imposizione era assolutamente esorbitante per una sola città già desolata dalle immense depredazioni che il passato governo vi avea fatte. *Championet* avrebbe potuto esigere il doppio a poco, a poco, in più lungo spazio di tempo. Quando *Championet* se ne avvide si pentì, e mostrò pentirsi del fatto, ma non lo ritrattò, anzi stabilì 15 milioni per le province a suo tempo.

Ma chi potrebbe esporre il modo, quasi direi capriccioso, col quale un'imposizione per sè stessa smoderata fu ripartita? Nulla era più facile che seguire il piano della decima che già esigeva il re, e proporzionare così la nuova imposizione alla quantità dei beni che nell'officio della decima trovavasi già liquidata. Si videro famiglie milionarie tassate in pochi ducati, e tassate in somme esorbitantissime quelle che nulla possedeano: ho visto la stessa tassa imposta a chi avea sessanta mila ducati all'anno di rendita, a chi ne avea dieci, a chi ne avea mille. Le famiglie dei patrioti si vollero esentare, mentre forse era più giusto che dassero le prime l'esempio di contribuire con generosità ai bisogni della patria. Si cangiarono tutte le idee, ciò che era imposizione fu considerato come una pena, e non si calcolarono tanto i beni quanto i gradi di aristocrazia che taluno avea nel cuore. *Noi tas-*

siamo l'opinione, risposero i tassatori ad una donna che si lagnava della tassa imposta a suo marito, il quale, non avendo altro che il soldo di uffiziale, fuggendo il re, avea perduto tutto. Si tenne da coloro ai quali il governo avea commesso l'affare una massima che appena si sarebbe tollerata in un generale di un'armata vittoriosa e nemica. Una tassa imposta sul pensiero apriva tutto il campo all'arbitrio. Questo è il male che producono le imposizioni male immaginate e mal dirette; quando anche evitate l'ingiustizia, non potete evitare il sospetto che produce sul popolo gli effetti medesimi dell'ingiustizia.

Di fatti non vi era in Napoli tanto danaro da pagar l'imposizione. Fu permesso di pagarla in metalli preziosi ed in gioie. Chi era incaricato a riceverle ne fu nel tempo istesso il tesoriere, il ricevitore, l'apprezzatore; ed il popolo credette che tutto fosse trafficato non colla bilancia dell'equità ma con quella dell'interesse dell'esattore. Io non intendo affermare ciò che il popolo credeva. Il governo par dar fine ai tanti reclami nominò una commissione composta di persone superiori ad ogni sospetto.

Mentre in Napoli si esigeva una tale imposizione le provincie erano vessate per un ordine del nuovo governo, con cui si obbligavano le popolazioni a pagar anche l'attrasso di ciò che doveano all'antico. Quest'ordine fatale dovette esser segnato in qualche momento d'inconsideratezza e per ragion di pratica. Si seguì l'antico stile, lo stile di tutti i governi: di fatti fu un solo dei membri componenti il governo quegli che sottoscrisse il decreto, ed io so per cosa certa che non lo credette di tanta importanza da meritare una discussione cogli altri suoi compagni. Non avvertì che quello stile non conveniva ad una rivoluzione. Poco tempo prima il governo avea abolito un terzo della decima, ed avea fatta sperare l'abolizione intera. La decima interessava più la capitale che le provincie, e di quella più che di questa per eterna fatalità si occupò sempre il nostro governo. Ma le provincie si doveano aspettar mai questo linguaggio da un governo nuovo, che avea bisogno di guadagnar la loro affezione?

In *Ostuni Giuseppe Ayroldi*, uno de' principali della città e che conosceva gli uomini, si oppose alla pubblicazione ed all' esecuzione dell' ordine. Egli ne prevedeva le funeste conseguenze. Il governo non si rimosse; e quale ne fu l'effetto? *Ostuni* si rivoltò, ed *Ayroldi* fu la prima vittima del furore popolare.

Esse nel tempo stesso erano tormentate dalle requisizioni arbitrarie di taluni commissarj e generali. Mali inevitabili in ogni guerra, ma maggiori sempre quando la nazione vincitrice non ha quell'energia di governo che tutto attira a sè, e fa sì che le passioni dei privati non turbino l'unità delle pubbliche operazioni. L'esercito di una repubblica, se non è composto dei più virtuosi degli uomini, cagionerà sempre maggiori mali dell'esercito di un re. Questi mali portano sempre seco loro il disgusto de' popoli verso colui che ha vinto; e impongono al vincitore verso l'umanità l'obbligo di un compenso infinito, che solo può assicurare la conquista e quasi render legittima la forza.

§. XXIX.

Faipoult (1).

Finalmente venne *Faipoult*. Egli con un editto, in cui si ripeteva un decreto del direttorio esecutivo, dichiarò tutto ciò che la conquista avea dato alla nazione Francese. Si parlava di conquista dopo che si era tante volte

---

(1) *Prendo il nome di* Faipoult *come il nome dell'esecutore, e forsi non volontario, degli ordini del direttorio Francese.* Faipoult *era un ottimo uomo che amava e che stimava la nazione nostra; ma egli come commissario del suo governo non era altro che esecutore di ordini non suoi. Il governo che oggi ha la Francia gli avrebbe dati al certo ordini diversi.*

promessa la libertà, e per conciliar la promessa e l'editto, si chiamava frutto della conquista tutto ciò che apparteneva al fuggito re.

Ma quali erano i beni del re, che non fossero della nazione? Si chiamava fondo del re la reggia che suo padre non avea al certo condotta da Spagna: si chiamavano beni del re i fondi dell' ordine di *Malta* e dell'ordine *Costantiniano*, i quali erano certamente de' privati (1); i monasteri che erano de' monaci, e che, ove non vi fossero più monaci, non perciò diventavano beni del re; gli *allodiali* de' quali il re non era che amministratore; e si spinse la cosa fino al segno di dichiarar beni del re i *banchi*, deposito del danaro de' privati, la fabbrica della *porcellana*, e gli avanzi di *Pompei*, nascosti ancora nelle viscere della terra. Il re istesso ne' momenti della maggiore ebbrezza del suo potere non avea giammai tenuto un simile linguaggio, e forse in bocca di un re sarebbe stato meno dannoso alla nazione, e meno strano; meno dannoso, perchè per quanto ei si prendesse, tutto rimaneva alla nazione, tra la quale egli stesso restava; meno strano, perchè egli era realmente il capo di quel governo, e non vi era nei suoi detti la contraddizione che si osservava nell' editto di *Faipoult*.

Tale editto potea far rivoltar la nazione: *Championet* lo previde, e lo soppresse: *Faipoult* si oppose, e *Championet* discacciò *Faipoult*.

O *Championet*, tu ora più non esisti; ma la tua memoria riceva gli omaggi dovuti alla fermezza ed alla giustizia tua. Che importa che il direttorio abbia voluto

---

(1) *Quando i Francesi aggregarono alla nazione i beni dell' ordine di Malta, dimostrarono, che essi non erano dell' Ordine, ma della Nazione. Se i beni dell' ordine di Malta in Francia eran della nazione Francese, i beni dello stesso ordine in Napoli doveano esser della nazione Napolitana.*

opprimerti? Egli non ti ha però avvilito. Tu diventasti allora l'idolo della nazione nostra.

Il richiamo di *Championet* fu un male per la repubblica Napolitana. Io non voglio decidere del suo merito militare, ma egli era amato dal popolo di Napoli; e questo era un merito ben grande.

§. XXX.

Province, formazione di dipartimenti.

Ma quale intanto era lo stato delle province? Esse finalmente doveano richiamar l'attenzione del governo, forse fino a quel punto troppo occupato della sola capitale. Il miglior partito sarebbe stato di farvi le minori novità possibili, ma come sempre suole avvenire, s'incominciò dal farsene le più grandi e le meno necessarie. Il maggior numero delle rivoluzioni ha avuto un esito infelice per la soverchia premura di cangiare i nomi delle cose.

S'incominciò dalla riforma dei dipartimenti. Volle incaricarsi di quest'opera *Bassal*, francese che era venuto in compagnia di *Championet*. Qual mania è mai quella di molti di voler far tutto da loro! Quest'uomo il quale non avea veruna cognizione del nostro territorio fece una divisione ineseguibile, ridicola. Un viaggiatore che dalla cima di un monte disegni di notte le valli sottoposte, che egli non abbia giammai vedute, non può far opera più inetta (1).

---

(1) *L'opera della divisione dei dipartimenti in Francia è ben' eseguita; ma i Francesi che hanno voluto dirigere la stessa operazione presso le altre nazioni hanno ben mostrato che essi non aveano nè le cognizioni, nè il buon senso di coloro che l'aveano diretta in Francia. Quale stranezza infatti era quella di dividere il territorio Ligure in venti dipartimenti? Nella Cisalpina si fecero*

Sag. Stor.

La natura ha diviso essa stessa il territorio del regno di Napoli: una catena non interrotta di monti lo divide da occidente ad oriente dagli *Apruzzi* fino all'estremità delle *Calabrie*; i fiumi che da questi monti scorrono ai due mari che bagnano il nostro territorio a settentrione ed a mezzogiorno formano le suddivisioni minori. La natura dunque indicava i dipartimenti: la popolazione, i rapporti fisici ed economici di ciascuna città o terra doveano indicare le centrali, ed i cantoni. In vece di ciò, si videro dipartimenti che s'incrocicchiavano, che si tagliavano a vicenda: una terra, che era poche miglia discosta dalla centrale di un dipartimento, apparteneva ad un altro da cui era lontana cento miglia; le popolazioni della *Puglia* si videro appartenere agli *Apruzzi*; le centrali non furono al centro, ma alle circonferenze; alcuni cantoni non aveano popolazione, mentre moltissimi ne aveano soverchia, perchè sulla carta si vedevano notati i nomi dei paesi, e non le loro qualità; si vuol di più? molte centrali di cantoni non erano terre abitate, ma o monti, o valli, o chiese rurali ec. ec., che aveano un nome sulle carte; molte terre, avendo un doppio nome, si videro appartenere a due cantoni diversi.

Dopo un mese, il governo che non avea potuto impedire l'opera del cittadino *Bassal* la dovette solennemente abolire, e fu necessità ricorrere a quel metodo col quale avrebbe dovuto incominciare, cioè d'incaricare di un'opera geografica i geografi nostri. Frattanto si comandò che si conservasse l'antica divisione delle province, la quale sebbene difettosa era però tollerabile. Ma intanto si crede forsi picciolo male, che il governo (poichè il popolo non conosceva, nè era obbligato a conoscere *Bassal*) con ordini male immaginati, ineseguibili, strani, perda nell'animo della popolazione quella opinione di saviezza che sola può ispirare la confidenza?

---

sulle prime gli stessi errori; gli stessi nel territorio Romano.

§. XXXI.

Organizzazione delle provincie.

Forse il miglior metodo per organizzare le provincie era quello di far uso delle autorità costituite che già vi erano. Tutte le provincie aveano di già riconosciuto il nuovo governo: le antiche autorità o conveniva distruggerle tutte, o tutte conservarle. Non so quale di questi due mezzi sarebbe stato il migliore; so che non si seguì nè l'uno nè l'altro, ed i consigli mezzáni non tolsero i nemici, nè accrebbero gli amici.

Con un proclama del nuovo governo si ordinò a tutte le antiche autorità costituite delle provincie che rimanessero in attività fino a nuova disposizione. Intanto s'inviarono da per tutto dei *democratizzatori*, i quali urtavano ad ogni momento la giurisdizione delle autorità antiche, e siccome queste erano ancora in attività, rivolsero tutto il loro potere a contrariar le operazioni dei *democratizzatori* novelli. In tal modo si permise loro di conservar il potere, per rivolgerlo contro la repubblica quando ne fossero disgustati; e s'inviarono i *democratizzatori*, perchè avessero un'occasione di disgustarsi.

Quale idea era quella dei *democratizzatori*? Io non ho mai compreso il significato di questa parola. S'intendea forse parlar di coloro, che andavano ad organizzar un governo in una provincia? Ma di questi non ve ne abbisognava al certo uno per terra. S'intendeva di colui che andava, per così dire, ad organizzare i popoli, e render gli animi repubblicani? Ma questa operazione nè si potea sperare in breve tempo, nè richiedeva un commissario del governo. Le buone leggi, i vantaggi sensibili che un nuovo governo giusto ed umano procura ai popoli, le parole di pochi e saggi cittadini, che vivendo sens'ambizione nel seno delle loro famiglie rendonsi per le loro virtù degni dell'amore e della confidenza dei loro simili, avrebbero fatto quello che il governo da sè nè dovea tentare nè potea sperare.

Quando voi volete produrre una rivoluzione avete bisogno di partigiani; ma quando volete sostenere o menare avanti una rivoluzione gia fatta, avete bisogno di guadagnare i nemici e gl'indifferenti. Per produrre la rivoluzione avete bisogno della guerra che sol colle sette si produce; per sostenerla avete bisogno della pace che nasce dall'estinzione di ogni studio di parti. A persuadere il popolo sono meno atti, perchè più sospetti, i partigiani che gl'indifferenti. Quindi è che in una rivoluzione passiva voi dovete far più conto di coloro che non sono dalla vostra, che di quelli che già ci sono; e siccome fu un errore, e l'istituzione della commissione censoria, e la prima pratica seguita per la formazione della guardia nazionale, perchè tendevano a ristringer le cose tra coloro soli che eran dichiarati per la buona causa; così fu anche un errore, e fu frequente presso di noi, l'impiegare colui che volontariamente si offeriva, in preferenza di colui che volea esser richiesto, ed il servirsi dell'opera dei giovani anzi che di quella degli uomini maturi. Non quelli che con facilità, ma bensì che con difficoltà guadagnar si possono, sono coloro che più vagliono sugli animi del popolo. I giovani non vi mancano mai nella rivoluzione; *Russo* li credeva perciò più atti alla medesima: se egli con ciò volea intendere che erano più atti a produrla, avea ragione; se poi credeva che fossero per ciò più atti a sostenerla, s'ingannava. I giovani possono molto ove vi è bisogno di moto, non dove vi è bisogno di opinione.

Giovanetti inesperti che non aveano veruna pratica del mondo, inondarono le province con una carta di democratizzazione, che *Bisceglia*, allora membro del comitato centrale, concedeva a chiunque la dimandava. Essi non erano accompagnati da verun nome; fortunati quando non erano preceduti da uno poco decoroso! Non aveano veruna istruzione del governo; ciascuno operava nel suo paese secondo le proprie idee; ciascuno credette che la riforma dovesse esser quella che egli desiderava: chi fece la guerra ai pregiudizj; chi ai semplici e severi costumi dei provinciali, che chiamò rozzezze: s'incominciò dal disprezzare quella stessa nazione che si dovea elevare all'energia repubblicana, parlandole troppo altamente di una nazione straniera, che non ancora conosceva, se non perchè era stata vincitrice; si urtò tutto ciò che i popoli hanno di più sacro, i loro Dei, i loro costumi, il loro nome. Non mancò qualche malversazione; non mancò qualche abuso di novella autorità, che risvegliava gli spiriti di partito non mai estinguibili tra le famiglie principali dei piccioli paesi. Gli animi s'inasprirono. Il secondo governo vide il male che nasceva dall'errore del primo: *Abamonti* specialmente richiamò quanti ne potè di questi tali *democratizzatori*. Ma il male era già troppo inoltrato: il vincolo sociale dei dipartimenti erasi già rotto, poichè si era già tolta l'uniformità della legge, e la riunione delle forze: non mancava che un passo per la guerra civile, ed in fatti poco tardò a scoppiare.

Come no? Una popolazione scosse il giogo del giovanetto, le altre la seguirono: le popolazioni che eran repubblicane, cioè che aveano avuta la fortuna di non aver *democratizzatori*, o di averli avuti savj, si armarono contro le insorgenti. Ma queste aveano idee comuni, poichè quelle dell'antico governo eran comuni a tutte; s'intendevano tra loro; le loro operazioni erano concertate. Nessuno di questi vantaggi avevano le popolazioni repubblicane. Le antiche autorità costituite, che conservavano tuttavia molto potere, erano, almeno in segreto, per le prime. Qual meraviglia se dopo qualche tempo le popolazioni insorgenti, sebbene sulle prime minori di numero e di forze, oppressero le repubblicane?

Si volle tenere una strada opposta a quella della natura. Questa forma le sue operazioni in getto, ed il disegno del tutto precede sempre l'esecuzione delle parti; da noi si vollero fare le parti prima che si fosse fatto il disegno.

§. XXXII.

Spedizione contro gl' insorgenti di Puglia.

La nazione Napolitana non era più una : il suo territorio si potea dividere in democratico ; ed insorgente. Ardeva l' insorgenza negli *Apruzzi* e comunicava con quella di *Sora*, e di *Castelforte*. Queste insorgenze si doveano in gran parte all' inavvertenza ed al picciol numero dei Francesi, i quali spingendo sempre innanzi le loro conquiste, nè avendo truppa sufficiente da lasciarne dietro, non pensarono ad organizzarvi un governo. Che vi lasciarono dunque? l'anarchia. Questa non è possibile che duri più di cinque giorni. Che ne dovea avvenire? Dopo qualche giorno dovea sorgere un ordine di cose, il quale si accostasse più all' antico governo che i popoli sapeano, piuttosto che al nuovo che essi ignoravano; e l'idea dei nuovi conquistatori dovea associarsi negli animi loro alla memoria di tutti i mali che avea prodotti l'anarchia.

Il cardinal *Ruffo*, il quale ai primi giorni di febbraio avea occupata la *Calabria* dalla parte di *Sicilia*, spingeva un' altra insorgenza verso il settentrione, e veniva a riunirsi alle altre insorgenze il *Matera*. Il governo troppo tardi avea spedito nelle *Calabrie* due Commissarj, tali appunto quali gli abitanti non gli voleano; il perchè senza forse erano stati costretti a fuggire, e fu fortunato chi salvò la vita. *Monteleone* ricca e popolata città, ripiena di spirito repubblicano, avea opposta una resistenza ostinata a *Ruffo*; ma sola, senza comunicazione, era stata costretta a cedere; e nello stesso modo cedettero tutte le altre popolazioni di *Calabria*.

Tutte le popolazioni repubblicane delle altre provincie, isolate, circondate, premute da per tutto dagl' insorgenti, si vedevano minacciate dello stesso destino. Si aggiungeva a ciò che le popolazioni insorgenti saccheggiavano, manomettevano tutto; le popolazioni repubblicane erano virtaose. Ma quando per effetto dei partiti gli scellerati non si possono tenere a freno, essi si danno a quel partito i di cui principj sono più conformi ai loro proprj, e forzano per così dire gli Dei a non essere per quella causa che approva Catone.

Si vollero distruggere le insorgenze delle *Puglia* e della *Calabria* come le più pericolose, come le più lontane, e le più difficili a vincere perchè le più vicine alla Sicilia. Partirono da Napoli due picciole colonne, una Francese che prese il cammino di *Puglia*, l'altra di Napolitani comandata da *Schipani* che prese quello di *Calabria* per *Salerno*. Ma la colonna di *Puglia* dovea anch' essa per l' Adriatico ed il Jonio passar nella *Calabria*, e riunirsi alla colonna di *Schipani*.

Il comandante della colonna Francese, aiutato dai patrioti e soldati che conduceva *Ettore Carafa* e dai patrioti di *Foggia*, distrusse la formidabile insorgenza di *Sansevero*; indi spingendosi più oltre prese *Andria* e poi *Trani*, e fu egli che distrusse l' armata dei Corsi nelle vicinanze di *Casa-Massima*. Ma egli abusò della sua forza. Prese sette mila ducati che trasportava il corriere pubblico, e che avrebbero dovuto esser sagri, e quando glie ne fu chiesto conto non potè dimostrare che essi erano degl' insorgenti. Il troppo zelo di punir questi forse lo ingannò! Non seppe distinguere gli amici dagl' inimici, ed ove si trattava d' imposizioni, la condizione dei primi non fu migliore di quella dei secondi. *Bari*, in una provincia tutta insorta, avea fatti prodigj per difendersi. Quando egli vi giunse dovette liberarla da un assedio strettissimo, che sosteneva da quarantacinque giorni; vi entra, e come se fosse una città nemica, le impone una contribuzione di quarantamila ducati. La stessa condotta tenne in *Conversano*, cui ad onta di' esser stata assediata dagl' insorgenti, impose la contribuzione di ottomila ducati. Nella provincia di *Bari* non vi restò un pajo di fibbie di argento. Tutto fu dato per pagar le contribuzioni imposte.

Le prime armi di una rivoluzione virtuosa doveano

esser la prudenza e la giustizia; ed i nostri travagliati fratelli meritavano più di esser corretti che distrutti. Facendo altrimenti si credevano vinti, mentre non erano che fugati. Trani fu saccheggiata; questa bella, popolosa e ricca città fu distrutta, ma gl'insorgenti di Trani rimanevano ancora: essi all'avvicinarsi dei Francesi si erano tutti imbarcati, pronti a ritornare più feroci, tosto che i Francesi avessero abbandonate le loro case.

Lo dirò io? le tante vittorie ottenute contro gl'insorgenti hanno distrutti più uomini da bene che scellerati. Questi conscj del loro delitto pensano sempre per tempo alla loro salvezza. L'uomo dabbene è colto all'improvviso ed inerme: la sua casa è saccheggiata del pari, e forse anche prima di quella dell'insorgente, perchè l'uomo dabbene è quasi sempre il più ricco, e quando l'insorgente ritorna lo ritrova disgustato di colui da cui ha sofferto il saccheggio.

Un buon governo vuole esser forte, ma non crudele, severo ma non terrorista. Le insorgenze di Napoli si poteano ridurre a calcolo. Pochi erano i punti centrali delle medesime, e chiunque conosceva i luoghi, vedeva essere quegli stessi, che nell'antico governo erano ripieni di uomini i più oziosi e più corrotti, e per tal ragione più miserabili e più facinorosi. Nei luoghi dove in tempo del re vi erano più ladri, contrabbandieri, ed altra simile genìa, in tempo della repubblica vi furono più insorgenti. Erano luoghi d'insorgenza Atina, Isernio, Longano, le colonie Albanesi del Sannio, Sansevero, ec. Nei luoghi ove la gente era industriosa, ed in conseguenza agiata e ben costumata, si potea scommettere cento contro uno che vi sarebbe stata una eterna tranquillità.

I primi motori dell'insorgenza furon coloro che aveau tutto perduto colla ruina dell'antico governo e che nulla speravano dal nuovo: se questi furon molti, gran parte della colpa ne fu del governo stesso che non seppe far loro nulla sperare, e che fece temere che il governo repubblicano fosse una fazione. Eppure la repubblica avea tanto da dare, che era pericolosa follia credere di poter sempre dare ai repubblicani.

Grandi strumenti di controrivoluzione furono tutte le milizie dei tribunali provinciali, tutti gli armigeri dei baroni, tutti i soldati veterani che il nuovo ordine di cose avea lasciati senza pane, tutti gli assassini che correvano con trasporto dietro un'insorgenza, la quale dava loro occasione di poter continuare i loro furti e quasi di nobilitarli. Luoghi di grande insorgenza furono perciò quasi tutte le centrali delle province, come Lecce, Matera, Aquila, Trani, dove la residenza delle autorità provinciali, delle loro forze, e di quanto nelle province eravi di scellerati che ivi si trovavano in carcere, fe che nell'anarchia che accompagnò il cangiamento del governo furono tutti scapolati, riuniva più malcontenti e più facinorosi. Costoro strascinarono tutti gli altri esseri pacifici e meramente passivi, intimoriti egualmente dall'audacia dei briganti e dalla debolezza del governo nuovo.

Contro tali insorgenze non vale tanto una spedizione militare che distrugga, quanto una forza sedentaria che conservi: gl'insorgenti fuggivano alla vista di un esercito; tostochè l'esercito era passato, una picciola forza, ma permanente, loro avrebbe impedito di riunirsi e di agire. Il soldato non soffre le stazioni; brama la guerra; ed ama che il nemico si renda forte a segno di meritare una spedizione onde aver l'occasione di misurarsi, la gloria di vincerlo, ed il piacere di spogliarlo.

Il comandante francese padrone di *Trani* fu chiamato da *Palomba*, commissario del dipartimento della *Lucania*, perchè marciasse sopra *Matera* ad impedire che vi si formasse un'insorgenza, che potea divenir pericolosa per quel dipartimento. Ma *Matera* non essendo ancora rivoltata non vi andò, perchè non avrebbe potuto farla saccheggiare. E quando sollecitato dalle reiterate istanze di *Palomba* s'incaminò con tutte le forze che aveva, fu richiamato in Napoli. L'insorgenza, che in *Matera* era tutta pronta e solo compressa dal timore della vicinanza delle forze superiori, quando queste furono lontane, scoppiò, e si riunì a quella della *Calabria*.

Ma perchè non marciò *Palomba* istesso colle sue forze sopra *Matera*? Perchè *Palomba*, come commissario, non avea saputo trovare i mezzi di riunirle e di sostenerle; perchè il suo generale *Mastrangiolo* tutt'altro era che generale. Caldi ambidue del più puro zelo repubblicano, colle più pure intenzioni; ma privi di quella pubblica opinione che sola riunisce le forze altrui alle nostre, e di quel consiglio senza di cui non vagliono mai nulla nè le forze nostre nè le altrui, tutti e due non sapeano far altro che gridare *viva la repubblica!* ed intanto aspettare che i Francesi la fondassero; come se fosse possibile fondare una repubblica colle forze di un'altra nazione! Nel dipartimento il più democratico della terra, colle forze imponenti di *Altamura*, di *Avigliano*, di *Potenza*, di *Muro*, di *Tito*, *Picerno*, *s. Fele* ec. ec. *Mastrangiolo* perdette il suo tempo nell'indolenza: i bravi uffiziali che avea attorno lo avvertirono in vano del pericolo che lo premeva: l'insorgenza crebbe e lo costrinse a fuggire.

§. XXXIII.

Spedizione di Schipani.

Schipani rassomiglia *Cleone* di Atene, e *Santerre* di Parigi. Ripieno del più caldo zelo per la rivoluzione, attissimo a far sulle scene il protagonista in una tragedia di Bruto, fu eletto comandante di una spedizione destinata a passar nelle *Calabrie*, cioè nelle due province le più difficili a ridursi ed a governarsi per l'asprezza dei siti, e per il carattere degli abitanti. Non avea seco che ottocento uomini, ma essi erano tutti valorosi e di poco inferiori di numero alla forza nemica.

Schipani marcia; prende *Rocca di Aspide*; prende *Sicignano*. A *Castelluccia* trova della gente riunita e fortificata in una terra posta sulla cima di un monte di difficilissimo accesso.

Vi erano però mille strade per ridurla. *Castelluccia* era una picciola terra, che potea, senza pericolo, lasciarsi dietro. Egli dovea marciare diritto alle *Calabrie*, ove eranvi diecimila patrioti, che lo attendevano; ove *Ruffo* non era ancora molto forte ed andava tentando appena una controrivoluzione, di cui forse egli stesso disperava; e discacciato una volta *Ruffo*, tutte le insorgenze della parte meridionale della nostra regione andavano a cedere. Ma *Schipani* non seppe conoscere il nemico che dovea combattere, nè seppe, come *Scipione*, trascurare *Annibale* per vincere *Cartagine*.

Tutt' i luoghi intorno a *Castelluccia* erano ripieni di amici della rivoluzione. *Campagna*, *Albanella*, *Controne*, *Postiglione*, *Capaccio* ecc. potevano dare più di tremila uomini agguerriti: il commissario del *Cilento* ne avea già pronti altri quattrocento, ed anche di più, se avesse voluto, ne avrebbe potuto riunire. Se *Schipani* avesse avuto più moderato desiderio di combattere e di vincere, e se prima di distruggere i nemici avesse pensato a rendersi sicuro degli amici che gli offerivano i loro soccorsi, avrebbe potuto facilmente formare una forza infinitamente superiore a quella che dovea combattere.

Avrebbe potuto ridurre *Castelluccia* per fame, poichè non avea provvisioni che per pochi giorni; avrebbe potuto prenderla circondandola e battendola dalla cima di un monte che la domina; e questo consiglio gli fu suggerito dai cittadini di *Albanella* e della *Rocca*, che si offrirono volontarj a tale impresa. Qual disgrazia che tal consiglio non sia nato da sè stesso nella mente di *Schipani*! Egli avea un' idea romanzesca della gloria, e riputava viltà il seguire un consiglio che non fosse suo.

Questo suo carattere fece sì che ricusasse l' offerta dei *Castelluccesi*, i quali volean rendersi, a condizione però che la truppa non fosse entrata nella terra, e l'altra offertagli da *Sciarpa* capo di tutta quella insorgenza di voler unire le sue truppe alle truppe della repubblica, purchè gli si fosse dato un compenso (1). *Schipani* rispose come *Goffredo: Guerreggio in Asia, e non vi cambio o merco.*

Questo stesso carattere gli fece immaginare un piano d'assalto della *Castelluccia* da quel lato appunto per lo quale il prenderla era impossibile. I nostri fecero prodigi di valore. Il nemico, forte per la sua situazione, distrusse la nostra truppa colle pietre. *Schipani* fu costretto a ritirarsi; e cadendo in un momento dall'audacia nella disperazione la sua ritirata fu quasi una fuga.

La spedizione diretta da *Schipani* dovea esser comandata dal valoroso *Pignatelli di Strongoli*. È stata una disgrazia per la nostra repubblica, che *Pignatelli* per malattia sopravvenutagli non potè allora prestarsi agli ordini del governo, ed al desiderio dei buoni.

Dopo questa operazione *Schipani* fu inviato contro gl'insorgenti di *Sarno*. Giunse a *Palma*, incendiò due ritratti del re e della regina, che per caso vi si ritrovarono, arringò al popolo, e se ne ritornò indietro. Vi andarono i Francesi, saccheggiarono, ed incendiarono *Lauro*, donde tutti gli abitanti erano fuggiti, e non poserò un solo insorgente. Così gl'insorgenti di *Lauro*, e di *Sarno* non vinti, ma solo irritati, si unirono a quelli di *Castelluccia* e delle contrade di *Salerno* già vincitori.

―――――――――――――――――――――――

(1) *Sciarpa*, *uno de' più grandi, e più funesti contro-rivoluzionarj*, *lo divenne per calcolo. Egli era uno degli uffiziali subalterni delle milizie del tribunale di Salerno: col nuovo ordine di cose avrebbe potuto passare nella gendarmeria. Non fu ammesso. Sciarpa non fu nè vezzeggiato, nè spento.*

§. XXXIV.

Continuazione dell' organizzazione delle provincie.

In tale stato erano le cose quando le autorità dipartimentali già inviate ne' dipartimenti incominciarono l'opera della organizzazione delle municipalità.

Per una rivoluzione non vi è oggetto più importante della scelta de' municipi. Dipende da essi che la forza del governo sia applicata convenientemente in tutt' i punti: dipende da essi di far amare o far odiare il governo. Il popolo non conosce che il municipe, e giudica da lui di coloro che non conosce.

Per eleggere i municipj in una nazione, nella quale già anche nell' antica costituzione avea un governo municipale, si volle seguire il metodo di un' altra che non conosceva municipalità prima della rivoluzione; e così mentre si promettevano nuovi diritti al popolo, se gli toglievano gli antichi. Era quasi fatalità seguire le idee, sebbene indifferenti, de' nostri liberatori!

L' elezione de' municipi fu affidata ad un collegio di elettori, che furono scelti dal governo. *Qual è dunque questa libertà, e questa sovranità che ci promettete?* dicevano le popolazioni. *Prima i municipi erano eletti da noi: abbiam tanto sofferto, e tanto conteso per conservarci questo diritto contro i baroni, e contra il fisco! Oggi non lo abbiamo più. Prima i municipi rendevano conto a noi stessi delle loro operazioni, oggi lo rendono al governo. Noi dunque colla rivoluzione, anziché guadagnare abbiam perduto?* Si volea spiegar loro il sistema elettorale; si volea far comprendere come continuavano a dirsi eletti da loro quelli che erano eletti dai suoi elettori; ma le popolazioni non credevano, nè erano obbligate a credere ad una costituzione che ancora non si era pubblicata. Si diceva che gli elettori dovessero un giorno esser eletti dal popolo, ma intanto il popolo vedeva che erano eletti dal governo; il fatto era contrario alla promessa. Quando anche la costituzione fosse stata già pubblicata, i popoli credevan sempre superfluo formar un corpo elettorale per eleggere coloro che prima, in modo più popolare, eleggevano essi stessi, e riputavano sempre perdita il passare dal diritto dell'elezione immediata a quello di una semplice elezione mediata.

Ho osservato in quella occasione che le scelte de' municipi fatte dal popolo furono meno cattive di quelle fatte dai collegj elettorali, non perchè i collegi fossero intenzionati a far il male, ma perchè erano nell'impossibilità di fare il bene; perchè non conoscevano le persone che eleggevano, e perchè spesso eleggevano persone che il popolo non conosceva. Io ripeto sempre lo stesso; nella nostra rivoluzione gli uomini eran buoni, ma gli ordini eran cattivi. Io comprendo l'utilità di un collegio elettorale dipartimentale che elegga o proponga que' magistrati che soprastanno alla repubblica intera; ma un collegio dipartimentale che discenda ad eleggere i magistrati municipali mi sembra un'istituzione anti-logica, per la quale dalle idee delle specie, invece di risalire a quella del genere, si voglia discendere a quella degl'individui che debbon precedere l'idea della specie. È vero che in taluni momenti si richieggono negli uomini pubblici molte qualità che il popolo o non conosce o non apprezza; ma voi che avete il governo della nazione, sapete molto poco, quando non sapete far sì che l'elezione cada sulle persone degne della vostra confidenza, senza alterare l'apparenza della libertà.

Che ne avvenne? i collegj elettorali distrussero le elezioni fatte dal popolo, disgustarono il popolo e gli uomini popolari che il popolo avea eletto. Se il collegio elettorale chiedeva degli uomini probi, questi erano più noti al popolo coi quali convivevano, che a sei persone inviate da Napoli, le quali non conoscevano il popolo, nè erano conosciute dal medesimo: se chiedeva degli uomini utili alla rivoluzione, quali potevano esser mai questi se non quegli stessi che il popolo amava, e che il popolo rispettava?

Questa parola *popolo*, in tutt'i luoghi, ed in tutt'i tempi, altro non dinota che quattro, tre, due, e talvolta una sola persona che per le sue virtù, pe' suoi talenti, per le sue maniere, dispone degli animi di una popolazione intera: se non si guadagnano costoro, invano si pretende guadagnare il popolo, e non senza pericolo talora uno si lusinga di averlo guadagnato.

Dopo qualche tempo i collegj elettorali furono aboliti, ma non si restituì l'antico diritto alle popolazioni. Si credette male degli uomini il male che nasceva dalle cose. S'inviarono de' commissarj organizzatori, cui si diedero tutte le facoltà del corpo elettorale, si commise ad un solo quel diritto che prima almeno esercitavano sei; e con ciò l'esercizio, sebbene fosse più giusto, parve più tirannico e più capriccioso. Diverso sarebbe stato il giudizio del popolo se questi commissarj fossero stati inviati prima. La loro istituzione era più conforme alla natura, alle antiche idee de' popoli, ai bisogni della rivoluzione.

§. XXXV.

Mancanza di comunicazione.

Ma il governo, mentre si occupava della organizzazione apparente, trascurava, o per dir meglio era costretto a trascurare la parte più essenziale dell'organizzazione vera che consiste nel mantener libera la comunicazione tra le diverse parti di una nazione. Sarebbe stato inescusabile il governo se questa trascuratezza fosse stata volontaria, ma essa era una conseguenza inevitabile della scarsezza e non della buona direzione delle forze. Se poca forza, ben ripartita, la quale avesse agito continuamente sopra tutt'i punti, o almeno sopra i punti principali, sarebbe stata bastante a prevenire, ad impedire, a togliere ogni male: molte che agiva per mute e per tormenti, in un punto solo, non potea produrre che un debole effetto e passeggiero.

Le province ignoravano ciò che si ordinava nella capitale, la capitale ignorava ciò che avveniva nelle province. Si crederebbe? Non si pubblicavano nè anche le leggi. Due mesi dopo la pubblicazione in Napoli della legge feudale non fu questa pubblicata in tutto il dipartimento del *Volturno*, vale a dire nel dipartimento più vicino; e la legge feudale era tutto nella nostra rivoluzione.

Questa legge, che dovea esser nota ai popoli ai quali giovava, fu nota ai soli baroni che offendeva, perchè questi soli erano nella capitale. Questa sola circostanza avrebbe di molto accelerata la controrivoluzione, se una parte non piccola della primaria nobiltà non fosse stata per sentimento di virtù attaccata alla repubblica, ad onta de' non piccoli sacrifi j che le costava.

Intanto circolavano pe' dipartimenti tutte le carte che potevano denigrare il nuovo ordine di cose, e passavano per le mani de' *realisti*, i quali accrescevano colle loro insidiose interpretazioni i sospetti che ogni popolo ha per la novità.

Questa mancanza di comunicazione fu quella che favorì l'impostura dei Corsi *Boccheciampe*, e de *Cesare* nella provincia di *Lecce*, e di questa profittarono il cardinal *Ruffo* e tutti gli altri capi sollevatori; e riuscì loro facile il far credere, che in Napoli era ritornato il re, e che il governo repubblicano erasi sciolto. Essi erano creduti perchè il governo nelle province era muto, nè più si udiva la sua voce. *Ruffo* dava a credere alle province, che fosse estinta la repubblica: il Monitore repubblicano al contrario dava a credere alla capitale che, osse morto *Ruffo*. Ma l'errore di *Ruffo* spingeva gli uomini all'azione, e quello de' repubblicani gli addormentava nell'indolenza; ed a *Ruffo* giovavano egualmente e l'errore de' realisti e quello de' repubblicani.

§. XXXVI.

Polizia.

I realisti aveano più libera e più estesa comunicazione pel nostro territorio che lo stesso governo repubblicano. Le *Calabrie* erano loro aperte; aperto era tutto il litorale del Mediterraneo da *Castel-Vulturno* fino a *Mondragone*, cosicchè gl'insorgenti di quei luoghi erano confortati, ed aveano armi e munizioni dagl'Inglesi padroni de' mari; aperto avea il mare anche *Pronj* (1) che comandava l'insorgenza degli *Apruzzi*. Tutte queste insorgenze si andavano stringendo intorno a Napoli, ed in Napoli stessa aveano delle corrispondenze segrete che loro davano nuove sicure dell'interna debolezza.

Nulla fu tanto trascurato quanto la polizia nella capitale. In primo luogo non si pensò a guadagnar quelle persone che sole potevano mantenerla. La polizia al pari di ogni altra funzione civile, richiede i suoi agenti opportuni, poichè non tutti conoscono il paese e sanno le vie, per lo più tortuose ed oscure, che calcano gl'intriganti e gli scellerati. Felice quella nazione, ove le idee ed i costumi sono tanto uniformi agli ordini pubblici che non vi sia bisogno di polizia! Ma dovunque essa vi è, non è, e non deve esser altro, che il segreto di saper render utili pochi scellerati, impiegandoli ad osservare e contenere i molti. Ma in Napoli gli scellerati e gl'intriganti furono odiati, perseguitati, abbandonati. I nuovi agenti della polizia repubblicana erano tutti coloro che aveano educazione e morale, perchè essi erano

---

(1) Pronj *era, mi si dice, un armigero del marchese del Vasto: i suoi delitti gli avean fatta meritar la condanna alla galera donde era fuggito. Nell'anarchia si mise alla testa di altri assassini, e divenne in seguito generale. Altri dicono che fosse stato prete.*

quelli che soli amavano la repubblica. Or le congiure si tramavano tra il popolaccio e tra quelli che non aveano nè costume nè educazione, perchè questi soli avea potuto comprar l'oro di Sicilia e d'Inghilterra. Quindi le congiure si tramavano quasi in un paese diverso, di cui gli agenti della polizia non conoscevano nè gli abitanti nè la lingua; e la morale de' repubblicani, troppo superiore a quella del popolo, è stata una delle cagioni della nostra ruina.

La seconda cagione fu che il gran numero de' repubblicani si separò soverchio dal popolo; onde ne avvenne che il popolo ebbe sempre dati sicuri per saper da chi guardarsi. Questo fece sì che fosse ben esercitata quella parte della polizia che si occupa della tranquillità, perchè per essa bastava il timore; mal esercitata fu l'altra che invigila sulla sicurezza, perchè per essa è necessaria la confidenza. Il popolo temendo era tranquillo, ma diffidando non parlava; così si sapeva ciò, che esso faceva, e s'ignorava ciò che esso macchinava.

I Francesi forse temettero più del dovere un popolo sempre vivo, sempre ciarliero; credettero pericoloso che questo popolo per necessità di clima e per abitudine di educazione prolungasse i suoi divertimenti fino alle ore più avanzate della notte. Il popolo si vide attraversato nei suoi piaceri che credeva e che erano innocenti: cadde nella malinconia, stato sempre pericoloso in qualunque popolo, e precursore della disperazione; e non vi furono più quei luoghi, dove tra l'allegrezza e tra il vino il più delle volte si scoprono le congiure. Il carattere e le intensioni dei popoli non si possono conoscere, se non se quando essi sono a lor agio: in un popolo oppresso le congiure sono più frequenti a macchinarsi, e più difficili a scoprirsi.

È indubitato, che in Napoli erasi ordita una gran congiura, uno dei grandi agenti della quale fu un certo *Baccher*. Baccher fu arrestato in buon punto: le fila dei congiurati non furono scoperte, ma intanto la congiura rimase priva di effetto.

§. XXXVII.

Procida. Spedizione di Cuma. Marina.

Il primo progetto dei congiurati era quello che gli Inglesi dovessero occupar *Ischia* e *Procida*, come di fatti l'occuparono, onde aver maggior comodità di mantenere una corrispondenza in Napoli e di prestare a tempo opportuno la mano alle altre operazioni. Questo inconveniente fu previsto, ma il governo non avea forze sufficienti per custodir *Procida*; i Francesi non compresero il pericolo di perderla.

Gl'Inglesi padroni di *Procida* tentarono uno sbarco nel litterale opposto di *Cuma* e *Miseno*. Un distaccamento di pochi nostri, che occupò il litterale, lo impedì, e la corte di Sicilia dovette più di una volta fremere per le disfatte dei suoi superbi alleati.

Forse sarebbe riuscito anche di discacciarli dall'Isola. Ma la nostra marina era stata distrutta dagli ultimi ordini del re, e nei primi giorni della nostra repubblica le spese sempre esorbitanti che seco porta un nuovo ordine di cose, avean tolto ogni modo di poter far costruire anche una sola barca cannoniera. I pochi e miseri avanzi della marina antica furono per indolenza di amministrazione militare dissipati; e si vide vendere pubblicamente il legno, le corde, e finanche i chiodi dell'arsenale.

Caracciolo, ritornato dalla Sicilia (1), e restituito alla patria ci rese le nostre speranze. *Caracciolo* valeva una flotta. Con pochi, mal atti, e mal serviti barconi, *Caracciolo* osò affrontar gl'Inglesi: l'officialità di marina, tutta la marineria era degna di secondar *Carac-*

---

(1) Caracciolo *fu solamente congedato dal Re: il Re stesso gli permise di ritornare in Napoli.*

ciolo. Si attacca; si dura in un combattimento ineguale per molte ore; la vittoria si era dichiarata finalmente per noi, che pure eravamo i più deboli, ma il vento viene a strapparcela dalle mani nel punto della decisione; e *Caracciolo* è costretto a ritirarsi lasciando gl'Inglesi malconci, e si potrebbe dire anche vinti, se l'unico scopo della vittoria non fosse stato quello di guadagnar *Procida*. Un altro momento, e *Procida* forse sarebbe stata occupata. Quante grandi battaglie che negl'immensi campi del mare han deciso della sorte degl'imperj non si possono paragonare a questa picciola azione per l'intelligenza, e pel coraggio de' combattenti!

Il vento che impedì la riconquista di *Procida* fu un vero male per noi, perchè tra tanto i pericoli della patria si accrebbero; le disgrazie diluviavano: dopo due o tre giorni si ebbero altri mali a riparare più urgenti di *Procida*, e la nostra, non divisibile marina, fu costretta a difendere il cratere della capitale.

§. XXXVIII.

Idee di terrorismo.

La storia di una rivoluzione non è tanto storia dei fatti quanto delle idee. Non essendo altro una rivoluzione che l'effetto delle idee comuni di un popolo, colui può dirsi di aver tratto tutto il profitto dalla storia, che a forza di replicate osservazioni sia giunto a saper conoscer il corso delle medesime. Nell'individuo la storia dei fatti è la stessa che la storia delle idee sue, perchè egli non può esser in contraddizione con se stesso. Ma quando le nazioni operano in massa (e questo è il vero caso della rivoluzione), allora vi sono contraddizioni ed uniformità, simiglianze, e dissimiglianze, e da esse appunto dipende il tardo o sollecito, l'infelice o felice evento delle operazioni.

La congiura di *Baccher*, l'occupazione di *Procida*, i rapidi progressi dell'insorgenza aveano scossi i patrioti, e nella notte profonda in cui fino a quel punto avean riposato tranquilli sulle parole dei generali Francesi e del governo, videro finalmente tutto il pericolo onde erano minacciati. Il primo sentimento di un uomo che sia, o che tema di esser offeso, è sempre quello della vendetta, la quale se diventa massima di governo produce il terrorismo.

Il governo Napolitano, quantunque composto di persone che tanto avean sofferto per l'ingiusta persecuzione sotto la monarchia, credette viltà vendicarsi allorchè avendo il sommo potere nelle mani, una vendetta non costava che il volerle. *Pagano* avea sempre in bocca la bella lettera che *Dione* scrisse ai suoi nemici allorchè rese la libertà a Siracusa, ed il divino tratto di *Vespasiano*, quando elevato all'impero mandò a dire ad un suo nemico che egli ormai non avea più che temere da lui. Noi incontriamo sempre i nostri governanti allorchè ricerchiamo la morale individuale.

Ma molti patrioti accusarono il governo di un *moderantismo* troppo rilasciato, a cui si attribuivano tutt'i mali della repubblica. Siccome in Francia al *terrorisme* era succeduta una rilasciatezza letargica e fatale di tutt'i principj, così il terrorismo era rimasto quasi in appannaggio alle anime più ardentemente patriotiche. Forse ciò avvenne anche perchè il cuore umano mette l'idea di una certa nobiltà nel sostenere un partito oppresso, per vendicarsi così del partito trionfante che invidia: forse in Napoli si eran vedute salve talune persone che la giustizia, la pubblica opinione, la salute pubblica voleano distrutte o almeno allontanate.

Ma vi era un mezzo saggio tra i due estremi. Il *terrorismo* è il sistema di quegli uomini che vogliono dispensarsi dall'esser diligenti e severi; che non sapendo prevenire i delitti, amano punirli; che non sapendo render gli uomini migliori, si tolgono l'imbarazzo che danno i cattivi distruggendo indistintamente cattivi e buoni. Il *terrorismo* lusinga l'orgoglio perchè è più vicino all'impero ; lusinga la pigrizia naturale degli uomini, perchè è molto facile. Ma richiedon sempre la forza con sè: ove questa non vi sia, voi non farete che accelerare la vostra ruina. Tale era lo stato di Napoli.

In Napoli le prime leggi marziali de' Generali in capo erano terroristiche, perchè tali son sempre, e tali forse debbono essere le leggi di guerra: esse non poteano produrre e non produssero alcuno effetto; imperocchè come eseguite voi la legge, come l'applicate, quando tutta la nazione è congiurata a nascondervi i fatti e salvare i rei? *Robespierre* avea la nazione intera esecutrice del terrorismo suo. Quando le pene non sono livellate alle idee de' popoli, l'eccesso stesso della pena ne rende più difficile l'esecuzione, e per renderle più efficaci convien renderle più miti.

Negli ultimi tempi si eresse in Napoli un *tribunale rivoluzionario*, il quale procedeva cogli stessi principj e colla stessa tessitura di processo del terribile comitato di *Robespierre*. Forse quando si eresse era troppo tardi, ed altro non fece che tingersi inutilmente del sangue degli scellerati *Baccher* nell'ultimo giorno della nostra esistenza civile, quando la prudenza consigliava un perdono che non potea esser più dannoso. Ma quand'anche un tal tribunale si fosse eretto prima, la legge stessa colla quale se ne ordinava l'erezione, sarebbe stata un avviso alla nazione, perchè si fosse posta in guardia contro il tribunale eretto.

Il terrorismo cogl'insorgenti si provò sempre inutile. E che? Scrivea la saggia e sventurata *Pimentel*; quando un metodo di cura non riesce, non se ne saprà tentare un altro?

Difatti si accordò un' amnistia agl'insorgenti; non a tutti perchè sarebbe stata inutile, ma a coloro che il governo ne avesse creduti degni, onde così ciascuno si fosse affrettato a meritarla, e questo desiderio avesse fatto nascere il sospetto e la divisione tra tutti. Ma tale perdono dovea farsi valere per mezzo di persone sagge ed energiche, le quali avessero potuto penetrare, ed eseguire gli ordini del governo in tutt'i punti del nostro territorio. Io lo ripetò: la mancanza delle comunicazioni tra le diverse parti dello Stato, e la mancanza delle forze diffuse in molti punti per mantener tale comunicazione; la mancanza a buon conto della diligenza e della severità, erano l'origine di tutti i nostri mali, e facevan credere necessario ad alcuni un terrorismo, il quale non avrebbe fatto altro che accrescerli.

§. XXXIX.

Nuovo governo costituzionale.

Forse con più ragione domandavano i patrioti la riforma del governo. Tralasciando i motivi privati che spingevano taluni a declamare più di quello che conveniva, era sicuro però che si voleva una *riforma*. *Abrial* finalmente giunse commissario organizzatore del nostro Stato, e si accinse a farla.

Ma vi erano nell'antico governo molti che godevano la pubblica confidenza o perchè la meritassero, o perchè l'avessero usurpata; e questi secondi (pochissimi per altro di numero) erano, come sempre suole avvenire, più accetti, più illustri de' primi, perchè le lodi che loro si davano non rimanevano senza premio. Questi sono i primi che io toglierei, diceva acutamente, ma invano, in una società patriotica il cittadino *Mazziotti*. Un governo formato da un'assemblea si riduce a cinque o sei teste, le quali dispongono delle altre: se queste rimangono, voi inutilmente cangiate tutta l'assemblea.

Le intenzioni di *Abrial* erano rette; *Abrial* fu quello, che più sinceramente amava la nostra felicità, e quello di cui più la nazione è rimasta contenta. Le sue scelte furono molto migliori delle prime, e se non furono tutte ottime non fu certo sua colpa, poichè nè poteva conoscere il paese in un momento, nè vi dimorò tanto tempo quanto era necessario a conoscerlo.

Abrial divise i poteri, che *Championet* avea riuniti: il governo da lui formato fu il seguente: nella commissione esecutiva *Abamonti*, *Agnese* napolitano ma che avea dimorato da trent'anni in Francia, ove avea i beni e famiglia, *Albanese*, *Cioja*, *Delfico*, il quale non potè, per le insorgenze di *Aprozzo*, mai venire in Napoli. I ministri furono 1. dell'interno *De Philippis*; 2. di giustizia e polizia *Pigliacelli*; 3. di guerra, marina, ed affari esteri *Manthonè*; 4. di finanze *Macedonio*. Tra i membri della commissione legislativa vi furono sempre *Pagano*, *Cirillo*, *Galanti*, *Signorelli*, *Scotti*, *de Tommasi*, *Colangelo*, *Coletti*, *Magliani*, *Gambale*, *Marchetti*.....
Gli altri si cambiarono spesso, e noi non li riferiremo, tanto più che nello stato in cui era allora la nostra ragione poco potea il potere Legislativo, e tutto il bene e tutto il male dipendeva dall'Esecutivo.

Con ciò *Abrial* volle darci la forma della constituzione prima di avere una costituzione, e con ciò rese i poteri inattivi, e discordi i poteri dei cittadini. Questo involontario errore fu cagione di non piccoli mali, perchè la divisione de' poteri ci diede la debolezza nelle operazioni in un tempo appunto, in cui avevamo bisogno dell'unità, e dell'energia di un dittatore, ch'egli peraltro non poteva darci, perchè incaricato di eseguire le istruzioni del direttorio Francese avrebbe ben potuto modificare in parte gli ordini che si trovavano in Francia stabiliti, ma non mai cangiarli intieramente. Talchè tutti i fatti ci conducono sempre all'idea, la quale dir si può fondamentale di questo saggio, cioè, che la prima norma fu sbagliata, ed i migliori architetti non potevano innalzar edificio che fosse durevole.

§. XL.

Sale patriotiche.

Taluni credevano che col mezzo delle sale patriotiche si potesse *attivare* la rivoluzione e furono per ciò stabilite. Ma come mai ciò si potea sperare? Io non veggo altro modo di attivare una rivoluzione che quello d'indurci il popolo: se la rivoluzione è attiva il popolo si unisce ai rivoluzionarj, se è passiva convien che i rivoluzionarj si uniscano al popolo, e per unirvisi convien che si distinguano il meno che sia possibile. Le sale patriotiche e nell'uno e nell'altro caso debbono essere le piazze.

Qual bene hanno mai esse prodotto in Francia? Hanno, direbbe *Macchiavelli*, fatto degenerare in sette lo spirito di partito, che sempre vi è nelle repubbliche, e, come sempre suole avvenire, hanno spinto i principj agli estremi; hanno fatto cangiar tre volte la costituzione, hanno a buon conto ritardata l'opera della rivoluzione, e forse l'hanno distrutta. Senza società patriotiche le altre nazioni di Europa aveano dirette le loro rivoluzioni con principj più saggi ad un fine più felice.

Ma l'abuso delle sale per attivare la rivoluzione dipendeva da un principio anche più lontano. L'oggetto della democrazia è l'eguaglianza, e siccome in ogni società vi è una disuguaglianza sensibilissima tra le varie classi che la compongono, così si giunge al governo regolare, o abbassando gli ottimati al popolo, o innalzando il popolo agli ottimati. Ma siccome gli ottimati insieme coi diritti e colle ricchezze hanno ancora principj e costumi, così quando le cose si spingono all'estremo, non solo si sforzano a cedere ai loro diritti e divider le loro ricchezze (il che sarebbe giusto), ma anche a rinunciare ai loro costumi.

Si volea *fraternizzare* col popolo, e per *fraternizzare* s'intendeva prendere i visj del popolaccio, prender le sue maniere, ed i suoi costumi; mezzi che possono talora riuscire in una rivoluzione attiva in cui il popolo in grazia dello spirito di partito perdona l'indecenza, ma non mai in una rivoluzione passiva, in cui il popolo libero da passioni tumultuose è più retto giudice del buono e dell'onesto. Doveasi perciò disprezzare il popolo? no; ma bastava amarlo per esserne amato; distruggere i gradi per non disprezzarlo, e conservar l'educazione per esserne stimato e per poter fargli del bene (1).

Ammirabile, e fortunata è stata per questo la repubblica Romana, in cui i patrizj mentre cedevano ai loro diritti forzavano il popolo ad amarli ed a rispettarli pei loro talenti, e per le loro virtù: il popolo così divenne libero e migliore. Nella repubblica Fiorentina tutte le rivoluzioni erano dirette da quella *fraternizzazione*, che si intendeva in Firenze come s'intese un tratto in Francia; e perciò la repubblica Fiorentina ondeggiò tra perpetue rivoluzioni sempre agitata e non mai felice: il popolo, o presto o tardi, si annoiava dei conduttori, che non aveano ottenuto il suo favore, se non perchè si erano avviliti; ed annoiato dei suoi capi, si annoiava del governo, ch'esso di rado conosce per altro che per l'idea che ha di coloro che governano (2).

***

(1) *L'oggetto del fraternizzare col popolo era quello di riunirsi a lui, e per riunirsi conveniva distinguersi il meno che sia possibile, cioè far quanto meno si potesse di novità. Cerca egualmente a distinguersi tanto chi si innalza troppo, quanto chi troppo si abbassa, ed il popolo si mette in guardia egualmente e del primo e del secondo. Orleans non mostrò mai più chiaramente di voler innalzarsi al trono, se non quando si abbassò all'eguaglianza.*

(2) *Questo paragone tra la repubblica Romana e la Fiorentina si è fatto da due uomini sommi d'Italia. Macchiavelli è del nostro parere, e dice che il desiderio che in*

Si conducessero taluni *lazzaroni* del mercato nelle sale, ma questi erano per le più comperati, e come è facile ad intendersi non servivano che a discreditare maggiormente la rivoluzione. Non sempre, anzi quasi mai, l'uomo del popolo è l'uomo popolare.

Le sale patriotiche *attivavano* la rivoluzione attirando una folla di oziosi che vi correva a consumar così quella vita di cui non sapeva far uso. I giovani sopra tutti corrono sempre ove è moto, e ripetono semplici tutto ciò che loro si fa dire. Intanto pochi abili ambiziosi si prevalgono del nome di conduttori e di moderatori di sale per acquistarsi un merito; e questo merito appunto perchè troppo facile, perchè inutile alla nazione, un governo saggio non deve permettere, o, ciò che val lo stesso, non deve curare: senza di ciò i faziosi se ne prevaleranno per oscurare, per avvilire, per opprimere il merito reale. Taluni buoni, i quali vedevano l'abuso che delle sale si potea fare, credettero bene di opporre una sala all'altra, e, se fosse stato possibile, riunirle tutte a quella ove lo spirito fosse più puro ed i principj fossero più retti; ed il desiderio della medicina fu tanto che si credette poter aver la salute dallo stesso male. Ma

―――――――――――――――――

Roma i plebei ebbero di imitare i patrizj perfezionò le istituzioni di Roma. Campanella sostiene, al contrario, che la libertà si perdette in Roma, e conservò in Firenze, sol perchè quivi il popolo forzò i nobili a discendere dalla loro educazione. Ecco appunto i due aspetti sotto i quali la democrazia or da uno or da un altro si è guardata. Ma Roma ebbe e per lungo tempo costumi, costituzione, milizia e potenza; Firenze non ebbe che tumulti, rivoluzioni, licenza, debolezza. Macchiavelli ha per sè i fatti che son contrarj a Campanella, ed il giudizio degli uomini sensati, tra' quali non vi è alcuno che non avrebbe amato di vivere nella repubblica Romana in preferenza della Fiorentina.

io lo ripeto: quando l'istituzione è cattiva rende inutili gli uomini buoni, perchè o li corrompe o li fa servire, illusi dall'apparenza del bene, ai disegni dei cattivi.

I vostri maggiori, diceva il Console Postumio al popolo di Roma, *vollero che fuori del caso che il vessillo elevato sul Tarpejo v'invitasse alla coscrizione di un esercito, o i Tribuni indicassero un concilio alla plebe, o talun altro dei Magistrati convocasse tutto il popolo alla concione, ma, voi però non vi dovete riunir così alla ventura ed a capriccio;* essi credevano che dovunque vi fosse moltitudine, ivi esser vi dovesse un legittimo rettore della medesima. In Francia le società popolari, rese costituzionali da *Robespierre* che avea quasi voluto render costituzionale l'anarchia, o non produssero sulle prime molti mali, o i mali che produssero non si avvertirono, perchè quando una nazione soffre moltissimi mali, spesso un male serve di rimedio all'altro. In Napoli, dove, per la natura della rivoluzione, le sale erano meno necessarie, si corruppero più sollecitamente (1).

Chi è veramente patriota non perde il suo tempo a ciarlare nelle sale; ma vola a battersi in faccia all'ini-

---

(1) *Mentre io era giunto a questo punto mi è pervenuta una memoria del cittadino* Baudin *sulle società popolari. Mi sia permesso di recarne un tratto che descrive gli effetti che le società produssero in Francia, e che conferma quello che sempre ho detto, cioè che gli errori erano nei principj.*

Il desiderio di aggregarsi a queste nuove società era fomentato da molte cause che le resero quasi universali. Esse aprivano una carriera all'ambizione e davano un mezzo all'emulazione: facevano sperare ai deboli un appoggio che per altro era meglio cercare solo nella protezione delle leggi: davano ai patrioti un punto di riunione che la conformità degl'interessi e dei principj dovea far loro desiderare e che contribuir dovea al successo della rivoluzione, ma nel tempo stesso favorivano quel

mico, adempie ai doveri di magistrato, procura rendersi utile alla patria coltivando il suo spirito ed il suo cuore: voi lo ritrovate ov'è il bisogno della patria, non dove la folla lo chiama; e quando non ha verun dovere di cittadino da adempire ha quelli di uomo, di padre, di marito, di figlio, di amico. Il governo non lo vede, ma guai a lui se non sa riconoscerlo e ritrovarlo! Il solo governo buono è quello agli occhi del quale ogni altro uomo non si può confondere con questo, nè può usurpare la stima che se gli deve se non facendo lo stesso; per cui la prima parte di un ottimo governo è quella di far sì che non vi sieno altre classi, altre divisioni che quelle

pregiudisio troppo comune tra noi, ed in qualche modo nazionale, che fa credere a moltissimi la teoria del governo essere una scienza infusa di cui si possa parlare senza studio, e senza esperienza....

Noi tutti abbiamo nei trastulli della nostra fanciullezza imitate le cerimonie del culto e le evoluzioni militari; ma non mai è avvenuto che il vescovo ed il suo capitolo siensi veduti in ginocchio avanti al piccolo pontefice, abbigliato di una cappa e di una mitria di carta dorata, prestargli il giuramento di fedeltà e rassegnargli la cura della diocesi e la collazione dei beneficj. E pure a questo segno si sono avvilite le autorità più eminenti verso le società popolari!

Ben tosto le società, rinunciando alla teoria delle quistioni politiche, sulle quali i loro membri ben poco potevan dire di tollerabile, le sale divennero un'arena di delatori, una leva potente che taluni destri ambiziosi facevan servire alla loro elevazione, allettando intanto gli animi della cieca moltitudine colle due lusinghe, dalle quali si lascian sorprendere ben spesso anche i saggi, la speranza e l'adulazione. Ogni club fu lusingato dai suoi oratori coll'idea di esser sovrano, ed il club ben spesso si condusse a seconda di questa dottrina, dando ordini, distribuendo grazie, esigendo rispetto e sommissione....

della virtù, ed evitare a quest'oggetto tutte le istituzioni che potrebbero riunire i virtuosi a coloro che non lo sono, tutti i nomi finanche che potessero confonderli.

Io non confondo colle sale patriotiche quei *circoli di istruzione* ove la gioventù va ad istruirsi, a prepararsi al maneggio degli affari, ad ascoltare le parole dei vecchi ed accendersi di emulazione ai loro esempj, a rendersi utile ai loro simili, ed acquistare dai suoi coetanei quella stima che un giorno meriterà dalla patria e dal governo. In Napoli se ne era aperto uno e con felici auspicj: il suo spirito era quello di proporre varie opere di beneficenza che si esercitavano in favore del popolo: si soccorsero indigenti, si prestarono senza mercede all'infima classe del popolo i soccorsi della medicina, e dell'ostetricia. Questa era l'istituzione che avrebbe dovuto perfezionarsi e moltiplicarsi (1).

§. XLI.

Costituzione. Altre leggi.

Tali erano le idee del popolo. Le cure della repubblica erano ormai divise da che si eran divisi i poteri, e la commissione legislativa sgravata dalle cure del governo si era tutta occupata della costituzione, il di cui progetto formato dal nostro *Pagano* era già compito. Ma di questo si darà giudizio altrove, come di cosa, che non essendosi nè pubblicata, nè eseguita, niuna parte occupa negli avvenimenti della nostra repubblica.

Altri bisogni più urgenti richiamavano l'attenzione della commissione legislativa.

---

(1) *Amerei che in ogni repubblica vi fosse un circolo d'istruzione sul modello di quella repubblica giovanile che era nell'antica repubblica di Berna. Quella istituzione mi sembra ammirabile per formar gli uomini di stato. Non so se colla rivoluzione della Svizzera si sia conservata.*

Volle occuparsi a riparare al disordine dei banchi. Fin dai primi giorni della rivoluzione la prima cura del governo fu di rassicurare la nazione incerta ed agitata per la sorte del debito dei banchi da cui pendeva la sorte di un terzo della nazione. Un tal debito fu dichiarato debito nazionale. Tale operazione fu da taluni lodata da altri biasimata secondo che si riguardava più il vantaggio o la difficoltà dell' impresa; tutti però convenivano che una semplice promessa potea tutt'al più calmare per un momento la nazione, ma che essa sarebbe poi divenuta doppiamente pericolosa quando non si fossero ritrovati i mezzi di adempirla. Allora tutta la vergogna e l' odiosità di un fallimento sarebbe ricaduta sul nuovo governo, e si sarebbe intanto perduto il solo momento favorevole quale era quello di una rivoluzione; in cui la colpa e l' odio del male si avrebbe potuto rivolgere contro il re fuggito; e gli uomini l' avrebbero più pazientemente tollerato, come uno di quegli avvenimenti inseparabili dal rovescio di un impero, effetto più del corso irresistibile delle cose, che della scelleraggine de' governanti. Così il governo non fece allora che una promessa, e rimaneva ancora a far la legge.

Ma quando volle occuparsi della legge non era forse il tempo opportuno. La nazione era oppressa da mille mali, le opinioni erano vacillanti, tutto era inquietezza ed agitazione. In tale stato di cose il far delle leggi utili e forti è ottimo consiglio; sgravasi così la somma de' mali che opprimono il popolo, e si scema il motivo del malcontento: il farne delle inutili e delle inefficaci è pericoloso perchè al malcontento che già si soffre per il male, l' inutilità del rimedio aggiunge la disperazione. Se non potete fare il bene, non fate nulla: il popolo si lagnerà del male e non del medico.

La commissione legislativa altro non fece (e per dire il vero, allora che potea far di più?) che rinnovare per i beni ch'eran divenuti nazionali quella ipoteca che già il re avea accordata sugli stessi beni quando erano regi.

Gli esempj passati poteano far comprendere che questa operazione sola era inutile. Questi beni non poteano mai esser in commercio perchè riuniti in masse immense in pochi punti del territorio Napolitano; ed i possessori delle carte monetate erano molti, divisi in tutti i punti, e non voleano fare acquisti immensi e lontani. Quando furono esposti in vendita in tempo del re i fondi ecclesiastici, i quali non aveano questo inconveniente, si ritrovarono più facilmente i compratori. Si aggiungeva a ciò l'incertezza della durata della repubblica, la quale alienava maggiormente gli animi dei compratori; l'incertezza della sorte dei Beni che davansi in ipoteca, quasi contesi tra la nazione, ed il Francese: per eseguir le vendite in tanti pericoli conveniva offerire ai compratori vantaggi immensi, e così tutti i fondi nazionali non sarebbero stati sufficienti a soddisfare una picciola parte del debito pubblico (1).

Il debito nazionale in Napoli non era tale che non si avesse potuto soddisfare. Era più incomodo che gravoso. Conveniva una più regolata amministrazione, e questa vi fu (2); in fatti in cinque mesi di repubblica il governo colle rendite di sole due province tolse dalla circolazione

---

(1) *Cosa ha ritratto la Francia dalle vendite dei suoi immensi beni nazionali? Quale orribile dissipazione ho visto io stesso? A quali mani la salute pubblica è stata affidata? Questa infelice risorsa a cui un governo possa ridursi è sempre inutile. Un governo deve vendere i fondi nazionali (perchè non deve averne), ma deve venderli nei tempi ne' quali non ha bisogno: allora se non trova compratori, deve anche donarli.*

(2) *Questo è il trionfo de' nostri governanti. Sfido ogni altra nazione ad opporre un tratto di eguale moralità ed economia! Il re con tredici province, in tempi tranquilli, coll'onnipotenza nelle mani, che non avrebbe mai potuto fare? E che ha fatto? Questo è il trionfo della nostra causa.*

un milione e mezzo di carte. Con tanta moralità nel governo si potea far quasi a meno della legge per un male, che si avrebbe potuto forsi guarire col solo fatto, e che si sarebbe guarito senza dubbio, se le circostanze interne ed esterne della nazione fossero state meno infelici. Ma conveniva nel tempo stesso che tutta la nazione avesse soddisfatto il debito nazionale; conveniva che questo debito avesse toccato la nazione in tutti i punti, e dove prima gravitava solo sulla circolazione, si fosse sofferto in parte dall'agricoltura, e dalla proprietà: così il debito diviso in tanti diveniva leggiero a ciascuno.

La nazione Napolitana è una nazione agricola. In tali nazioni la circolazione è sempre più languida, che nelle nazioni manifatturiere o commercianti; ed il danaro o presto o tardi va a colare, senza ritorno, nelle mani dei possessori dei fondi. Di fatti in Napoli, e specialmente nelle province, non mancava il danaro, ma questo danaro era accumulato in poche mani, mentrechè per la circolazione non vi erano che carte. Conveniva attivare tutta la nazione, ed offerire ai proprietarj di fondi delle occasioni di spendere quel danaro che tenevano inutilmente accumulato. Conveniva.... Ma io non iscrivo un trattato di finanze: scrivo solo ciò che può far conoscere la mia nazione.

§. XLII.

Abolizione del testatico, della gabella della farina e del pesce.

Per giudicare rettamente di un legislatore conviene che ei sia indipendente; per far che le sue leggi abbiano tutto l'effetto, conviene che egli sia libero. Quando o altri uomini, o le cose tendono a frenare i suoi pensieri e le sue mani; quando la sovranità è divisa, pretenderete invano veder quel legislatore, nelle di cui mani è il cuore delle nazioni; i consigli son timidi, le misure mezzane, tra l'imperiosa necessità, e l'occasione precipitosa, spesso il miglior consiglio non è quello che si può seguire, o solo si segue quando l'occasione è già passata, e di tutte le operazioni voi altro non potete rilevare, che la purità del cuore, e la rettitudine de suoi pensieri.

Così non altrimenti che la legge su i banchi, riuscirono inutili quasi tutte le altre leggi immaginate per isgravare i popoli dai pesi che nell'antico governo sofferiva. Io non ne eccettuo, che la sola legge colla quale si abolì la *gabella del pesce*, legge che produsse un effetto immediato, e trasse alla Repubblica gli animi di quasi tutti i marinaj, ed i pescatori della capitale.

Quando si abolì la *gabella sulla farina* non si ottenne l'intento di far ribassare il prezzo de' grani in Napoli, dove per le insorgenze che aveano già chiuse tutte le strade delle province non potevano ivi più entrar grani nuovi, e quei ch'esistevano erano pochi, ed avean già pagato il dazio. Il popolo Napolitano disse allora che la *gabella si era tolta quando non vi era più farina.*

Dal 1764 era in Napoli molto cresciuto il prezzo del grano; e sebbene questo aumento fosse in parte effetto della maggior ricchezza della nazione, non si poteva però mettere in controversia, che l'aumento del prezzo degli altri generi non era proporzionato all'aumento di quello del grano (1). Questo non era alterato quando si

---

(1) *Questo fenomeno in Napoli sensibilissimo avrebbe meritata attenzione maggiore per parte dei nostri economisti. Io lo ripeto da varie cagioni: 1. dall'esser il grano una delle poche derrate che noi vendevamo agli esteri: l'olio per la stessa ragione era nelle stesse circostanze, ed avea sofferte le stesse alterazioni ne' suoi prezzi. Una derrata che sia richiesta da maggior numero deve per necessità crescere di prezzo; e se mai presso una nazione avvien che essa formi tutto o grandissima parte del commercio estero, allora diviene una specie di moneta di*

paragonava al prezzo del grano nelle altre nazioni di Europa, ma era alteratissimo allorchè si paragonava al prezzo degli altri generi presso la stessa nazione Napolitana. Tutto il male nasceva da che l'industria, ed in conseguenza la ricchezza non si era risvegliata e diffusa equabilmente sopra tutti i generi, ed in tutte le persone. Il male era tollerabile nelle province, ma insoffribile nella capitale, non perchè il grano mancasse, non perchè il prezzo ne fosse molto più caro che nelle province, ma perchè Napoli conteneva un numero immenso di rivenditieri, di oziosi, o di persone, che senza essere oziose nulla producevano, e che non partecipavano dell'aumento dell'industria e della ricchezza nazionale. Per rendere il popolo Napolitano contento sull'articolo del pane, o conveniva migliorarlo e renderlo così più attivo e più ricco, o conveniva render più misere le province: la prima operazione avrebbe reso il popolo Napolitano contento dei nuovi prezzi, la seconda avrebbe fatto ritornar gli antichi (1). La sola abolizione della *gabella* era nella capitale un'operazione più pomposa che utile.

---

conto, ad accrescere il suo valore non solo per le richieste *de' compratori, ma anche per le speculazioni de' venditori. Una moneta di conto è oggi in Sicilia il grano, e l'olio in Napoli, perchè l'olio in Napoli occupa il primo luogo tra' generi che si estraggono, ed il grano il secondo. Questo fenomeno non osservato da nessuno meriterebbe di esserlo; 2. il consumo che la nazione Napolitana fa di paste; 3. il monopolio che vi è nelle terre ridotte in poche mani, e desiderate da molti, dacchè non vi è altro mezzo d'impiegare il proprio danaro nè in rendite, che son poche, nè in oggetti di manifatture e di commercio. Promovendo tali oggetti son persuaso che le stesse avrebbero ribassato il loro prezzo, e che questo ribasso avrebbe potuto influire anche su quello del grano; 4. la male intesa agricoltura, la quale rende necessaria molta estensione di terreno ec. ec.*

(1) *Fa meraviglia come i scrittori di economia pubblica*

Guardiamola nelle provinçe. Essa dovette esser inutile in quei luoghi nei quali non si pagava, e questi formavano il numero maggiore; in quelli nei quali si pagava dovette riuscire piuttosto dannosa. Il ritratto della *gabella* serviva a pagare le pubbliche imposizioni: proibir quella e pretender queste era un contraddittorio; rinunciare a queste era impossibile tra i tanti urgentissimi bisogni, dai quali era allora il governo premuto; obbligare le popolazioni a sostituire all'antico metodo un nuovo, ed obbligarle a sostituirlo di loro autorità (giacchè colla legge non si era preveduto questo caso) era pericoloso in un tempo in cui lo spirito di partito nè fa conoscere il giusto, nè lo fa amare. Un Dio solo avrebbe potuto persuadere alle popolazioni, che una novità non fosse stata allora una ingiustizia patriotica. In fatti molte popolazioni, che per la vicinanza alla capitale erano nello stato di portar i loro reclami al governo (1), chiesero che la gabella sulla farina si ristabilisse.

Nella costituzione antica del regno di Napoli, ove si trattava d'imposizioni dirette, il sovrano quasi altro non

---

non abbiano distinte due specie di carestia, una reale, l'altra apparente, la quale non manca però di produrre mali reali. Quella reale si potrebbe suddividere in mancanza di genere, ed alterazione di prezzo. Tutti i difetti dei regolamenti annonarj sono nati dall'aver voluto riparare ad una carestia apparente come se fosse carestia reale, e da questo primo errore nè è nato il secondo, che si è atteso più all'alterazione del prezzo che alla mancanza del genere: Chi conosce la storia degli stabilimenti annonarj di Napoli, intende la verità di ciò che io dico. Ma tali stabilimenti sono simili a quelli di tutte le altre parti di Europa; eran figli de' tempi e dell'idee de' tempi: il nostro errore è di volerli seguire anche quando i tempi e le idee son cangiati.

(1) Palma, *ed altre terre.*

faceva che imporre il tributo; la ripartizione era determinata da una legge quasi che fondamentale dallo Stato, ed il modo di esigerlo era in arbitrio di ciascuna popolazione. Non si esigeva dappertutto nello stesso modo: una popolazione avea una gabella, un' altra ne avea un' altra; chi non avea gabelle o pagava la decima sul raccolto del grano, chi pagava su i fondi, chi in un modo, chi in un altro, secondo le sue circostanze, i suoi prodotti, i suoi bisogni, i suoi costumi, e talora i pregiudizj suoi. Questo metodo di amministrazione avea i suoi inconvenienti, ma quest' inconvenienti si potean correggere, e conservare un metodo, il quale se non toglieva il male lo rendeva però meno sensibile.

Questo stato della nazione fece sì che inutile riuscisse anche la legge sull' abolizione del *testatico*. *Nessun testatico, nessuna imposizione personale avrà luogo nella nazione Napolitana.* Questo stesso e colle stesse parole era stato detto quasi tre secoli prima: quella legge era tuttavia in vigore nel regno, ed intanto ad onta della medesima si pagava l'imposizione personale. In pochi luoghi si esigeva ancora sotto il nome di *testatico*; in molti si pagava ricoperta del nome d'*industria*, in moltissimi si pagava pagando un dazio indiretto sui generi di prima necessità, che si consumano egualmente, da chi possiede, e da chi non possiede: ove in un modo, ove in un altro il testatico si pagava dappertutto, e non era in verun luogo nominato; la legge esisteva, ma l'abuso cangiando le parole faceva una frode alla legge.

Prima di riformare l'antico sistema delle nostre finanze conveniva conoscerlo: la riforma dovea essere simultanea ed intera. Tutte le parti di un sistema di finanze hanno stretti rapporti tra loro, e collo stato intero della nazione. Ma la maggior parte degli Stati di Europa erano nati non dalle unioni spontanee, ma dalla conquista: il *signore* di un piccolo stato avea oppressi gli altri con diversi mezzi ed in diversi tempi: per lo più si erano transatti colle popolazioni che avean conservati i loro usi, i dazj loro, i loro costumi. Una gran nazione non fu che l'aggregato di tante piccole nazioni, che si consideravano come estranee tra'loro, ed il sovrano si considerava estraneo a tutte. Invece di leggi si chiedevano *privilegj*: il sistema delle finanze non era, che un'unione di diversi pezzi fatti da mani e in tempi diversi: i bisogni del momento non essendo mai quelli della nazione, facevano sì che invece di correggersi gli antichi abusi se ne aggiugnessero dei nuovi, e tutto ciò produceva quell'orribile caos di finanze, in cui, al dir di *Vauban*, era grande quell'uomo che sapesse immaginar nuovi nomi per poter imporre un nuovo tributo senza alterare gli antichi.

Era venuta l'epoca fortunata della riforma; ma questa riforma, nè dovea esser fatta con leggi particolari, le quali o presto o tardi si sarebbero contraddette, nè in un momento. Era l'opera di molto tempo. Sulle prime per contentare il popolo, il quale fra le novità è sempre impaziente di veder segni sensibili di utile, bastava dire che si pagassero solo due terzi delle antiche imposizioni. Questa diminuzione di un terzo di tutti i tributi avrebbe attirato alla rivoluzione maggior numero di persone, mentre colla sola abolizione del testatico e della gabella della farina non si giovava, che ai poveri. In seguito quando il favore dei ricchi non era più tanto necessario, e l'odio loro tanto pericoloso, i poveri si sarebbero del tutto sgravati. Un governo stabilito deve esser giusto: un governo nuovo deve farsi amare: quello deve dare a ciascuno ciò che è suo, questo deve dare a tutti. Una commissione a quest'oggetto stabilita avrebbe fatto in seguito conoscere le antiche finanze, i nuovi bisogni dello Stato, e si sarebbe formato un sistema generale e durevole su di cui si sarebbe potuta fondare la felicità della nazione.

§. XLIII.

Richiamo de' Francesi.

Ma eccoci alfine ai giorni infelici della nostra repubblica: i mali da tanto tempo trascurati, ormai ingigantiti ci soverchiano, e minacciano di opprimerci. Le *Calabrie* si erano interamente perdute; e gl'insorgenti delle *Calabrie* comunicavano di già cogl'insorgenti di *Salerno*, e di *Cetara*, e si estendevano fino a *Castellamare*. Questa stessa città fu occupata dagl'Inglesi, e si vide la bandiera dei superbi Britanni sventolar vincitrice in faccia della stessa capitale.

I Francesi ripresero *Castellamare* e *Salerno*; *Cetara* fu distrutta, ma pochi giorni dopo i Francesi furon costretti ad abbandonare il territorio Napolitano richiamati nell'Italia superiore; e sebbene tentassero colorire con pomposi proclami la loro ritirata, gl'insorgenti ben ne compresero il motivo, e ne trassero audacia maggiore. *Salerno* fu di nuovo occupata: a *Castellamare* s'inviò da Napoli una forte guarnigione, la quale però fu ridotta a dover difendere la sola città, quasi assediata dalle insorgenze che la circondavano.

Magdonald partendo lasciò una guarnigione di settecento uomini in *S. Elmo*; circa duemila rimasero a difender *Capua*, e quasi altri settecento in *Gaeta*. Egli avea promesso lasciar una forte colonna mobile, ma questa poi in effetti altro non fu che una debole colonna di quattrocento uomini i quali distaccati dalla guernigione di *Capua* venivano a *S. Elmo*, donde altri quattrocento uomini partivano alternativamente per *Capua*.

Questa forza sarebbe stata superflua presso di noi se da principio ci fosse stato permesso di organizzar la forza nazionale; poichè il far questo ci era stato tolto, la forza rimasta era insufficiente.

I rovesci d'Italia mostravano già lo stato di languore

in cui la rilassatezza del governo direttoriale avea gittata la Francia. La Francia diminuiva di forze in proporzione che cresceva di volume: le nuove repubbliche organizzate in Italia, che avrebbero dovuto essere le sue alleate furono le sue province: in vece di esserne amati, i Francesi ne furono odiati, perchè essi in vece di amarle le temettero.

I Romani, di cui i Francesi volevano esser imitatori, ritraevano forza dagli alleati. Gli Spagnuoli tennero una condotta diversa, ed avvilirono quelle nazioni che doveano esser loro amiche. Ma ciò che potea ben riuscire per qualche tempo agli Spagnuoli per lo stato in cui allora si ritrovava l'Europa, non poteva riuscire al Direttorio, che avea da per tutto governi regolari e potenti ai loro confini.

Quando in seguito di una conquista si vuole organizzare una repubblica, l'operazione è sempre più difficile che quando conquista un re. Un re deve avvezzare i popoli ad ubbidire, perchè egli non deve far altro che schiavi; un conquistatore che far voglia dei cittadini deve avvezzarli ad ubbidire e a comandare. Ma non si avvezzano i popoli a comandare senza dar loro l'indipendenza, la quale richiede un sagrifizio per lo più doloroso di autorità per parte di colui che conquista; e quindi è che quasi sempre vana riesce la libertà che si riceve in dono dagli altri popoli, perchè non essendovi chi sappia comandare, non vi sarà nemmeno chi sappia ubbidire, ed in vece di saggi ordini di governo non si hanno che le volontà momentanee di coloro che comandano la forza straniera; volontà che sono tanto più ruinose quanto il comando è più vacillante, e poco o nulla vale a prolungarlo il merito della buona condotta. La libertà invidia, e la legge toglie gl'impieghi anche agli ottimi.

Questi cangiamenti ne produssero degli altri ugualmente rapidi nel governo delle nuove repubbliche. Quasi ogni mese si cangiavano i governanti nella repubblica Romana. Come sperare quella stabilità di principj, quella costanza di operazioni, che solo può rendere le repubbliche ferme e vigorose?

Talora oltre dei governanti si violentava anche la costituzione; e quello stesso direttorio che avea violata la costituzione Francese, rovesciò anche la Cisalpina. Si trovarono delle anime eroiche, che seppero resistere agl'intrighi ed alla forza, e preferirono la libertà del loro giuramento al favore del conquistatore. In Napoli, quando si temeva che le idee del direttorio potessero non esser quelle dell'indipendenza e felicità della nazione, tutti i governanti giurarono di deporre la carica. Non vi fu uno che esitò un momento. Ma possiamo noi contare sopra un popolo di eroi? Il maggior numero è sempre debole, ed il popolo intero come può amar una costituzione che non si abbia scelta da sè stesso e che non possa conservare, nè distruggere se non per volere altrui?

Si aggiunga a ciò, che il principio fondamentale delle repubbliche, che è il rispetto e l'amore pe' suoi cittadini, mentre rende un governo repubblicano attentissimo ad ogni ingiustizia che si commetta tra suoi, lo rende negligente sulla sorte degli esteri: un proconsolo era giudicato in Roma da coloro che erano suoi eguali, e che temevano più di lui che delle province desolate. Le repubbliche Italiane segnavano l'età con sempre nuovo languore; in vece di rassettarsi cogli anni, quanto più vivevano più si accostavano alla morte, e le altre repubbliche d'Italia dopo quattro anni di libertà si trovarono tanto deboli, quanto la nostra lo era al principio della sua politica rivoluzione.

Se i Francesi avessero permesso alla repubblica Cisalpina di organizzare una forza regolare; se lo avessero permesso alla repubblica Romana, avrebbero potuto più lungo tempo contrastare in Italia contro le forze Austro Russe: se non impedivano l'organizzazione delle forze Napolitane, queste avrebbero assicurata la vittoria al partito repubblicano. Ma il voler difendere la repubblica Cisalpina, la Romana, la Napolitana colle sole proprie forze ; il voler temere egualmente il nemico e gli amici, era la massima di un governo che vuol crescer il numero dei soggetti senza aumentar la forza (1).

Si parla tanto del tradimento di *Scherer*: *Scherer* tradì il governo, ma la condotta di quel governo avea di già tradita una gran nazione.

La rivoluzione di Napoli potea solo assicurar l'indipendenza d'Italia, e l'indipendenza d'Italia potea solo assicurar la Francia. L'equilibrio tanto vantato di Europa non può esser affidato se non all'indipendenza Italiana; a quell'indipendenza, che tutte le potenze, quando seguissero più il loro vero interesse che il loro capriccio, dovrebbero tutte procurare. Chiunque sa riflettere converrà meco che nella gran lotta politica che oggi agita l'Europa, quello dei due partiti rimarrà vincitore che più sinceramente favorirà l'indipendenza Italiana (2).

***

(1) *La più chiara prova che abbia dato il primo Console di amar sinceramente la libertà d'Italia è stata quella di aver concesso alla Cisalpina il corpo de' Polacchi. Chi legge con attenzione questo §. e tutta l'opera vedrà come gli avvenimenti stessi giustificano il nuovo ordine di cose desiderato tanto dalla giustizia e dall'umanità.*

(2) *Se io dovessi parlare al governo Francese per l'Italia, gli direi liberamente che o convien liberarla tutta o non toccarla. Formandone un solo governo la Francia acquisterebbe una potentissima alleata; democratizzandone una sola parte, siccome questa piccola parte nè potrebbe sperar pace dalle altre potenze, nè potrebbe difendersi da sè sola; così o dovrebbe perire abbandonata dalla Francia, o dovrebbe costare alla Francia una continua inutile guerra. Questa è la ragione per cui Luigi XI. ad onta della sua ambizione, allorchè Genova si offerì a lui, le rispose che si dasse al Diavolo. Questa è la ragione per cui si è detto che gli stabilimenti in Italia non giovavano alla Francia: duecento anni di guerra distruttiva, le*

Il destino avea finalmente fatto pervenire i momenti; ma il governo che allora avea la Francia non fu buono per eseguire gli ordini del destino, ed i pro-direttoriali governi d'Italia non seppero comprenderne le intenzioni.

Dura necessità ci costrinse a trascurare tutti gli esterni rapporti che avrebbero potuto salvar la nostra esistenza politica. Noi ignoravamo ciò che si faceva nel rimanente dell'Europa, e l'Europa non sapeva la nostra rivoluzione se non per bocca dei nostri nemici. Dalla stessa Cisalpina, dalla stessa armata Francese non avevamo che gazzette o rapporti più frivoli di una gazzetta, e più mendaci. I generali Francesi ci scrivean sempre vittorie, perchè questo loro imponeva la ragion della guerra; ma il nostro interesse era di saper anche le disfatte; e l'ignoranza in cui rimase il governo, e le false lusinghe che gli furon date di prossimo soccorso accelerarono la perdita, se non della repubblica, almeno dei repubblicani. Napoli avrebbe potuto salvar l'Italia, ma l'Italia cadde, ed involse anche Napoli nella sua ruina.

———————————

ha costato il possesso del Milanese. Allora i sovrani di Francia non avean comprese due verità, la prima delle quali è che l'Italia è più utile alla Francia amica che serva, e quindi è meglio renderla libera che provincia. Questa verità si è compresa da qualche anno; sebbene il direttorio si conduceva come se non l'avesse compresa ancora o non volesse comprenderla, e solo dal nuovo più giusto ordine di cose si può sperare l'utile effetto di questa verità. La seconda è che l'Italia non dev'esser divisa ma riunita, e la riunione dell'Italia dipende dalla libertà di Napoli, paese che la Francia non potrà giammai conservare: e che ha tante risorse in sè, che solo potrebbe disturbar tutta la tranquillità Italiana, quando non sia in mano di un governo umano ed amico della libertà. E' l'esperienza di tutt'i secoli, la quale ci mostra che i conquistatori dell'alta Italia han per lo più rotto alle sponde del Garigliano, e la filosofia spiega la ragione di tali avvenimenti.

§. XLIV.

Richiamo di Ettore Carafa dalla Puglia.

I Francesi dovettero aprirsi la ritirata colle armi alla mano; ed all'isola di *Sora* e nelle gole di *Castelforte* perdettero non poca gente. Appena essi partirono nuove insorgenze scoppiarono in molti luoghi.

Roccaromana suscitò l'insorgenza nelle sue terre alle mura di *Capua*. Egli divenne l'istrumento più grande della nobiltà a cui apparteneva, e del popolo tra cui avea un nome. Il governo lo avea disgustato; lo avea degradato, forsi per sospetti troppo anticipati, ma non seppe osservarlo, ritrovarlo reo, o perderlo: offendendolo non seppe metterlo nella impossibilità di far male; *Luigi de Gams* organizzò nello stesso tempo una insorgenza in *Caserta*. Queste insorgenze unite a quelle di *Castelforte* e di *Teano* ruppero ogni comunicazione tra *Capua* e *Gaeta*, e tra il governo Napolitano, ed il resto dell'Italia.

La ritirata dei Francesi dalla provincia di *Bari* fece insorgere di nuovo quella provincia di *Lecce*. In *Puglia* eravi ancora *Ettore Carafa* colla sua legione, ed oltre la legione avea un nome e molti seguaci; ma sia imprudenza, sia, come taluni vogliono, gelosia del governo, *Carafa* fu richiamato da una provincia, dove poteva esser utile, ed inviato a guernire la fortezza di *Pescara*. La ritirata di *Carafa* fu un vero male per quelle provincie, e per la repubblica intera; a questo male si sarebbe in parte riparato se riusciva a *Federici* di penetrare in *Puglia*, ed a *Belpulsi* nel *Contado di Molise*. Ma le spedizioni di questi due, ritardate soverchio, non furono intraprese, se non dopo la partenza delle truppe Francesi; quando cioè era impossibile eseguirle.

Così sopra tutta la superficie del territorio Napolitano

rimanevano appena dei punti democratici. Ma questi punti contenevano degli eroi. Nel fondo della *Campania* era *Venafro*, che sola avea resistito per lungo tempo a *Mammone* (1), comandante dell'insorgenza di *Sora*; con poco più di forza avrebbe potuto prender la parte offensiva. I paesi della *Lucania* fecero prodigj di valore, opponendosi all'unione di *Ruffo* con *Sciarpa*, e se il fato non faceva perire i virtuosi e bravi fratelli *Vaccaro*; se il governo avesse inviati loro non più che cento uomini di truppa di linea, qualche uffiziale e le munizioni da guerra che loro mancavano, forse la causa della libertà non sarebbe perita. Gli stessi esempj di valore davano le popolazioni repubblicane del *Cilento*, le quali per lungo tempo impedirono che l'insorgenza delle *Calabrie* non si riunisse a quella di *Salerno*. *Foggia* finalmente era una città piena di democratici: essa avea una guardia nazionale di duemila persone; era una città che per lo stato politico ed economico della provincia, potea trarsi dietro la pro-

---

(1) Mammone Gaetano, *prima molinajo, indi generale in capo dell'insorgenza di Sora, è un mostro orribile di cui difficilmente si ritrova l'eguale. In due mesi di comando, in poca estensione di paese, ha fatto fucilar trecento cinquanta infelici, oltre del doppio forse uccisi dai suoi satelliti. Non si parla de' saccheggi, delle violenze, degl' incendj, non si parla delle carceri orribili, nelle quali gittava gl'infelici che cadevano nelle sue mani, non de' nuovi generi di morte dalla sua crudeltà inventati. Ha rinnovate le invenzioni di* Procuste, *di* Mezenzio . . . . *Il suo desiderio di sangue umano era tale, che si beveva tutto quello che usciva dagl'infelici che faceva scannare: chi scrive lo ha veduto egli stesso beversi il sangue suo dopo essersi salassato, e cercar con avidità quello degli altri salassati che erano con lui; pranzava avendo a tavola qualche testa ancora grondante di sangue; beveva in un cranio . . . . . A questi mostri scriveva* Ferdinando *da Sicilia mio generale e mio amico*.

vincia intera; e da *Foggia* una linea quasi non interrotta prendeva pel settentrione verso gli *Apruzzi*, dove si contavano *Serracapriola*, *Casacalenda*, *Agnone*, *Lancigno*... Dall'altra parte per *Cirignola* e *Melfi*, *Foggia* comunicava colle tante popolazioni democratiche della provincia di *Bari*, e della *Lucania*. Noi vorremmo poter nominare tutte le popolazioni, e tutti gl'individui; ma nè tutto distintamente sappiamo, nè tutto senza imprudenza apertamente si può dire: un tempo forse si saprà, e si potrà loro render giustizia.

Ma che fare?.. A tutte queste forse mancava la mente, mancava la riunione tra tutti questi punti, mancava un piano comune per le loro operazioni. Non si crederà, ma intanto è vero: una delle cagioni che più hanno contribuito a revesciar la nostra repubblica, è stata quella di non aver avute le province delle persone che riunissero, e dirigessero tutte le operazioni: gl'insorgenti aveano tutti questi vantaggi.

§. XLV.

Cardinal Ruffo.

Ruffo intanto trionfava in *Calabria*. Dalla *Sicilia*, ove era fuggito seguendo la corte, era ritornato quasichè solo nella *Calabria*, ma le terre nelle quali si era fermato, erano appunto le terre di sua famiglia. Quivi il suo nome gli diede qualche seguace; a questi si aggiunsero tutti quelli che si trovavan condannati nelle isole della *Sicilia*, ai quali fu promesso il perdono, tutti gli scellerati banditi, fuorusciti delle *Calabrie*, ai quali fu promessa l'impunità. A *Ruffo* si unirono il preside della provincia *Winspear*, e l'uditore *Fiore*. L'impunità, la rapina, il saccheggio, le promesse facili, il fanatismo superstizioso (1), tutto concorse ad accrescergli seguaci. Incomin-

---

(1) *Quest'uomo ai creduli abitanti delle Calabrie si*

ciò con piccole operazioni, più per tentare gli animi e le cose, che per invadere. Ma vinte una volta le forze repubblicane, perchè divise e mal dirette; superata *Monteleone*; attaccò e prese *Catanzaro* capitale della *Calabria ulteriore*, e passando quindi alla *citeriore*, attaccò e prese *Cosenza*, sede di antico ed ardente repubblicanismo. *Cosenza* cadde vittima degli errori del governo, perchè disgustò il basso popolo coll'ordine di doversi pagare anche gli arretrati delle imposizioni dovute al re, perchè vi costituì comandante della guardia nazionale il tenente *de Chiara*, profondo scellerato, ed attaccato all'antico governo. Quando *Ruffo* era già vicino a *Cosenza*, *de Chiara* era alla testa di sette in ottomila patrioti risoluti di vincere o di morire. *Ruffo* avea appena diecimila uomini. Quando queste truppe furono a vista, *de Chiara* ordinò la ritirata; intanto ad un segno concertato scoppiò la sollevazione dentro *Cosenza*: cosicchè i repubblicani si trovarono tra due fuochi, ma ciò non ostante riguadagnano la città, e si difendono tre giorni. *Labonia* e *Vanni* corrono a radunar gente nelle loro patrie. Ma quando il soccorso giunse, *Cosenza* era già caduta. Essi si ridussero a dover fare prodigj di valore nella difesa di *Rossano*. Ma *Rossano* rimasta sola cadde anch'essa; cadde *Paola* una delle più belle città di *Calabria*, incendiata dal barbaro vincitore, indispettito da un valore che avrebbe dovuto ammirare. La fama del successo, ed il terrore che ispirava, lo resero padrone di tutte le *Calabrie* fino a *Matera*, dove incontrò il corso *de Cesare*, di cui parlammo nel §. XVI (1).

---

fece creder Papa. Il cardinale Zurolo arcivescovo di Napoli ebbe il coraggio di anatemizzarlo.

(1) *Le notizie dell'insurrezione della provincia di Lecce, e delle operazioni dei Corsi, mi sono state comunicate dal mio amico Giovanni Battista Gagliardo, il quale fu principal parte di tutto ciò che avvenne in Taranto. Le memorie ch'egli ha scritte sopra gli accidenti della*

Il disegno di *Ruffo* era di penetrar nella *Puglia*. *Altamura* formava un ostacolo a questo disegno. *Ruffo* l'assedia; *Altamura* si difende. Per ritrovare esempj di difesa più ostinata bisogna ricorrere ai tempi della storia antica. Ma *Altamura* non avea munizioni bastanti; a difendersi impiegarono i suoi abitanti i ferri delle loro case, le pietre, finanche la moneta convertirono in uso di mitraglia; ma finalmente dovettero cedere. *Ruffo* prese *Altamura* di assalto, giacchè gli abitanti ricusarono sempre di capitolare; e dove prima delle altre sue vittorie avea usato apparente moderazione, in *Altamura* sicuro già da tutte le parti, stanco di guadagnar gli animi che potea ormai vincere, volle dare un esempio di terrore. Il sacco di *Altamura* era stato promesso ai suoi soldati: la città fu abbandonata al loro furore; non fu perdonato nè al sesso, nè all'età. Accresceva il furore dei soldati la nobile ostinazione degli abitanti, i quali in faccia ad un nemico vincitore, col coltello alla gola, gridavano tuttavia *viva la repubblica*!... *Altamura* non fu che un mucchio di ceneri e di cadaveri intrisi di sangue.

Dopo la caduta di *Altamura*, *Sciarpa* soggiogò i bravi abitanti di *Avigliano*, *Potenza*, *Maro*, *Picerno*, *Santofele*, *Tito* ec. ec. i quali si erano uniti per la difesa comune: la stessa mancanza di provvisioni di guerra che avea fatta perdere *Altamura* li costrinse a cedere a *Sciarpa*: ma anche cedendo al vincitore conservarono tanto di quell'ascendente che il valore dà sul numero, che fecero una capitolazione onorevole, colla quale riconoscendo di nuovo il re, le loro persone e le cose rimaner dovessero salve. Ben poche nazioni possono gloriarsi di simili esempj di valore.

Intanto *Micheroux* fece nell'adriatico uno sbarco di

---

rivoluzione della sua patria sono importanti. Io ho lette molte memorie simili. E' degno di osservazione che in tutte le sollevazioni del regno ci è stato sempre suono di campane, ed una processione del Santo Protettore.

Russi che occuparono Foggia. L'occupazione, sia caso, sia arte, avvenne ne' giorni in cui la fiera richiamava colà gli abitanti di tutte le altre province del regno, e così la nuova dell'invasione sparsa sollecitamente portò negli altri luoghi il terrore anche prima delle armi.

Chi non sarebbesi rivoltato allora contro il governo repubblicano, dopo i funesti esempj di coloro che eran rimasti vittima del suo partito, vedendo dappertutto il nemico vincitore, e niuna difesa rimaner a sperarsi dagli amici? Si era già nel caso che i repubblicani, ridotti a picciolissimo numero, sembravano essi esser gl'insorgenti. Eppure l'amore per la repubblica era così grande che faceva ancora amare il governo, e tutt'i repubblicani morirono con lui.

Un poco di truppa francese e patriotica che era in *Campobasso* fu costretta ad abbandonarla. Si perdette anche il *Contado di Molise*. Non si era pensato a guadagnar le posizioni di *Monteforte*, *Benevento*, *Cerrato*, ed *Isernia* onde impedire le comunicazioni di queste insorgenze tra loro. Ribollì l'insorgenza di *Nola*, comunicando con quella di *Puglia*, e Napoli fu quasi che assediata.

§. XLVI.

Ministro della guerra.

Si era esposto mille volte al ministro della guerra tutto il pericolo che si correva per le insorgenze troppo trascurate, ma egli credeva ed avea fatto credere al governo non esser ciò altro che voci di allarmisti. Si giunse a promulgare una legge severissima contro i medesimi, ma la legge dovea farsi perchè gli allarmisti non ingannassero il popolo, e non già perchè il governo fosse ingannato dagli adulatori.

Il governo era su questo oggetto molto mal servito da' suoi agenti tanto interni che esterni, poichè per lo più eransi affidati gli affari a coloro i quali altro non aveano che l'entusiasmo, ed essi più del pericolo temevano la fatica di doverlo prevedere.

I popoli non erano creduti. Si chiesero de' soccorsi al governo per frenare l'insorgenza scoppiata nel *Cilento*. Si proponeva al ministro che s' inviassero i Francesi. I Francesi, si rispondeva, non sono buoni a frenare l'insorgenza; e si diceva il vero (1). Vi anderanno dunque i patrioti? I patrioti faranno peggio. Ma intanto il pessimo di tutt'i partiti fu quello di non prenderne alcuno; ed il più funesto degli errori fu quello di credere che il tempo avesse potuto giovare a distruggere l'insorgenza.

Il ministro della guerra diceva sempre al governo che egli si occupava a formare un piano che avrebbe riparato a tutto. Prima parte però di ogni piano avrebbe dovuto esser quella di far presto.

Si disse al ministro che avesse occupata *Ariano* e non curò di farlo; se gli disse che avesse occupata *Montefurte* e non curò di farlo. *Manthonè* credeva che il nemico non fosse da temersi. Fino agli ultimi momenti ei lusingò sè stesso ed il governo; credeva che i Russi i quali erano sbarcati in *Puglia* non fossero veramente Russi, ma galeotti che il re di Napoli avea spediti abbigliati alla russa. Gl'insorgenti erano già alla *Torre*; lo stesso *Ruffo* co' suoi Calabresi era in *Nola*; *Micheroux* co' Russi era al *Cardinale*; *Aversa* era insorta, ed avea rotta ogni comunicazione tra Napoli e *Capua*; ed il ministro della guerra, a cui tutto ciò si riferiva, rispondeva non esser altro che pochi briganti, i quali non avrebbero ardito di attaccar la capitale. Quale stranezza! Una centrale immensa, aperta da tutti i lati, il di cui popolo vi è nemico, a cui dopo un giorno si toglie l'acqua, e dopo due giorni il pane!....

---

(1) *Per le ragioni dette di sopra, cioè che contro gli insorgenti poco vale l'armata, ma si richiedono le piccole forze e permanenti.*

§. XLVII.

Disfatta di Marigliano.

Ma chi potea annoverare il ministro della guerra dall'idea di difendere la repubblica nella centrale? Egli volle anche difenderla in un modo tutto suo. Non impiegò se non picciolissime forze, le quali se prima sarebbero state bastanti ad impedire che l'insorgenza nascesse, non erano poi sufficienti a combatterla.

Egli avea fatto credere al governo ed alla nazione che potea disporre di ottomila uomini di truppe di linea; ma questa colonna, colla quale si avrebbe potuto formare un campo per difendere Napoli, non si vide mai intera. Molti credettero che si avrebbe potuto riunire gran numero di patrioti, se si dichiarasse la patria in pericolo; ma sia timore, sia soverchia confidenza, questo linguaggio franco non si volle mai adottare dal governo, e solo si ridusse ad ordinare che ad un tiro designato di cannone tutti della milizia nazionale dovessero condursi ai loro posti, e gli altri del popolo ritirarsi nelle loro case, nè uscirne, sotto pena della vita, prima del nuovo segno. Misura più allarmante di qualunque dichiarazione di pericolo, poichè non dichiarandolo, lasciava libero il campo alla fantasia alterata d'immaginarlo più grande di quello che era; misura che non dovea usarsi se non negli estremi casi, e che essendosi usata imprudentemente la prima volta, quando bisogno non vi era, fece sì che si fosse usata quasi che inutilmente, quando poi vi fu bisogno (1).

---

(1) *La prima volta si radunarono moltissimi patrioti; tutta la guardia nazionale fu al suo posto: furono tenuti a disagio una notte, e la mattina furon congedati senza che avessero ottenuto nè anche un ringraziamento, senza poter nè anche comprendere la cagione dell'allar-*

Intanto le *infinitesimali* colonne spedite da *Manthoné* furono ad una ad una distrutte. Quella comandata da *Spanò* fu battuta a *Monteforte*: l'altra comandata da *Belpulsi*, che dovea esser per lo meno di mille e duecento uomini, vanguardia di un corpo più numeroso, e che poi si trovò essere in tutto di duecento cinquanta, fu costretta a retrocedere da *Marigliano*, ove non potea più reggere in faccia a tutta la forza di *Ruffo*. La sola colonna di *Schipani* resse nella *Torre dell'Annunziata*, perchè era composta di numero maggiore, perchè non poteva esser circondata se prima non si guadagnava *Marigliano*, e perchè finalmente era sotto la protezione delle barche cannoniere, le quali allontanavano l'inimico dalla strada che va lungo il mare. La nostra marina continuò a ben meritare della patria, e finchè vi rimase il minimo legno tenne sempre lontani gli Inglesi. E chi mai demeritò della patria all'infuori di coloro che alla patria non appartenevano?

Ma finalmente *Ruffo*, padrone di *Nola* e di *Marigliano*, si avanzò da quella via verso *Portici*, tagliando così la ritirata alla colonna di *Schipani*, e togliendole ogni comunicazione con Napoli. Tra Portici e Napoli vi era il piccol forte di *Vigliena* difeso da pochi patrioti; e ad onta delle forze infinitamente superiori di *Ruffo* sostennero oltre ogni credere il forte: quando furono ridotti alla necessità di cederlo, risolverono di farlo saltar per aria. L'autore di questa ardita risoluzione fu *Martelli*.

Non minor valore dimostrò la colonna di *Schipani*: si aprì per sei miglia la strada in mezzo ai nemici; prese de' cannoni, giunse a *Portici*. Le nuove che si aveano di Napoli, la quale si credeva già presa, indusse alcuni vili a gridar *viva il re*, e costrinse gli altri a rendersi prigionieri di guerra.

---

me. La seconda volta la credettero o frivola, o finta, come la prima, e questo fece perdere molti bravi patrioti, i quali si ritrovarono rinchiusi nelle loro case, allorchè avrebbero potuto esser ne' castelli a difenderli.

§. XLVIII.

Capitolazione.

Ma Napoli non era presa ancora. I nostri si eran battuti tutti con sorte infelice nel dì 13 giugno al ponte della *Maddalena*, e furono costretti a ritirarsi nei castelli. Il governo si era già ritirato nel castello *Nuovo*. Il solo castello del *Carmine*, il quale altro non è che una batteria di mare, e che per la via di terra non si può difendere, era caduto nelle mani degl'insorgenti.

E quale castello di Napoli, all'infuori di *S. Elmo*, si può difendere! Il partito migliore, sarebbe stato quello di abbandonar la città, e fatta una colonna di patrioti, che allora forse per la necessità sarebbe divenuta numerosissima, guadagnar *Capua* per la via di *Aversa* o di *Pozzuoli*. Questo era stato il progetto di *Girardon*, che comandava in Capua le poche forze Francesi rimaste nel territorio della repubblica Napolitana. Se questo progetto fosse stato eseguito, Napoli non sarebbe divenuta come addivenne teatro di stragi, d'incendj, di scelleraggini, e di crudeltà, ed ora non piangeremmo la perdita di tanti cittadini.

Durante l'assedio dei castelli, il popolo napolitano unito agl'insorgenti commise delle barbarie che fan fremere; incrudelì financo contro le donne; alzò nelle pubbliche piazze dei roghi, ove si cuocevano le membra degl'infelici parte gittati vivi, e parte moribondi. Tutte queste scelleraggini furono eseguite sotto gli occhi di *Ruffo*, ed alla presenza degl'Inglesi.

I due castelli *Nuovo* e dell'*Uovo*, difesi dai patrioti fecero intanto per qualche giorno la più vigorosa resistenza. Se i patrioti avessero avuto un poco più di forza avrebbero potuto riguadagnar Napoli; ma essi non erano che appena cinquecento uomini atti alle armi, e *Megeant* che comandava in S. Elmo non permise più ai suoi Francesi di unirsi ai nostri.

Si sono tanto ammirati i trecento delle Termopile, perchè seppero morire; i nostri fecero anche dippiù; seppero capitolare coll'inimico, e salvarsi: seppero almeno una volta far riconoscere la repubblica Napolitana.

La capitolazione fu sottoscritta nella fine di giugno. Si promise l'amnistia, si diede a ciascuno la libertà di partire, o di restare, come più gli piaceva, e tanto a coloro che partissero; quanto a coloro che restassero, si promise la sicurezza delle persone e degli averi. La capitolazione fu sottoscritta da *Ruffo* vicario generale del re di Napoli, da *Micheroux*, generale delle sue armi, dall'ammiraglio Russo, dal comandante delle forze Turche, da *Food*, comandante i legni inglesi, che si trovarono all'azione, e da *Megeant*, il quale in nome della repubblica Francese entrò garante della Napolitana. Furon dati per parte di *Ruffo* degli ostaggi per la sicurezza dell'esecuzione del trattato, e questi furon consegnati a *Megeant* (1).

_____

(1) *Ecco la capitolazione:*

Articolo I. Il castel Nuovo, ed il castel dell'Uovo saranno rimessi nelle mani del comandante delle truppe di S. M. il re delle due Sicilie, e di quelle dei suoi alleati il re d'Inghilterra, l'imperatore di tutte le Russie, e la Porta Ottomana con tutte le munizioni da guerra, e da bocca, artiglieria, ed effetti di ogni specie, esistenti nei magazzini, di cui si formerà inventario dai commissari rispettivi dopo la firma della presente capitolazione.

II. Le truppe componenti le guarnigioni conserveranno i loro forti fino che i bastimenti, di cui si parlerà qui appresso, destinati a trasportar gl'individui che vorranno andare a Tolone, saranno pronti a far vela.

III. Le guarnigioni usciranno cogli onori di guerra, armi, bagagli, tamburo battente, bandiere spiegate, miccia accesa, e ciascuna con due pezzi di artiglieria; esse deporranno le armi sul lido.

Per eseguire il trattato fu stabilito un armistizio, ma nell'armistizio si preparò il tradimento. Appena che la regina seppe l'occupazione di Napoli, inviò da *Palermo Miledy-Hamilton* a raggiungere *Nelson : voglio prima perdere* (avea detto la regina ad *Hamilton*) *tutti e due i regni, che avvilirmi a capitolar coi ribelli.* Che *Hamilton* si prestasse a servir la regina, era cosa non insolita; essa finalmente non disponeva che dell'onor suo; ma che *Nelson* il quale avea trovata la capitolazione già

IV. Le persone, e le proprietà mobili, ed immobili di tutti gl'individui componenti le due guarnigioni saranno rispettate e garantite.

V. Tutti gli suddetti individui potranno scegliere di imbarcarsi sopra i bastimenti parlamentarj, che saranno loro presentati per condursi a Tolone, o di restare in Napoli, senza essere inquietati nè essi, nè le loro famiglie.

VI. Le condizioni contenute nella presente capitolazione son comuni a tutte le persone dei due sessi rinchiuse nei forti.

VII. Le stesse condizioni avran luogo riguardo a tutti i prigionieri fatti sulle truppe repubblicane dalle truppe di S. M. il re delle due Sicilie, e quelle dei suoi alleati nei diversi combattimenti, che hanno avuto luogo prima del blocco dei forti.

VIII. I signori arcivescovo di Salerno, Michereux, Dillou, ed il vescovo di Avellino saranno rimessi al comandante del forte S. Elmo, ove resteranno in ostaggio, fino a che sia assicurato l'arrivo a Tolone degl'individui, che vi si mandano.

IX. Tutti gli altri ostaggi, e prigionieri di stato rinchiusi nei due forti saranno rimessi in libertà subito dopo la firma della presente capitolazione.

X. Tutti gli articoli della presente capitolazione non potranno eseguirsi, se non dopo che saranno stati interamente approvati dal comandante del forte S. Elmo.

(216)

sottoscritta prostituisse ad *Hamilton* l'onor suo, l'onor delle sue armi, l'onor della sua nazione, questo è ciò che il mondo non aspettava, e che il governo, e la nazione Inglese non dovea soffrire (1).

Nelson col resto della sua flotta giunse nella rada di Napoli durante l'armistisio, e dichiarò che un trattato fatto senza di lui, che era ammiraglio *in capo*, non dovea esser valido; quasi che l'onorato e valoroso *Food*, che era persona legittima a ricevere i castelli, non lo fosse poi ad osservare le condizioni della resa; quasi che una capitolazione potesse esser legittima per una parte ed illegittima per l'altra; e non volendo mantener le promesse fatte alla repubblica Napolitana, non fosse necessario restituire ai suoi agenti tutto ciò che per tali promesse aveano già consegnato. *Acton* diceva e facea dire al re, che era a bordo dei vascelli inglesi circondato però dalle creature di *Carolina*, *che un re non capitola mai coi suoi ribelli* (2). Egli in fatti era padrone di non capitolare; ma si poteva domandare se mai quando un re abbia capitolato debba o no mantenere la sua parola!

Intanto i patrioti per Napoli erano arrestati: la partenza di quei che eransi imbarcati si differiva: *Megeant* che avea gli ostaggi nelle sue mani, *Megeant* che avea ancora forza per resistere, che poteva e doveva essere il garante della capitolazione, *Megeant* dormiva. Nel tempo dell'armistisio permise che i nemici erigessero le batterie sotto il suo forte. Fu attaccato, fu battuto, non fece una sortita, appena sparò un cannone, fu vinto, si rese.

---

(1) *Un segretario di* Nelson *scrivea ad un suo amico a* Maone: noi commettiamo le più orride scelleraggini per rimettere sul trono il più stupido dei re. Io ho del ribrezzo in riferir queste parole, che pure ho letto io stesso. Oh! come gl'Inglesi sanno compatire le loro vittime!

(2) *Espressione di un dispaccio.*

Segnò una capitolazione vergognosissima al nome Francese. Quando dovea rimaner solo, per ricoprirsi di obbrobrio, perchè non capitolò insieme cogli altri forti? Restituì gli ostaggi, ad onta che vedesse i patrioti non ancora partiti, ed ad onta che resistesse ancora *Capua*, ove gli ostaggi si poteano conservare. Promise di consegnare i patrioti che erano in *S. Elmo*, e li consegnò. Fu visto scorrere tra la fila dei suoi soldati, e riconoscere ed indicare qualche infelice che si era nascosto alle ricerche, travestito tra quei bravi Francesi coi quali avea sparso il suo sangue. Nè anche *Matera*, antico officiale francese fu risparmiato, ad onta dell'onor nazionale che dovea salvarlo, e del diritto di tutte le genti. Fu imbarcato colla sua truppa, partì solo colla sua truppa, e non domandò nè anche dei Napolitani.

E vi è taluno il quale ardisce di mettere in dubbio che *Megeant* sia un traditore? E questo uomo intanto ancora *disonora, portandolo, l'uniforme Francese*, che è l'uniforme della gloria e dell'onore (1)? Bravi ed onorati militari destinati a giudicarlo! avvertite: il giudizio che voi pronuncerete sopra di lui sarà il giudizio che cinque milioni di uomini pronunzieranno sopra di voi!

§. XLIX.

Persecuzione de' repubblicani.

Dopo la partenza di *Megeant* si spiegò tutto l'orrore del destino che minacciava i repubblicani.

Fu eretta una delle solite *giunte* di stato nella capitale: ma già da due mesi un certo *Speziale*, spedito espressamente da *Sicilia*, avea aperto un macello di carne umana in *Procida*, ove condannò a morte un *sartore*

---

(1) *Espressione del primo Console in circostanze quasi simili.*

perchè avea cuciti gli abiti repubblicani ai municipi, ed anche un *notajo*, il quale in tutto il tempo della durata della repubblica non avea mai fatto nulla, e si era rimasto nella perfetta indifferenza. *Egli è un furbo*, diceva *Speziale*, *è bene che muoja*. Per suo ordine morirono *Spanò*, *Schipani*, *Battistessa*. Quest'ultimo non era morto sulla forca; dopo esservi stato sospeso per ventiquattro ore, allorchè si portò in chiesa per seppellirlo, fu osservato che dava ancora qualche languido segno di vita: si domandò a *Speziale* che mai si dovea far di lui: *scannatelo*, egli rispose.

Ma la *giunta* che si era eretta in Napoli si trovò per accidente composta di uomini dabbene, che amavano la giustizia ed odiavano il sangue. Ardirono dire al re esser giusto e ragionevole che la capitolazione si osservasse; giusto perchè, se prima della capitolazione si poteva non capitolare, dopo aver capitolato non rimaneva altro che eseguire; ragionevole perchè non è mai utile che i popoli si avvezzino a diffidare della parola di un re; e perchè si deturpa così la causa di ogni altro sovrano e si toglie ogni mezzo di calmare le rivoluzioni.

Allora fu che *Acton* disse, che se non avea luogo la capitolazione, poteva averlo la clemenza del re. Ma qual clemenza? qual generosità sperare da chi non osserva un trattato? La prima caratteristica degli uomini vili è quella di mostrarsi superiori al giusto, e di voler dare per capriccio ciò che debbono per legge; così sotto l'apparenza del capriccio nascondono la viltà, e promettono più di quel che debbono per non osservare quello che hanno promesso. Rendasi giustizia a Paolo I. Egli conobbe quanto importasse che i popoli prestassero fede alle parole dei Sovrani, ed il di lui gabinetto fu sempre per la capitolazione. Il maggior numero degli officiali della flotta inglese compresero quanta infamia si sarebbe rovesciata sulla loro nazione, giacchè il loro ammiraglio era il vero, l'unico autore di tanta violazione del diritto delle genti, e si mise in aperta sedizione.

La *giunta* intanto rammentava al governo le leggi della giustizia, ed invitata a formare una classificazione di trentamila persone arrestate (poichè non meno di tante ve ne erano in tutte le carceri del regno) disse che doveano esser posti in libertà, come innocenti, tutti coloro i quali non fossero accusati di altro che di un fatto avvenuto dopo l'arrivo dei Francesi. La rivoluzione in Napoli non potea chiamarsi *ribellione*; i repubblicani non eran ribelli, ed il re non potea imputare a delitto azioni commesse dopo che egli non era più re di Napoli; dopo chè per un diritto tanto legittimo quanto quello della conquista, cioè quanto lo stesso diritto di suo padre e suo, aveano i Francesi occupato il di lui regno. Che se i repubblicani avean professate massime le quali parevan distruttrici della monarchia, ciò neanche era da imputarsi loro a delitto; perchè eran le massime del vincitore a cui era dovere ubbidire: essi avean professata democrazia perchè democrazia professavano i vincitori; se i vincitori si fossero governati con ordini monarchici i vinti avrebbero seguite idee diverse. L'opinione dunque non dovea calcolarsi, perchè non solamente non era volontaria, ma era necessaria e giusta, perchè era giusto ubbidire al vincitore. Il voler stabilire la massima contraria, il pretendere che un popolo dopo la legittima conquista ritenghi ancora le antiche affezioni e le antiche idee, è lo stesso che voler fomentare l'insubordinazione e coll'insubordinazione voler eternare la guerra civile, la mutua diffidenza tra i governi ed i popoli, la distruzione di ogni morale pubblica e privata, la distruzione di tutta l'Europa. Al ministero di Napoli ciò dispiaceva perchè nella guerra era rimasto perdente; ma se fosse stato vincitore, se in vece di perderlo avesse conquistato un regno, gli sarebbe piaciuto che i nuovi suoi sudditi avessero conservato troppo tenacemente e fino alla esuberbietà l'affezione alle antiche massime ed agli ordini antichi? Non avrebbe punito come ribelle chiunque avesse troppo manifestamente desiderato l'antico sovrano? La vera morale dei principi deve tendere a render facile la vittoria e non già som= minilmente dispettosa la disfatta.

I principj della *giunta* eran quelli della ragione e non già della corte. In questa i partiti eran divisi. Dicesi che la regina non volesse la capitolazione, ma che fatta una volta ne volesse l'osservanza: di fatti era inutile coprirsi di obbrobrio per perdere due o trecento infelici. *Ruffo*, autor della capitolazione, voleva lo stesso, e divenne perciò inviso ed alla regina che non avrebbe voluta la capitolazione, ed agli altri ai quali non dispiaceva che si fosse fatta, ma non volevano che si osservasse. Le istruzioni che furon date alla *giunta*, da persone degne di fede si assicura, che furono scritte da *Castelcicala*. In essa stabilivasi, come massima fondamentale esser rei di morte tutti coloro i quali avean seguita la repubblica: bastava che taluno avesse portata la coccarda nazionale. Per avere una causa di vendetta ammetteva che il re era partito, ma per averne una ragione, asseriva che, ad onta della partenza, era rimasto sempre presente in Napoli. Il regno si dichiarava un regno di *conquista* quando si trattava di distruggere tutt'i privilegj della *città* e del *regno*, i quali si chiamano quasi in tutta l'Europa *privilegj*, mentre dovrebbero esser diritti, perchè fondati sulle promesse dei re; ma quando si trattava di dover punire i repubblicani, il regno non era mai stato perduto (1). Tale fu la logica di *Caligola* quando condannava a morte egualmente e chi piangeva e chi gioiva per la morte di *Drusilla*.

Nelson, unico autore dell'infrazione del trattato, quell'istesso *Nelson* che avea condotto il re in Sicilia lo ricondusse in Napoli, ma sempre suo prigioniero; nè mai partendo o ritornando, ebbe la minima cura dell'onor di lui, giacchè partendo lo tenne in mostra al po-

---

(1) *Esistono ancora ambidue gli editti: col primo il regno si dichiara regno di conquista; col secondo si dichiara che il re non lo avea mai perduto.*

pòlo quasi uom che disprezzasse ogni segno di affezione che questo gli dava, tornando quasi insultasse ai mali che soffriva. Egli vide dal suo legno i massacri e i saccheggi della capitale. Poco di poi con suo rescritto avvisò i magistrati, che egli avea perdonato ai lazaroni il saccheggio del proprio palazzo, e sperava che gli altri suoi sudditi dietro il di lui esempio perdonassero egualmente i danni che avean sofferti! Tutti gl'infelici che il popolo arrestava eran condotti e presentati a lui, tutti pesti, intrisi di polvere e di sangue, spirando quasi l'ultimo respiro. Non s'intese mai da lui una sola parola di pietà. Era quello il tempo, il luogo, ed il modo in cui un re dovea mostrarsi al popolo suo? Egli era in mezzo ai legni pieni d'infelici arrestati che morivano sotto i suoi occhi per la strettezza del sito, per la mancanza di cibi e dell'acqua, per gl'insetti, sotto la più ardente canicola, nell'ardente clima di Napoli. Egli avea degl'infelici ai ferri finanche nel suo legno.

Con tali principj la corte dovea stancarsi, e si stancò ben presto delle noiose cure che la *giunta* si prendeva per la salute dell'umanità. Gli uomini dabbene che la componevano furono allontanati; non rimase altro che *Fiore* il quale da piccioli principj, era pervenuto alla carica di uditore provinciale in *Catanzaro*, donde fuggiasco pel taglione in tempo della repubblica, era ritornato in Napoli come *Mario* in Roma spirando stragi e vendette. Ritornò *Guidobaldi* seco menando, come in trionfo la coorte delle spie e dei delatori, che erano fuggiti con lui. A questi due furono aggiunti *Antonio la Rossa*, e tre Siciliani, *Damiani*, *Sambuti*, ed il più scellerato di tutti *Speziale*.

La prima operazione di *Guidobaldi* fu quella di transigersi con un carnefice. Al numero immenso di coloro che egli volea impiccati, gli parve che fosse esorbitante la mercede di sei ducati per ciascuna operazione, che per antico stabilimento il carnefice esigeva dal *fisco*; credette poter procurare un gran risparmio sostituendo a quella mercede una pensione mensbale. Egli credeva che almeno per dieci o dodici mesi dovesse il carnefice esser ogni giorno occupato.

La storia ci offre mille esempj di regni perduti, e poscia colle armi ricuperati; in nessuno però si ritrovano eguali esempj di tale stolta ferocia. *Silla* fece morire centomila Romani non per altro che per la sua volontà: *Augusto* depose la sua ferocia colle armi.

Un altro re di Napoli *Ferdinando I di Aragona* capitolò egualmente coi suoi sudditi, e poscia sotto specie di amicizia li fece tutti assassinare. Ma mentre commetteva il più orribile tradimento, di cui ci parli la storia, mostrò almeno di rispettare l'apparenza della santità dei trattati. Mostrarono almeno gli alleati, che li avean garantiti, di reclamarne l'esecuzione. Il nostro storico *Camillo Porzio* attribuisce a questa scelleraggine le calamità che poco dopo oppressero e finalmente distrussero la famiglia Aragonese in Napoli.

La vera gloria di un vincitore è quella di esser clemente; il voler distruggere i suoi nemici per la sola ragione di esser più forte è facile, e nulla ha con sè che il più vile degli uomini non possa imitare. Una vendetta rapida e forte è simile ad un fulmine che sbalordisce. Ma porta seco qualche carattere di nobiltà. Il deliziarsi nel sangue, il gustare a sorsi tutto il calice della vendetta, il prolungarla al di là del pericolo e dell'ira del momento, che sola può renderla, se non lodevole, almeno scusabile; il vincer la ferocia del popolo e lo stesso terrore dei vinti, e far tutto ciò prostituendo le formole più sacre della giustizia; ecco ciò che non è nè utile, nè giusto, nè nobile. La storia ha dato un luogo distinto tra i tiranni ai genj cupi e lentamente crudeli di *Tiberio* e di *Filippo II*, ai fatti dei quali la posterità aggiungerà gli orrori commessi in Napoli.

Si conobbe finalmente la legge di maestà, che dovea esser di norma alla Giunta nei suoi giudizj: legge terribile, emanata dopo il fatto, e da cui nè anche gl'innocenti si potevan salvare. Eccone li principali articoli quali si sono potuti raccogliere dalle voci più concordi tra loro e più consone alle sentenze pronunziate dalla giunta, poichè è da' sapersi che questa legge colla quale si sono giudicati quasi trentamila individui non è stata pubblicata giammai.

I. Sono dichiarati rei di lesa maestà in primo capo (e perciò degni di morte) *tutti coloro che hanno occupato i primarj impieghi della sedicente repubblica*. Per primarj impieghi s'intendevano le cariche della rappresentanza nazionale, del direttorio esecutivo, dei generali, dell'alta commissione militare, del tribunale rivoluzionario (1). Egualmente erano rei *tutti coloro che fossero cospiratori prima della venuta dei Francesi*. Sotto questo nome andavano compresi tutti coloro, che aveano occupato *S. Elmo*, e tutti coloro che erano andati ad incontrare i Francesi in *Capua* ed in *Caserta*, ad onta che la cessione di *Capua* fosse stata fatta da autorità legittima; ad onta che trai privilegj della città di Napoli, riconosciuti dal re, vi fosse quello che giunto il nemico a *Capua* la città di Napoli potesse senza taccia di ribellione, prendere quegli espedienti che volesse, ed invitare anche il nemico; ad onta che essendo legittima la cessione di *Capua*, e di tutte le province del regno a settentrione della linea di demarcazione, un numero infinito di persone che dimoravano nella capitale, ma che intanto aveano la cittadinanza in quelle province, fossero divenuti legittimamente cittadini Francesi; ad onta finalmente che dopo la resa di *Capua*, in Napoli fosse cessata ogni autorità legittima; niun re, niun vicario regio, niun generale, nessuna forza pubblica: tutto era nell'anarchia, ed a

---

(1) *Subitochè in Napoli non vi era stata ribellione, non vi era più differenza tra coloro che aveano occupate cariche, e coloro che avean solo riconosciuta la repubblica. Tutti doveano essere o egualmente rei, o egualmente innocenti.*

ciascuno nell'anarchia era permesso di salvar come meglio poteva la propria vita.

Intanto, ad onta di tutto ciò, furon dichiarati rei *tutti coloro che nelle due anarchie avessero fatto fuoco sul popolo dalle finestre;* cioè tutti coloro i quali non avessero sofferto che la più scellerata feccia del popolo tra la licenza dell'anarchia li assassinasse.

Tutti coloro che avevano continuato a battersi in faccia alle armi del re comandate dal cardinal Ruffo, o a vista del re che stava a bordo degl'Inglesi. Questo articolo avrebbe portati alla morte per lo meno ventimila persone, tra le quali eranvi tutti coloro che si trovavan rifuggiti a S. Elmo, i quali nè anche volendo poteano più separarsi dai Francesi.

Tutti coloro che avessero assistito all'innalzamento dell'albero nella piazza dello Spirito Santo (perchè in quell'occasione si atterrò la statua di *Carlo III*), *o alla festa nazionale in cui si lacerarono le bandiere reali ed inglesi prese agl'insorgenti.*

Tutti coloro che durante il tempo della repubblica aveano, o predicando, o scrivendo offeso il re, o l'augusta sua famiglia. La legge del regno esentava dalla pena di morte chiunque non avea fatto altro che parlare: la legge diceva se è stato mosso da leggerezza nol curiamo, se da follia lo compiangiamo, se da ragione gli siam grati, e se da malizia gli perdoniamo, a meno che dalle parole non ne possa nascere un attentato più grave. Una legge posteriore a questa condannò a morte tutti coloro i quali avean parlato o scritto in un'epoca nella quale forse nessuno poteva render ragione di ciò che avea fatto. Si vide allora che non bastava non aver offese le leggi per esser sicuro.

Finalmente tutti coloro i quali in modo deciso avessero dimostrata la loro empietà verso la sedicente caduta repubblica. Quest'ultimo comprendeva tutti.

Per questo articolo infatti fu condannata a morte la sventurata *Sanfelice*. Essa non avea altro delitto che quello di aver rivelato al governo la congiura di Baecher quando era sul punto di scoppiare. Niuna parte avea avuta nè nella rivoluzione, nè nel governo. Questa operazione le fu ispirata dalla più pura virtù. Non potè reggere all'idea del massacro, dell'incendio, e della ruina totale di Napoli che i congiurati avean proggettata. Questa generosa umanità, indipendente da ogni opinione di governo e da ogni spirito di partito, le costò la vita; e fu spinta la ferocia al segno di farla entrare tre volte in *cappella*, ad onta della consuetudine del regno la quale ragionevolmente volea che chi avesse una volta sofferta la *cappella* aver dovesse la grazia della vita. Non ha sofferta infatti la pena della morte colui che per ventiquattr'ore l'ha veduta inevitabile ed imminente? Eppure, rompendosi ogni legge di pietà, ogni consuetudine del regno, la sventurata *Sanfelice*, dopo un anno, fu decollata senza delitto!

Coloro che erano ascritti alla sala patriotica, benchè colle loro mani istesse avessero segnata la loro sentenza di morte (non si comprende perchè? Un'adunanza patriotica è un delitto in una monarchia, perchè è rivoluzionaria; in un governo democratico è un'azione indifferente) *pure S. M. per la sua innata clemenza li condanna all'esilio in vita colla perdita de' beni, se abbiano prestato il giuramento; quelli che non l'hanno prestato sono condannati a quindici anni di esilio.*

Finalmente coloro i quali avessero avute cariche subalterne, o non avessero altri delitti, saranno riserbati all'indulto che S. M. concederà. Questo indulto fu immaginato per due oggetti: il primo era quello di far languire un anno nelle carceri coloro che non aveano alcun delitto. *Mio figlio è innocente* diceva una sventurata madre a *Speziale. Ebbene* rispondeva costui: *se è innocente avrà l'onore di uscir l'ultimo.* Il secondo oggetto era quello di condannare almeno nell'opinione pubblica, con un perdono, anche coloro, che per la loro innocenza doveano essere assoluti.

Sag. Stor.

Non avea forse ragione la regina, quando, se è vero ciò che si dice, si opponeva a questa prostituzione di giudizj?

Io vorrei che si esaminassero li giudizj della *giunta* e di coloro che dirigevan la *giunta*, non colle massime della ragione e della giustizia naturale; non colle massime della stessa giustizia civile, poichè nè anche con queste si troverebbe ragion di condannar come ribelli coloro i quali non avean fatto altro che ubbidire ad una forza legittima e superiore, alla quale era stato costretto a cedere lo stesso re; ma colle massime dell'interesse del re. Io non dirò che la giustizia è il primo interesse di un re: ammetto anzi che l'interesse del re è la norma della giustizia. Ed anche allora chi potrebbe assolver molti (io dico molti, e sono ben lontano dal dir tutti: sono ben lontano dal credere tutti i membri della *giunta* simili a *Speziale*, e forse taluno non ha altra colpa che quella di non esser stato abbastanza forte contro i tempi) chi potrebbe, dico, assolver molti di aver non solo conculcata la giustizia ma anche tradito il re?

Quando *Silla* fece scannare sei mila Sanniti disse al senato allarmato da gemiti e dalle grida di quest' infelici: *ponete mente agli affari: son pochi sediziosetti che si correggono per ordine mio*: *Silla* era più grande, e forse anche men crudele.

Se coloro che consigliavano il re gli avessero parlato il linguaggio della saviezza, e gli avessero fatto scrivere un editto in cui si fosse ai popoli parlato così: *Coloro i quali han seguito il partito della repubblica, ora che questo partito è caduto, han pensato di aver bisogno di una capitolazione per la loro salvezza. Se essi avessero conosciuto il mio cuore, avrebbero compreso che questa capitolazione era superflua. Questo errore è stato la causa di tutti i loro traviamenti. Obblio tutto. Possano cessare tutti i partiti, e riunirsi a me per il vero bene della patria! Possa questa generosità far loro comprendere il mio cuore, e rendermi degno del loro amore! Possano le* tante vicende, e le tante sventure sofferte renderli più saggi! Se ad onta di tutto ciò, vi è taluno a cui il nuovo ordine di cose non piaccia, siagli permesso partire. Ma, o che parti, o che resti, i suoi beni, la sua persona, la sua famiglia saranno illibate, ed in me non troverà che un padre.

In quel momento... momento forsi di disinganno... un proclama di questa natura avrebbe riuniti tutti gli animi. La nazione non sarebbe stata distrutta da una guerra civile... l'amor del popolo avrebbe prodotta la sicurezza del re e la forza del regno...

Se oggi il regno di Napoli si trova diviso, desolato, pieno di odj intestini, quasi sul punto di sciogliersi, perchè il re non dice ai suoi ministri e suoi consiglieri: *voi siete stati tanti traditori! voi colpate alla mia rovina!*

L'esecuzione di questa legge spaventò finanche gli stessi carnefici della *giunta*. Essa avrebbe fatto certamente rivoltare il popolo. La stessa crudeltà rese indispensabile la moderazione. Vennero da Palermo le note dei proscritti; ma rimase la legge affinchè si potesse loro apporre un delitto.

Le sentenze erano fatte prima del giudizio. Chi era destinato alla morte dovea morire, ancorchè il preteso reo fosse minore.

Tutti li mezzi si adoperavano per ritrovare il delitto; nessuno se ne ammetteva per difendere l'innocenza. Il nome del re dispensò a tutte le formole del processo, quasi che si potesse dispensare alla formola senza dispensare alla giustizia. Ventiquattro ore di tempo si accordavano alla difesa: i testimonj non si ammettevano, si allontanavano, si minacciavano, si sbigottivano, talora anche si arrestavano: il tempo intanto scorreva e l'infelice rimaneva senza difesa. Non confronto tra i testimonj, non ripulse di sospetti, non ricogniziope di scritture si ammettevano, non debolezza di sesso, non imbecillità di anni potevan salvare dalla morte. Si son veduti condannati a morte giovinetti di sedici anni; giudicati, esiliati fanciulli di dodici. Non solo tutti i mezzi della difesa erano tolti, ma erano spenti tutti i sensi di umanità.

Se la *giunta* per invincibile evidenza d'innocenza è stata talora quasi costretta ad assolvere suo malgrado un infelice, si è veduto da Palermo rimproverarsi di un tal atto di giustizia e condannarsi per arbitrio chi era stato o assoluto o condannato a pena molto minore. Dal processo di *Muscari* nulla si rilevava che potesse farlo condannare; ma troppo zelo avea mostrato *Muscari* per la repubblica, e si voleva morto. La *giunta*, dicesi, ebbe ordine di sospender la sentenza assolutoria, e di non decidere la causa finchè non si fosse ritrovata una causa di morte. A capo di due mesi è facile indovinare che questa causa si trovò. *Pirelli*, uno dei migliori uomini che avesse la patria, uno dei migliori magistrati che avesse lo Stato anche in tempo del re, fu dalla *giunta* assoluto: i trenta di Atene quasi arrossirono di condannare *Focione*. *Pirelli* era però segnato tra le vittime, e da Palermo fu condannato ad un esilio perpetuo. *Michelangelo Novi* era stato condannato all'esilio; la sentenza era stata già eseguita, si era già imbarcato, il legno era per far vela: giunge un ordine da Palermo, e fu condannato al carcere perpetuo nella *Favignana*. *Gregorio Mancini* era stato già giudicato; era stato già condannato a quindici anni di esilio: di già prendeva commiato dalla moglie e dai figli; un ordine di *Speziale* lo chiama, e lo conduce ... dove? ... alla morte. Altre volte si era detto che le leggi condannavano ed i re facevano le grazie: in Napoli si assolveva in nome della legge e si condannava in nome del Re.

Intanto *Speziale*, a cui venivano particolarmente commesse le persone che si volevan perdute, nulla risparmiava nè di minacce, nè di suggestioni, nè d'inganni per servire alla vendetta della corte. *Nicola Fiani* era suo antico amico: *Nicola Fiani* era destinato alla morte, ma non era nè convinto, nè confesso. *Speziale* si ricorda della sua antica amicizia: dal fondo di una fossa, ove

Il povero *Fiani* languiva tra ferri, lo manda chiamare; lo fa condurre sciolto, non già nel luogo delle sedute della *giunta*, ma nelle sue stanze; nel vederlo gli scorrono le lagrime: lo abbraccia *Povero amico! a quale stato ti veggo io ridotto! Io sono stanco di più fare la figura di boja. Voglio salvarti. Tu non parli ora al tuo giudice; sei coll' amico tuo. Ma per salvarti convien che tu mi dica ciò che hai fatto. Queste sono le accuse contro di te. In giunta fosti saggio a negare, ma ciò che dirai a me non lo saprà la giunta....* Fiani presta fede alle parole dell' amicizia: *Fiani* confessa.... bisogna scriverlo; servirà per memoria.... *Fiani* scrive. È inviato al suo carcere, e dopo due giorni va alla morte.

Speziale interrogò *Conforti*. Dopo avergli domandato il suo nome e la carica che nella repubblica avea ottenuto, lo fa sedere. Gli fa sperare la clemenza del re; gli dice che egli non avea altro delitto che la carica, ma che una carica eminente era segno di *patriotismo*, e perciò delitto in coloro che erano stati senza merito e senza nome elevati per solo favore di fazione rivoluzionaria. *Conforti* era tale che ogni governo sarebbe stato onorato da lui. Indi gli parla delle pretensioni che la corte avea sullo stato Romano; tu conosci, gli dice, profondamente tali interessi. La corte ha molte memorie mie, risponde *Conforti* — Sì, ma la rivoluzione ha fatto perdere tutto. Non saresti in grado di occuparticene di nuovo? E così dicendo gli fa quasi sperare in premio la vita. *Conforti* vi si occupa; *Speziale* riceve il lavoro del rispettabile vecchio; e quando ne ebbe ottenuto l'intento lo mandò a morire (1).

---

(1) *Questo fatto sembra tanto incredibile, che mi sarei astenuto dal narrarlo, se non mi fosse stato contestato da moltissimi di ogni fede. Ma quando anche questi mentissero, gran Dio! quanto odio pubblico si è dovuto meritare prima di mover gli uomini ad immaginare, a spacciare, a credere tali orrori.*

Qual mostro era mai questo *Speziale!* Non mai la sua anima atroce ha conosciuto altro piacere che quello di insultar gl'infelici. Si dilettava, passar quasi ogni giorno, per le prigioni a tormentare, opprimere colla sua presenza coloro che non poteva uccidere ancora. Se avea il *rapporto* di qualche infelice morto di disagio o d'infezione inevitabile in carceri orribili, dove gli arrestati erano quasichè accatastati, questo *rapporto* era per lui l'annunzio di un incomodo di meno. Un soldato insorgente uccise un povero vecchio che per poco si era avvicinato ad una finestra della sua carcere a respirare un'aria meno infetta: gli altri della *giunta* volean chieder conto di questo fatto. Che fate voi? disse *Speziale*. Costui non ha fatto altro che toglierci l'incomodo di fare una sentenza. La moglie di *Baffa* gli raccomanda il suo marito: vostro marito non morrà, gli diceva *Speziale*: siate di buon animo: egli non avrà che l'esilio. — Ma quando? — Al più presto. Intanto scorsero molti giorni: non si avea nuova della causa di *Baffa*: la moglie ritorna da *Speziale*, il quale si scusa che non ancora avea per altre occupazioni potuto disbrigar la causa del marito, e la congeda confermandole le stesse speranze che altra volta le avea date. *Ma perchè insultare questa povera infelice?* gli disse allora uno che era presente al discorso.... *Baffa* era stato già condannato a morte, ma la sentenza s'ignorava dalla moglie. Chi può descrivere la disperazione, i lamenti, le grida, i rimproveri di quella moglie infelice? *Speziale* con un freddo sorriso le dice: *Che affettuosa moglie! Ignora finanche il destino di suo marito. Questo appunto io voleva vedere: ho capito: sei bella, sei giovine, vai cercando un altro marito. Addio.*

Sotto la direzione di un tale uomo, ciascuno può comprendere quale sia stata la maniera con cui sieno stati tenuti i carcerati. Quante volte quegli infelici hanno desiderata ed invocata la morte!.... Ma la mia mente è stanca di più occuparsi de' mali dell'umanità.... Il mio cuore già freme!

§. L.

Taluni patrioti.

Dopo la caduta della repubblica Napoli non presentò che l'immagine dello squallore. Tutto ciò che vi era di buono, di grande, d'industrioso fu distrutto, ed appena pochi avanzi de' suoi uomini illustri si possono contare, scampati quasi per miracolo dal naufragio, erranti senza famiglia e senza patria sull'immensa superficie della terra.

Si può valutare a più di ottanta milioni di ducati la perdita che la nazione ha fatto in industria: quasi altrettanto ha perduto in mobili, in argenti, in beni confiscati: il prodotto di quattro secoli è stato distrutto in un momento. Si son veduti de' monopolisti Inglesi mercanteggiare i nostri capi d'opera di pittura, che il saccheggio avea fatti passare dagli antichi proprietarj nelle mani del popolaccio, il quale non ne conosceva nè il merito nè il prezzo.

La rovina della parte attiva della nazione ha strascinata seco la rovina della nazione intera: tutto il popolo restò senza sussistenza, perchè estinti furono o dispersi coloro che ne mantenevano, o che ne animavano l'industria; e gli stessi controrivoluzionarj piangono ora la perdita di coloro che essi stessi hanno spinti a morte. Aggiungete a questi danni la perdita di tutt'i principj; la oppressione di ogni costume, funeste ed inevitabili conseguenze delle vicende di una rivoluzione; una corte, che da oggi in avanti riguarda la nazione come estranea e crede ritrovar nella di lei miseria e nella di lei ignoranza la sicurezza sua; e l'uomo che pensa vedrà con dolore una gran nazione respinta nel suo corso politico allo stato infelice in cui era due secoli fa.

Salviamo da tanta rovina taluni esempj di virtù: la memoria di coloro che abbiamo perduti è l'unico bene che ci resta, è l'unico bene che possiamo trasmettere alla posterità. Vivano ancora le grandi anime di coloro che *Speziale* ha tentato invano di distruggere; e vedranno con gioja i loro nomi, trasmessi da noi a quella posterità che essi tanto amavano, servir di sprone all'emulazione di quella virtù che era l'unico oggetto de' loro voti.

Noi abbiamo sofferti gravissimi mali, ma abbiam dati anche grandissimi esempj di virtù. La giusta posterità obblierà gli errori che come uomini han potuto commettere coloro a cui la repubblica era affidata; tra essi però ricercherà invano un vile, un traditore. Ecco ciò che si deve aspettare dall'uomo, ed ecco ciò che forma la loro gloria.

In faccia alla morte nessuno ha dato un segno di viltà. Tutti l'han guardata con quell'istessa fronte con cui avrebbero condannati i giudici del loro destino. *Manthonè* interrogato da *Speziale* di ciò che avesse fatto nella repubblica, non rispose altro che: *ho capitolato*. Ad ogni interrogazione non dava altra risposta. Gli fu detto, che preparasse la sua difesa: *se non basta la capitolazione, arrossirei di ogni altra.*

Cirillo interrogato qual fosse la sua professione in tempo del re, rispose, *medico*.... nella repubblica? *rappresentante del popolo*.... Ed in faccia a me che sei? riprese *Speziale*, che pensava così avvilirlo.... (1). *In faccia a te? Un eroe.*

Quando fu annunziata a *Vitagliani* la sua sentenza, egli suonava la chitarra; continuò a suonarla ed a cantare finchè venne l'ora di avviarsi al suo destino. Uscendo dalle carceri, disse al custode: *ti raccomando i miei compagni: essi sono uomini, e tu potresti esser infelice un giorno al pari di loro.*

Carlomagno montato già sulla scala del patibolo, si rivolse al popolo e gli disse: *popolo stupido tu godi a-*

---

(1) *È da osservarsi che* Speziale *non risparmiava nessuno de' più vili epiteti del trivio e del bordello.*

desso della mia morte. Verrà un giorno, e tu mi piangerai: il mio sangue già si rovescia sul vostro capo, e (se voi avrete la fortuna di non esser vivi) sul capo dei vostri figli.

Granale dall'istesso luogo guardò la folla spettatrice; vi ci riconosco, disse, molti miei amici; vendicatemi!

Niccola Palomba era già sotto al patibolo: il commesso del fisco gli dice che ancora era a tempo di rivelare de' complici — Vile schiavo! risponde Palomba, Io non ho saputo comprar mai la vita coll'infamia.

Io ti manderò a morte, diceva Speziale a Velasco... Tu? Io morirò, ma tu non mi manderai. Così dicendo misura coll'occhio l'altezza di una finestra che era nella stanza del giudice; vi si slancia sotto i suoi occhi, e lascia lo scellerato sbalordito alla vista di tanto coraggio, ed indispettito per aver perduto la vittima sua.

Ma se vi vuole del coraggio per darsi la morte, non se. ne richiede uno minore per non darsela quando si è certo di averla da altri. A *Baffa* (1), già certo del suo destino, fu offerto dell'oppio. Egli lo ricusò, e morendo dimostrò che non l'avea ricusato per viltà. Era egli, al pari di *Socrate*, persuaso che l'uomo sia posto in questo mondo come un soldato in fazione, e che sia delitto l'abbandonar la vita, non altrimenti che le sarebbe l'abbandonare il posto.

Questo sangue freddo, tanto superiore allo stesso coraggio, giunse all'estremo nella persona di *Grimaldi*. Era già condannato a morte; era stato trattenuto dopo la condanna più di un mese tra' ferri; finalmente l'ora fatale arriva: di notte una compagnia di Russi ed un'altra di soldati Napolitani lo trasportano dalla custodia al luogo della esecuzione. Egli ha il coraggio di svincolarsi dalle guardie; si difende da tutti i soldati; si libera, si salva. La truppa lo insegue invano per quasi un miglio, nè lo

---

(1) Baffa *era uno de' più eruditi uomini d'Italia; era uno de' primi per l'erudizione Greca.*

avrebbe al certo raggiunto, se invece di fuggire non avesse creduto miglior consiglio nascondersi in una casa di cui trovò la porta aperta. La notte era oscura e tempestosa; un lampo lo tradì, e lo scoperse ad un soldato che l'inseguiva da lontano. Fu raggiunto. Disarmò due soldati; si difese, nè lo potettero prendere, se non quando per tante ferite era già caduto semivivo.

Quante perdite dovrà piangere e per lungo tempo la nostra nazione! Io vorrei poter rendere ai nomi di tutti quell'onore che meritano, e spargere sul loro cenere quei fiori che forse chi sa se essi avranno giammai! Ma chi potrebbe rammentarli tutti?

Io non posso render a tutti quella giustizia che meritano, tra perchè non ho potuto sapere tutto ciò ch'è avvenuto ne' diversi luoghi del Regno; tra perchè nella mia emigrazione non ho avuta altra guida che la mia memoria, la quale non ha potuto tutto ritenere. Mi sia perciò permesso trattenermi un momento sopra taluni più noti.

Caracciolo Francesco. Era senza contraddizione uno de' primi geni che avesse l'Europa. La nazione lo stimava, il re lo amava; ma che poteva il re? Egli fu invidiato da *Acton*, odiato dalla regina e perciò sempre perseguitato. Non vi fu alcuna specie di mortificazione a cui *Acton* non lo avesse assoggettato; si vide ogni giorno posposto.... *Caracciolo* era uno di quei pochi che al più gran genio riuniva la più pura virtù. Chi più di lui amava la patria? Che non avrebbe fatto per lei? Diceva che la nazione Napolitana era fatta dalla natura per avere una gran marina, e che questa si avrebbe potuto far sorgere in pochissimo tempo: avea in grandissima stima i nostri marinari. Egli morì vittima dell'antica gelosia di *Thurn*, e della viltà di *Nelson*.... Quando gli fu annunziata la morte egli passeggiava sul cassero ragionando della costruzione di un legno inglese che era dirimpetto, e proseguì tranquillamente il suo ragionamento. Intanto un marinaro avea avuto l'ordine di prepararli il capestro: la pietà glielo impediva.... Egli piangeva sulla sorte di quel generale sotto i di cui ordini aveva tante volte militato. Sbrigati, gli disse Caracciolo; è ben grazioso che mentre io debbo morire, tu debbi piangere. Si vide Caracciolo sospeso come un infame all'antenna della fregata *Minerva*; il suo cadavere fu gittato in mare. Il re era ad *Ischia*, e venne nel giorno susseguente, stabilendo la sua dimora nel vascello dell'ammiraglio *Nelson*. Dopo due giorni il cadavere di *Caracciolo* apparve sotto il vascello, sotto gli occhi del re,..... fu raccolto dai marinari che tanto l'amavano, e gli furono resi gli ultimi officj nella chiesa di *s. Lucia*, che era prossima alla sua abitazione; officj tanto più pomposi quanto che senza fasto veruno, e quasi a dispetto di chi allora poteva tutto, furono accompagnati dalle lagrime sincere di tutt'i poveri abitanti di quel quartiere che lo riguardavano come il loro amico ed il loro padre.

Simile a *Caracciolo* era *Ettore Carafa*. Quest'eroe unitamente al suo bravo ajutante *Ginevra* sostenne *Pescara* anche dopo le capitolazioni di *Capua*, *Gaeta*, e *Santelmo*. Caduto nelle mani di *Speziale* mostrogli qual fosse il suo coraggio, ed andò a morte con intrepidezza e disinvoltura.

Cirillo Domenico. Era uno de' primi tra i medici di una città ove la medicina era benissimo intesa e coltivata, ma la medicina formava la minor parte delle sue cognizioni, e le sue cognizioni formavano la minor parte del suo merito. Chi può lodare abbastanza la sua morale? Dotato di molti beni di fortuna, con un nome superiore all'invidia, amico della tranquillità e della pace, senza veruna ambizione, *Cirillo* è uno di quei pochi, pochi sempre, pochi in ogni luogo, che in mezzo ad una rivoluzione non amano che il bene pubblico. Non è questo il più sublime elogio che si possa formare di un cittadino e di un uomo? Io era seco lui nelle carceri. *Hamilton* e lo stesso *Nelson*, a' quali avea più volte prestati i soccorsi della sua scienza volevano salvarlo. Egli ricusò una grazia che gli sarebbe costata una viltà.

Conforti Francesco. Si è già detto il tratto di perfidia che gli usò *Speziale*. A questo si aggiunga che *Conforti* in tutto il corso della sua vita avea reso de' servigj importanti alla corte; avea difesi i diritti della sovranità contro le pretensioni di Roma; avea fissati i nuovi princípj per i beni ecclesiastici, principj che riportavano la ricchezza nello Stato, e la felicità nella nazione: molte utili riforme erano nate per suo consiglio: la corte per sua opera avea rivendicati più di cinquanta milioni di ducati in fondi .... *Conforti* era il *Giannone*, era il *Sarpi* della nostra età, ma avea fatto più di essi istruendo dalla cattedra e formando per così dire una gioventù nuova. Pochi sono i Napolitani, che sanno leggere, che non lo abbiano avuto a maestro. E questo uomo senza verun delitto si mandò a morire? Egli riuniva eminentemente tutto ciò che formava l'uomo di lettere, e l'uomo di stato.

Pagano Francesco Mario. Il suo nome vale un elogio. Il suo *processo criminale* è tradotto in tutte le lingue, ed è ancora uno delli migliori libri che si abbia su tale oggetto. Nella carriera sublime della *storia eterna del genere umano* voi non rinvenite che l'orme di *Pagano* che vi possano servir di guida per raggiungere i voli di *Vico*.

Pimentel Eleonora Fonseca. *Audet viris concurrere virgo*. Ma essa si spinse nella rivoluzione come *Camilla* nella guerra, per solo amor della patria. Giovinetta ancora, questa donna avea meritata l'approvazione di *Metastasio* per i suoi versi. Ma la poesia formava una piccola parte delle tante cognizioni che l'adornavano. Nell'epoca della repubblica scrisse il *Monitore Napolitano*, da cui spira il più puro ed il più ardente amor di patria. Questo foglio le costò la vita, ed essa affrontò la morte con un'indifferenza eguale al suo coraggio. Prima di avviarsi al patibolo volle bevere il caffè, e le sue parole furono: *Forsan haec olim meminisse juvabit*.

Russo Vincenzio. È impossibile spinger più avanti di quello che egli lo spinse l'amore della patria e della virtù. La sua opera de' *Pensieri politici* è una delle più forti che si possano leggere. Egli ne preparava una seconda edizione, e l'avrebbe resa anche migliore rendendola più moderata. La sua eloquenza popolare era sublime, straordinaria.... Egli tuonava, fulminava: nulla poteva resistere alla forza delle sue parole .... Sarebbe stato utile che si fossero raccolte delle memorie sulla sua condotta nel carcere.

Egli fu sempre un eroe. Giunto al luogo del supplizio parlò lungamente con un tuono di voce, e con un calore di sentimento, il quale ben mostrava, che la morte potea distruggerlo, non mai però il suo aspetto poteva avvilirlo Quasi cinque mesi dopo ho inteso raccontarmi il suo discorso dagli uffiziali che vi assistevano con quella forte impressione che gli spiriti sublimi lascian perpetua in noi, e con quella specie di dispetto con cui gli spiriti vili risentono le irresistibili impressioni degli spiriti troppo sublimi .... Oh! se la tua ombra si aggira ancora intorno a coloro che ti furono cari, rimira me, fin dalla più tenera nostra adolescenza tuo amico, che piango, non te, a te che servirebbe il pianto! ma la patria per cui inutilmente tu sei morto.

Federici Francesco. Era maresciallo in tempo del re: fu generale in tempo della repubblica. Il ministro di guerra lo rese inutile, mentre avrebbe potuto esser utilissimo. La stessa ragione lo avea reso inutile in tempo del re. Egli sapeva profondamente l'arte della guerra; ma insieme coll'arte della guerra egli sapeva mille altre cose che per lo più ignorano coloro che sanno l'arte della guerra. Il suo coraggio nel punto della morte fu sorprendente.

Scotti Marcello. È difficile immaginare un cuore più evangelico. Egli era l'autore del *catechismo nautico*, opera destinata all'istruzione de' marinaj dell'isola di *Procida* sua patria, che meriterebbe di essere universale. Nella disputa sulla *chinea* scrisse, sebben senza suo nome, l'opera della *monarchia papale*, di cui non si era veduta l'eguale dopo *Sarpi* e *Giannone*. Nella repubblica fu rappresentante. Morì vittima dell' invidia di taluni suoi compatrioti.

Parlando di *Scotti* la mia memoria mi rammenta il virtuoso *Vescovo di Vico*, il rispettabile prelato *Troise*; e chi nò? Figli della patria! La vostra memoria è cara, perchè è la memoria della virtù. Verrà spero quel giorno in cui, nel luogo istesso nobilitato dal vostro martirio, la posterità più giusta, vi potrà dare quelle lodi che ora sono costretti a chiudere nel profondo del cuore, e più felice, vi potrà elevare un monumento più durevole della debole mia voce (1)!

---

(1) *Per riunire sotto un colpo di occhio tutto il male che in Napoli ha prodotta la controrivoluzione, basterà fare il seguente calcolo:* Ettore Carafa, Giovanni Riarj, Giuliano Colonna, Serra, Torella, Caracciolo, Ferdinando e Mario Pignatelli di Strongoli, Pignatelli Vaglio, Pignatelli Marsico, *son della prima nobiltà d' Italia; e venti altre famiglie nobili al pari di queste sono state quasichè distrutte. Tra le altre non vi è chi non pianga una perdita. La rivoluzione conta trenta in quaranta vescovi, altri venti in trenta magistrati rispettabili per il loro grado, e più per il loro merito, molti avvocati di primo ordine, ed infiniti uomini di lettere. A quelli che abbiamo nominati si possono aggiugnere tra morti* Falconieri, Logoteta, Albanese, de Filippis, Fiorentino, Ciaja, Bagni, Neri...... *La professione medica pare che sia stata presa di mira dalla persecuzione controrivoluzionaria. Sarà un giorno oggetto di ammirazione per la posterità l'ardore che i nostri medici aveano sviluppato per la buona causa. I giovani medici del grande ospedale degli Incurabili formavano il battaglione sacro della nostra repubblica. Io non parlo che della capitale. Eguale e forse anche più feroce è stata la distruzione che gli emissarj della giunta sotto nome di* visitatori *han fatta nelle province. Si possono calcolare a quattromila coloro che sono morti per furore degl' insorgenti, come l'infelice* Serao vescovo di Potenza, *uomo rispettabile per la sua*

§. LI.

Conclusione.

Il re strascinato da' falsi consigli produsse la rovina della nazione. I suoi ministri o non amavano o non curavano la nazione, dovea, perciò perdersi, e si perdette. I repubblicani colle più pure intenzioni, col più caldo amor della patria, non mancando di coraggio, perdettero loro stessi e la repubblica, e caddero colla patria vittime di quell'ordine di cose, a cui tentarono di resistere, ma a cui nulla più si poteva fare che cedere.

Una rivoluzione ritardata o respinta è un male gravissimo da cui l'umanità non si libera se non quando le sue idee tornano di nuovo al livello coi governi suoi, e quindi i governi diventano più umani, perchè più sicuri; l'umanità più libera perchè più tranquilla; più industriosa e più felice, perchè non deve consumar le sue forze a lottare contro il governo. Ma talora passano de' secoli, e si soffre la barbarie prima che questi tempi ritornino; ed il genere umano non passa ad un nuovo ordine di beni se non a traverso degli estremi de' mali.

Quale sarà il destino di Napoli? dell'Italia? dell'Europa? Io non lo so: una notte profonda circonda e ricopre tutto di un'ombra impenetrabile. Sembra che il destino non sia ancora propizio per la libertà Italiana; ma sembra dall'altra parte che egli col nuovo miglior ordine di cose non ne tolga ancora le speranze, e fa

---

dottrina e per lo suo costume; il giovine Spinelli *di s.* Giorgio. . . . . *Tutti gli altri erano egualmente i migliori della nazione. Dopo ciò si calcoli il danno. La nazione potrà rimpiazzar gli uomini ma non la coltura. Ed è forse esagerata l'espressione di esser essa retroceduta di due secoli.*

che gli stessi re travaglino a preparar quell'opera che con infelice successo hanno tentata i repubblicani. Forse la corte di Napoli spingendo le cose all'estremo, per desiderio smoderato di conservare il regno lo perderà di nuovo; e noi, come della prima è avvenuto, dovremo alla corte anche la seconda rivoluzione, la quale sarà più felice perchè desiderata e conseguita dalla nazione intera per suo bisogno e non per solo altrui dono.

~~~~~~~~~~~~~~~~

Queste cose io scriveva sul cader del 1799; e gli avvenimenti posteriori le hanno confermate. La corte di Napoli ha prodotto un nuovo cangiamento politico, e questo diretto da altre massime può produrre nel regno quella felicità che si sperò invano dal primo.

Dal 1800 fino al 1806 abbiamo veduto la corte di Napoli seguir sempre quelle stesse massime dalle quali tanti mali eran nati; la Francia, al contrario, cangiar quegli ordini, da' quali, siccome da ordini irregolarissimi, nessun bene e nessuna durevolezza di bene poteva sperarsi: e si può dire che alla nuova felicità, che il Gran NAPOLEONE ora ci ha dato, abbiamo egualmente contribuito, e l'ostinazione della corte di Napoli, ed il cangiamento avvenuto nella Francia.

Per effetto della prima, gli stessi errori han confermata ed accresciuta la debolezza del regno; nell'interno lo stesso languor di amministrazione, la stessa negligenza nella milizia, la stessa inconseguenza ne' piani, diffidenza tra il governo e la nazione, animosità, spirito di partito più che ragione; nell'esterno la stessa debolezza, la stessa audacia nella speranza e timidità nelle imprese, la stessa mala fede: non si è saputo nè evitar la guerra nè condurla; si è suscitata, e si è rimasto perdente.

Per effetto del secondo, nella Francia gli ordini pubblici sono divenuti più regolari, i diversi poteri più concordi tra loro, il massimo tra essi il più stabile, più sicuro, perciò meno intento a vincer gli altri che a dirigerli tutti al bene della patria : le idee si sono messe al livello con quelle di tutte le altre nazioni dell'Europa, perciò minore esagerazione nelle promesse, animosità minore ne' partiti, facilità maggiore, dopo la vittoria, di stabilire presso gli altri popoli un nuovo ordine di cose: il potere più concentrato, onde meno disordine e più concerto nelle operazioni de' comandanti militari, abuso minore nell'esercizio de' poteri inferiori, maggiore prudenza perchè comune a tutti e dipendente dalla stessa natura comune degli ordini e non dalla natura particolare degl'individui; il sistema di democratizzazione costituito quello di federazione, il quale assicura la pace che è sempre per i popoli il maggiore de' beni, e che finalmente ha procurati all'Italia tutti que' vantaggi che non poteva avere col sistema precedente, secondo il quale si voleva amica e si temeva rivale, onde non formando mai in essa uno stato forte ed indipendente andava a distruggersi interamente : e finalmente oltre tutti questi beni il dono grandissimo di un re che tutta l'Europa venerava per la sua mente e pel suo cuore.

Me felice, se la lettura di questo libro, potrà convincere un solo de' miei lettori, che lo spirito di partito nel cittadino è un delitto, nel governo una stoltezza; che la sorte degli Stati dipende da leggi certe, immutabili, eterne, e che queste leggi impongono ai cittadini l'amor della patria, ai governi la giustizia e l'attività nell'amministrazione interna, la prudenza, la fede nell'esterna ; che alla felicità de' popoli sono più necessarj gli ordini che gli uomini; e che noi, dopo replicate vicende, siamo giunti ad avere al tempo istesso ordini buoni ed un ottimo re, e che la memoria del passato deve esser per ogni uomo, che non odia la patria e sè stesso, il più forte stimolo per amare il presente.

FRAMMENTI
DI LETTERE
DIRETTE

VINCENZIO RUSSO.

FRAMMENTO I. (*)

. . . . Pensi tu che sia leggiera impresa pronunziare il suo giudizio su di un'opera, che può esser giudicata solamente dall'esperienza de' secoli?

Non ho creduto mai facile dare le leggi ad un popolo. *Platone*, invitato più volte a questo cimento, lo credette sempre superiore alle sue forze. Colui che ambisce la gloria di legislatore deve dire a sè stesso: *io debbo rendere cinque milioni di uomini felici, decidere della sorte di due secoli. Nella nazione che a me si affida vi sono degli scellerati audaci che debbo frenare, de' buoni ma deboli che debbo confortare, degl'ignoranti e traviati che debbo illuminare e dirigere. Debbo conoscer le idee, ed i costumi di un'altra età: debbo render la nazione felice, e ciò che è più difficile, debbo farle sentire ed amare la sua felicità. Che potrei mai io solo quando tutto il popolo non m'intendesse, o non mi seguisse? Rimarrei coll'inutile rimorso di avergli tolta la legge antica senza avergliene data una nuova, perchè non merita nome di legge quella che il popolo non intende e non ama.* Qual è, domandava *Aristotile*, la più gran difficoltà nel dar le leggi ad un popolo? quella di farle durare. Qual'è l'unico mezzo di farle durare? quello di farle amare.

(*) *Queste lettere furono scritte in occasione del progetto della costituzione Napolitana formato da Mario Pagano, il quale per mezzo del comune amico Russo ne avea fatta pervenire una copia all'autore delle lettere, invitandolo a darne un giudizio. Si è creduto utile conservarne taluni frammenti, onde far conoscere e la costituzione di Pagano, e la nazione per cui si era progettata.*

Io non ispero molto da quelle costituzioni che la forza sia quella di un conquistatore, il quale dispone di centomila bajonette, o di un' assemblea di filosofi, i quali coll' ajuto di una favorevole prevenzione strappano al popolo un consenso che non intende, importa poco: nel primo caso si fa violenza alla volontà, nel secondo all' intelletto. Le costituzioni durevoli sono quelle che il popolo si forma da sè. Ma questo popolo, tu dirai, non parla. È vero; ma mentre egli tace, tutto parla per lui: per lui parlano le sue idee, i suoi pregiudizj, i suoi costumi, i bisogni suoi. Ma perchè mai si è mosso un popolo a fare una rivoluzione? Ebbene; l'oggetto per cui il popolo si è mosso dev' essere il solo riformato, se vuoi toccare il resto, offenderai il popolo inutilmente. Ti ricorderai le lodi, che *Machiavelli* dà alla prudenza di *Bruto*, il quale, discacciati i Tarquinj da Roma pensò a provvedere il popolo di un *re sacrificatore*, perchè vide che i Romani credevano ancora necessario un re ne' loro sacrificj; ed ei volle che nel nuovo ordine di cose che pensava istituire non avessero avuto a desiderare nessun bene che loro dava l'antico.

Le costituzioni sono simili alle vesti: è necessario che ogni individuo, che ogni età di ciascun individuo abbia la sua propria, la quale, se tu vorrai dare ad altri, starà male. Non vi è veste, per quanto sia mancante di proporzioni nelle sue parti, la quale non possa trovare un uomo differente cui sieda bene; ma se vuoi fare una sola veste per tutti gli uomini, ancorchè essa sia misurata sulla statua modellaria di *Policleto*, troverai sempre che il maggior numero è più alto, più basso, più secco, più grasso, e non potrà far uso della tua veste.

Voi siete troppo corrotti per poter avere delle leggi, disse *Platone* a quei di *Cirene*. Quanti oggi dicono con gravità Platonica: *questo popolo non è ancora maturo per la libertà!* Ma quando anche si potesse credere che *Platone*, il quale, al par di tutti gli uomini e specialmente filosofi, rispondeva talora per non potere, talora per non sapere, talora per non voler rispondere altro, avesse detto da senno ciò che disse; credi tu che i *Cirenesi* non avrebbero avuto il diritto di ripetergli: *noi siamo corrotti, è vero; ma se ciò ci toglie il diritto di esser appieno felici, possiamo però pretendere di esser meno infelici. Dateci delle leggi convenienti ad uomini corrotti.*

Le costituzioni si debbono fare per gli uomini quali sono, e quali eternamente saranno, pieni di vizj, pieni di errori; imperocchè tanto è credibile che essi vogliam deporre que' loro costumi, che io reputo una seconda natura, per seguire le nostre istituzioni, che io credo arbitrarie e variabili, quanto sarebbe ragionevole un calzolajo che pretendesse accorciare il piede di colui cui avesse fatta corta una scarpa. Quando una costituzione non riesce io do sempre torto al legislatore, come appunto quando non calza bene una scarpa do torto al calzolajo.

Il voler tutto riformare è lo stesso che voler tutto distruggere. Il volere immaginare una costituzione, la quale debba servire agli uomini savj, è lo stesso che voler immaginare una costituzione per coloro che non ne hanno bisogno, e non darla intanto a coloro che ne abbisognano. Tu sai che questa è l'idea che io ho della costituzione Francese del 1795. Questa costituzione è buona per tutti gli uomini? Ebbene: ciò vuol dire che non è buona per nessuno, e dopo due costituzioni repubblicane ce ne vuole ancora un'altra per formar la felicità della repubblica.

I nostri filosofi, mio caro, sono spesso illusi dall'idea di un ottimo, che è il peggior nemico del bene. Se si volesse seguire i loro consigli, il mondo per far sempre meglio finirebbe col non far nulla. Il tempo dopo un costante periodo rimena le stesse idee, le stesse verità, gli stessi errori. Noi rassomigliamo ai filosofi della Grecia de' tempi di *Platone* e di *Aristotile*, quando stanchi de' vizj di tutt'i popoli e de' disordini di tutt'i governi loro noti, si occupavano della ricerca di una costituzione che fosse senza difetti, da servire ad un popolo che non avesse vizio alcuno. Allora fu moda, come lo è oggi, che ognuno il quale ambisse fama di pensatore, formasse un progetto di costituzione; e ciascuno spacciava la sua come l'unica che potesse stabilirsi e durare. Che ne avvenne? Allora appunto fu che la Grecia perdette tutte le sue costituzioni: prima si contentava delle migliori leggi che potesse avere, e con esse temperava i suoi vizj; quando volle le ottime, i suoi vizj non ebbero più freno. L'ottimo non è fatto per l'uomo . . . . . .

Oh! perdona. Non mi ricordava di scrivere a colui, che sull'orme della buona memoria di *Condorcet*, crede possibile in un essere finito, quale è l'uomo, una perfettibilità infinita. Scusa un ignorante avvilito tra gli antichi errori; travaglia a renderci *angioli*, ed allora fonderemo la repubblica di *St. Just*. Per ora contentiamoci di darcene una *provvisoria*, la quale ci possa rendere meno infelici per tre o quattro altri secoli, quanti almeno, a creder mio, dovranno ancora scorrere prima di giugnere all'esecuzione del tuo disegno. Parliamo della costituzione da darsi agli oziosi *lazzaroni* di Napoli, ai *feroci* Calabresi, ai *leggieri* Leccesi, ai *spurci* Sanniti, ed a tale altra simile genìa, che forma nove milioni novecento novantanovemila novecento novantanove diecimilionesimi di quella razza umana che tu vuoi tra poco rigenerare.

Per questa razza di uomini parmi che il progetto donatoci da *Pagano* non sia il migliore. Esso è migliore al certo delle costituzioni Ligure, Romana, Cisalpina, ma al pari di queste è troppo Francese, è troppo poco Napolitana. L'edificio di *Pagano* è costrutto colle materie che la costituzione Francese gli dava: l'architetto è grande, ma la materia del suo edifizio non è che creta . . !.

Se io fossi invitato all'impresa di dar leggi ad un popolo, vorrei prima di tutto conoscerlo. Non vi è nazione, quanto si voglia corrotta e misera, la quale non abbia de' costumi, che convien conservare; non vi è governo quanto si voglia dispotico, il quale non abbia molte parti convenienti ad un governo libero. Ogni popolo che oggi è schiavo fu libero una volta. Il dispotismo non si è mai elevato ad un tratto, ma a poco a poco; il potere del popolo di rado è stato conquistato, ma il più delle volte usurpato; ed in tutte le usurpazioni i despoti hanno avuto sempre in mira di nascondere i loro passi, e conservare, quanto più si poteva, le forme esterne e le apparenze antiche.

Quanto più pesante sarà la schiavitù di un popolo, tanto più questi avanzi degli altri tempi gli saran cari; perchè non mai tanto, quanto tra le avversità, ci son care le memorie dei tempi felici. Quanto più il governo che voi distruggete è stato barbaro, tanto più numerosi avanzi voi rinvenite di antichi costumi; perchè il governo, urtando troppo violentemente contro il popolo, l'ha quasi costretto a trincerarsi tra le sue antiche istituzioni; nè ha rinvenuto nei nuovi avvenimenti ragione di seguirli e di abbandonare ed obbliare gli antichi. Tu incontrerai ad ogni passo nelle province nostre sotto il più arbitrario dei governi delle istituzioni evidentemente Sannitiche e Greche; i Napolitani di oggi giorno sono quegli stessi di *Petronio*; scorri la Grecia e tu attraverso della barbarie riconoscerai i Greci, ed il popolo più oppresso ti sembrerà il più capace di libertà.

Questi avanzi di costumi e governo di altri tempi che in ogni nazione s'incontrano sono preziosi per un legislatore saggio, e debbono formar la base dei suoi ordini nuovi. Il popolo conserva sempre molto rispetto per tutto ciò che gli viene dai suoi maggiori; rispetto che produce talora qualche male, e spesso grandissimi beni. Ma coloro che vorrebbero distruggerlo non si avvedono che distruggerebbero in tal modo ogni fondamento di giustizia ed ogni principio di ordine sociale? Noi non possiamo più far parlare gli *Dei* come i legislatori antichi facevano: facciamo almeno parlare gli eroi, che agli occhi dei popoli son sempre i loro antichi. Un popolo il quale cangiasse la sua costituzione per solo amor di novità, non potrebbe far altro di meglio, che darsi una costituzione all'anno. Ma per buona sorte un tal popolo non esiste che nella fantasia di qualche filosofo.

Che non può mai fare un legislatore il quale ami la nazione e segua la natura anziché un sistema? Di nulla ei deve disperare: non vi è nazione che ei non possa render felice. Ma tutto è perduto quando un legislatore misura la infinita estensione della natura colle piccole dimensioni della sua testa, e che non conoscendo se non le sue idee, gira per la terra come un empirico col suo segreto, col quale pretende medicar tutt'i mali. Io non posso considerar senza pena la sorte di una nazione, cui si è tolta una costituzione per darne un'altra, forse anche migliore, ma tutta diversa. Voi ci volete democratici, potrebbero dire quei popoli, e noi vogliamo esserlo; noi siamo però anche virtuosi perché abbiamo una costituzione e l'amiamo. Ma voi ce ne volete dare un'altra che non possiamo amare, e noi non saremo più né liberi, né buoni; poiché la libertà non consiste già nell'avere una costituzione anziché un'altra, ma bensì nell'aver quella che il popolo vuole, e la virtù non è che l'amore di quella costituzione che si ha........

Noi abbiamo nella nostra nazione la miglior base di un governo repubblicano; base antica, nota, e cara al popolo, ed elevando sulla medesima l'edifizio della sovranità del popolo forse sarebbe organizzata meglio che altrove.

FRAMMENTO II.

Sovranità del popolo.

L'esercizio della sovranità ha due parti; la legislazione, e l'elezione. Nel vero governo democratico il legislatore dovrebbe essere il popolo istesso, ma siccome un tal sistema si crede, ed è, impraticabile in una nazione che abbia cinque milioni di abitanti, ed occupi troppo vasta estensione di terreno, così ai *comizj* si è sostituita la rappresentanza. Un popolo che ha dei rappresentanti cessa di essere rappresentato, dice *Rousseau*, e *Rousseau* ha ragione. La costituzione Inglese non ha che la divisione dei poteri; è il primo passo verso la libertà, ma non è la libertà stessa. Poichè dunque è necessario far uso di rappresentanti facciamo che essi rappresentino il popolo, e che la loro volontà sia quanto più si possa legata alla volontà popolare; rendiamoli responsabili dei loro voti; facciamo sì che il popolo possa chiederne conto, che almeno possa saperli: mettiamoli almeno nella necessità di consultare il popolo.

I deputati di Olanda debbono, dice *Sidney*, render conto alle loro popolazioni, perchè sono deputati di provincie; quelli d'Inghilterra non già, perchè son rappresentanti di borghi. Rispettabile *Sidney*! permetti che io ti confessi di non intendere ciò che vuoi dire.

Ciascun rappresentante, dice *Pagano*, rappresenta non già il dipartimento che lo elegge, ma tutta la nazione Napolitana. Questo è un passo di più: almeno presso gl'Inglesi il rappresentante rappresenta la città ed il borgo da cui viene eletto, e se non riceve degli ordini almeno riceve delle istruzioni. *Ciascun rappresentante non è responsabile di veruna opinione*, sebbene sia divenuta legge, ed abbia formata l'infelicità di una nazione intera. Questa è una ragionevole conseguenza del primo principio. Ma la nazione Napolitana non avrà ragione se poi si lagnerà che la sovranità sia stata trasferita da *Ferdinando* in un'assemblea di dugento persone? Essa al certo non l'avrà riacquistata.

La costituzione di *Robespierre* concedeva maggiore autorità alla nazione. Era però ineseguibile il riunire tutt'i giorni il popolo in assemblee primarie spesse tumultuose, e sempre terribili. La costituzione di *Robespierre* non era la costituzione nè della saviezza nè della pace.

La nazione Napolitana offre un metodo più semplice. Essa ha i suoi *comizj*, e son quei *parlamenti* che hanno tutte le nostre popolazioni; avanzi di antica sovranità, che la nostra nazione ha sempre difesi contro le usurpazioni dei baroni e del fisco. È per me un diletto ritrovarmi in taluno di questi parlamenti, e vedervi un popolo intero riunito discuterni i suoi interessi, difendervi i suoi diritti, sceglier le persone cui debba affidar le sue cose: così i pacifici abitanti delle montagne dell'Elvezia esercitano la loro sovranità; così, il più grande, il popolo Romano sceglieva i suoi consoli e decideva della sorte dell'Universo: Vuoi tu anche presso di noi il popolo sovrano? Senza i proclami, senza le ampollose frasi della rivoluzione, senza nemmeno far sospettare al popolo una novità, dì a tutti: *un nuovo ordine di cose viene a restituire i vostri diritti. Ciascuna popolazione potrà da oggi in avanti provvedere ai suoi interessi, senza che i baroni possano più violentare le vostre risoluzioni, senza che il fisco ne possa più ritardare, o storcere gli effetti. Quante liti non avete voi dovuto soffrire per sostenere i vostri diritti contro del fisco e dei baroni? Ebbene: da ora in avanti non vi saranno più nè baroni, nè fisco: i vostri interessi saran regolati e decisi da voi stessi.*

Le popolazioni così adunate incominceranno dallo scegliere i loro municipj, i quali debbono in una repubblica esser i primi magistrati, poichè debbono essere nel tempo istesso i principali esecutori degli ordini del governo ed i soli solenni convocatori dei comisj nazionali. Colla costituzione Francese del 1795 tutto si è rovesciato. I municipj non sono eletti dal popolo, e rendono conto delle loro operazioni al governo, cioè a colui che più facilmente può e che spesso vuole essere ingannato.

Io perdono ai Francesi il loro sistema di municipalità; essi non ne aveano giammai avuto, nè ne conoscevano altro migliore: forse non era nè sicuro, nè lodevole passar di un salto e senza veruna preparazione al sistema nostro. Ma quella stessa natura che non soffre i salti, non permette nè anche che si retroceda; e quando i nostri legislatori voglion dare a noi lo stesso sistema della Francia, non credi tu che la nostra nazione abbia diritto a dolersi di un'istituzione che la priva dei più antichi e più interessanti suoi diritti?

Che orribile caos è mai quell'assemblea elettorale! Qual campo all'intrigo, ed all'oppressione non offre un collegio di persone le quali non hanno che una momentanea autorità, il di cui uso è tanto difficile a distinguersi dall'abuso! Non potendo prolungarla, il principale loro interesse sarà il venderla prima di perderla. Non essendo il collegio elettorale nè popolo nè governo, sarà facilmente oppresso da questo senza esser mai difeso da quello, che non difende giammai la volontà altrui con quell'istesso zelo con cui difende la propria. Non abbiam veduto noi tutto giorno le assemblee elettorali di Francia corrotte e violentate? Il governo tempestava contro gli elettori; si dolevano del governo: il popolo, che dovea essere il giudice, ondeggiava tra il governo e gli elettori. E che poteva mai fare il popolo? O dovea rimaner indolente spettatore, o se voleva prender parte nella contesa, sarebbe inevitabilmente nata la guerra civile, poichè la legge non avea pensato nè ad evitar l'operazione del popolo, nè a dirigerla. Si evita la guerra civile ordinando le cose in modo che nè frode, nè violenza far si possa alla legge: si dirige l'operazione del popolo facendo almeno che la legge sia tanto chiara e precisa che ogni frode, ogni violenza che se le voglia fare subito si riconosca, onde chi voglia opporsi alla violenza abbia la legge dalla sua parte. Quando tutto è incerto, tutto indeterminato, l'operazione del popolo potrà forse talora esser giusta, ma sarà sempre illegale; e ciò che è illegale, o presto o tardi diventa ingiusto.

È ben difficile far violenza al popolo che elegge da sè stesso. Ma il popolo, tu dirai, anche s'inganna e può essere ingannato? *Machiavelli* il quale più di ogni altro politico conosceva il popolo, crede che di rado s'inganni nei particolari; ma s'inganni pure: sarà sempre gran parte di libertà il poter fare da sè stesso il proprio male.

Ciascuna popolazione dunque convocata in *parlamento* (questo nome mi piace più di quello di *assemblea*: esso è antico, è nazionale, è nobile; il popolo l'intende e l'ama: quante ragioni per conservarlo!) eleggerà i suoi municipi. Essi avranno il potere esecutivo delle popolazioni; saranno i principali agenti del governo, e dovranno render conto della loro condotta al governo ed alla popolazione. La loro carica durerà un anno. Tu vedi bene, che fino a questo punto altro non farei che rinnovare al popolo le antiche sue leggi.

Una delle funzioni del presidente della municipalità sarà quella di convocare i parlamenti della sua popolazione, di presedervi e di proporvi gli affari. Questi parlamenti si dovranno tenere in luoghi, a tempi, e con solennità determinate dalla legge. Con un'altra legge ne ordinerei la convocazione impreteribile in tutti i quindici giorni.

Perchè taluno vi fosse ammesso a votare io richiederei 1. che ei sia maggiore di trent'anni. Il consiglio è per lo più il frutto dell'età; i troppo giovani stanno meglio al campo che al foro; 2. che sia ammogliato o vedovo. Non intendo perchè siasi richiesta tale condizione solo per talune cariche che si sono credute più illustri. E quale carica sarà più illustre di quella di cittadino? Pochi mirano alla rappresentanza, pochissimi al ministero ed alla commissione esecutiva: una legge tanto utile alla repubblica, noi la restringeremo solo a pochi, ed a quei pochi appunto i quali meno ne hanno bisogno? Credimi: il pericolo è che manchino i cittadini utili che sostengono uno Stato; direttori e ministri che lo voglian dominare non mancheranno mai.

Tu comprenderai facilmente che io voglio ancora; 3. che ei sappia leggere e scrivere; 4. che abbia prestato servizio nella guardia nazionale; 5. che non sia nè fallito, nè accusato di delitti, i quali portin seco loro la perdita della vita naturale o civile e dell'onore: la legge determinerà quali sieno questi delitti; 6. che possegga beni, o abbia un' *industria*, o eserciti un' arte la quale non sia servile. Non mi piace che si chiami cittadino ed abbia il diritto di votare un uomo sol perchè abita un territorio e paga una *capitazione*: o presto o tardi si riempiranno le assemblee di sediziosi, i quali turberanno tutta l'ordine pubblico. Se in Inghilterra lo spirito di partito spinge talora molti a donare ai loro partigiani i fondi necessarj perchè possano essere eletti rappresentanti, ad onta che i fondi che la legge richiede non sian di piccolo valore; quanti fazïosi domineranno un' assemblea, ove il comprarsi un' voto non costa che sei franchi?

Fin qui tutti o quasi tutti sono di accordo. Ma ti dirò, che bramerei ancora che tutti fossero *padri di famiglia*? Uso questo vocabolo nel senso in cui l'usa la giurisprudenza nostra; *cui res tutelaeque rei suae*. I giovani mi perdoneranno il rispetto che io conservo per la più antica, la più cara e la più santa delle autorità, che in un governo libero in vece di distruggere vorrei anzi rinforzare. Io non credo che altrimonti si possano aver costumi. Non sono forse anche io un giovane? Ebbene: io veggo, che se io sono uno stolto; se io provo tutto il caldo; e risento tutte le tempestose agitazioni della mia età, la mia voce può esser funesta nel comizio. Ma se io son saggio; se le mie idee sono quelle della prudenza e dell'utile comune, io vi sarò superfluo, perchè sarò ascoltato da mio padre, e mio padre parlerà per me. Non sarebbe però vietato ai figli di famiglia di accettare qualunque carica, che il popolo, o il governo gli offerisse: in tal caso verrebbe ad essere tacitamente emancipato dalla legge, la quale mentre lo allontana dal luogo ove potrebbe esser pericoloso, si serve di lui quando potrebbe esser utile. Così praticavano anche i Romani; e quando presso di loro un figlio di famiglia, provato in varie cariche minori, giugneva a meritarne talune, le quali richiedevano la più gran fiducia, allora si credeva superiore a tutt'i sospetti, ed era per sempre emancipato. Qual differenza tra noi ed i Romani! Noi crediamo tutti gli uomini saggi e virtuosi: essi li volevan formar tali, e non eran contenti; volevan anche sperimentarli.

Ti ho parlato di quest'oggetto, perchè lo veggo troppo trascurato nelle costituzioni moderne. Agli Americani ne fo fatto un rimprovero. Non amo dar tanto ai vecchi quanto davano Roma, Sparta e tutti gli antichi legislatori, che più cura di noi si prendevan de' costumi e della virtù; ma veggo bene che oggi si corre all'estremo opposto, e si dà troppo ai giovani.

Organizzate in tal modo le municipalità, e determinati i diritti de' cittadini, convien farli agire. La mia prima legge costituzionale sarebbe *che qualunque popolazione della repubblica riunita in solenne parlamento possa prendere su i suoi bisogni particolari quelle determinazioni che crederà le migliori; e le sue determinazioni avran vigore di legge nel suo territorio, purchè non siano contrarie alle leggi generali ed agl'interessi delle altre popolazioni.*

Questo diritto non si può togliere alle nostre popolazioni, perchè lo aveano anche nell'antico ordine di cose per quanto loro lo permetteva l'arbitrio di chi regnava; non si deve togliere, perchè giusto ed utile alla nazione intera.

La legge è la *volontà generale*; ma mentre che la nazione ha la sua legge, ciascun individuo ha la sua *volontà particolare*, e la *libertà* altro non è che l'accordo di queste due volontà. L'uomo solo è sempre libero, perchè la sua legge non è che la stessa sua volontà. Allorchè più uomini si riuniscono in nazione, la volontà generale rimane sempre unica, ma cresce il numero delle volontà individuali in ragion dell'aumento del numero degli individui; crescono col numero le dissimiglianze tra le due volontà, e colle dissimiglianze crescono i malcontenti e gli oppressi. Questa è la ragione per cui durar non possono le grandi repubbliche; poichè essendo impossibile che tante volontà individuali possano tutte andar di accordo colla generale, sarà inevitabile, o che ciascuno dia sfogo alla sua volontà individuale, ed allora lo Stato cadrà nell'anarchia, o che vi sia una forza la quale costringa l'uomo ad obbidire anche suo malgrado: questa forza dovrà esser diversa dalla forza del popolo, e l'uomo allora non sarà più libero, sarà o licenzioso, o schiavo.

Ma osservisi dall'altra parte l'ordine della natura, e vedrassi che ella ha indicati i rimedj a tutti que' mali che temono i filosofi. Osserviamo come si formano le leggi. I primi uomini che si unirono in società, in piccolo numero, di costumi semplici, e pressochè uniformi, ebbero poche leggi: ciascuno presso a poco bastava a sè stesso: pochi erano i bisogni pubblici, pochi i pubblici mali; le loro leggi non erano altro che le pratiche de' loro maggiori. Ma queste leggi, sebben poche di numero, erano però severe; ciò vuol dire, che abbracciavano tutti gli oggetti; proprietà, matrimonj, religione, costumi, vesti, cibo, le corde istesse della lira di *Timoteo* .... tutto con oggetto della legge, perchè tutti volean lo stesso. Così a Sparta sotto il più severo de' governi, l'uomo continuava ad esser libero.

Crebbero le popolazioni; si estesero le idee; i bisogni si moltiplicarono; la volontà privata non fu più uniforme alla pubblica; il costume antico perdette la sua santità; incominciarono le frodi alle leggi; la frode fu seguita dal disprezzo; il disprezzo dall'insulto. Per distruggere la legge si fece guerra ai difensori della medesima; venne l'anarchia, e dopo l'anarchia il dispotismo. Ma sai tu perchè l'usurpatore fu accetto? Perchè rallentò il rigore delle leggi antiche; perchè non si occupò che di pochi oggetti che sottopose alla volontà sua, che allora prese il nome di volontà generale, ed abbandonò il rimanente alla volontà individuale di ciascuno. Rammenti il discorso che *Livio* mette in bocca de' figli di *Bruto?* Ebbene: quello stesso linguaggio tiene ogni uomo che siegue un usurpatore, ogni nazione che lo soffre. *Idque apud imperitos humanitas vocabatur, cum pars servitutis esset.*

Io non so quali ti sembreranno queste mie idee; non

S. St. Fram. b

sono le idee dei costituzionarj di oggi giorno; forse non sono le idee di nessuno. Che importa: sono le mie, e le credo confermate dall'esperienza di tutti i secoli.

Quanto più dunque le nazioni s'ingrandiscono, quanto più si coltivano, tanto più gli oggetti della volontà generale debbono esser ristretti, e più estesi quelli della volontà individuale. Ma affinchè tante volontà particolari non diventino del tutto singolari, e lo Stato non cada per questa via nella dissoluzione, facciamo che gli oggetti siano presi in considerazione da coloro cui maggiormente e più da vicino interessano. Vi è maggior differenza tra una terra ed un'altra, che tra un uomo ed un altro uomo della stessa terra. Se la base della libertà è che ad ogni uomo non sia permesso di far ciò che nuoce ad un altro, perchè mai ciò non deve esser permesso ad una popolazione? Perchè mai se una popolazione abbia bisogno di un *ponte*, di una *strada*, di un *medico*, e se tutto ciò richiegga una nuova contribuzione da' suoi cittadini, ci sarà bisogno che ricorra all'assemblea legislativa come prima ricorrer dovea alla *Camera*? Come si può sperare che quelle popolazioni le quali erano impazienti del giogo Camerale, soffrano oggi il giogo di altri i quali sotto nuovi nomi riuniscono l'antica ignoranza de' luoghi e delle cose, l'antica oscitanza?...

Oggi noi abbiamo ottimi governanti; ma gli avremo noi sempre? Or la buona costituzione non è quella che solo porta al governo gli ottimi: allora la nazione sarà felice, qualunque sia la forma del suo governo. Ma siccome è inevitabile di aver talvolta i mediocri, e talora anche i pessimi, la buona costituzione sarà quella che anche allora, e quasi a dispetto degli uomini, forma la felicità dello Stato. Allorchè è consolo *Scipione*, è *Scipione*, che vince *Cartagine*; ma quando è consolo *Varrone*, ma dopo la disfatta di *Canne*, la sola costituzione può salvar la repubblica. Ma per giugnere a conseguir questo oggetto è necessario di fidarvi quanto meno potete negli uomini, e quanto più potete nelle cose.

Quante buone opere pubbliche noi avremmo se più libera si fosse lasciato l'esercizio delle loro volontà alle popolazioni? Ho scorso parte del littorale dell'Adriatico: non vi è quasi popolazione la quale non abbia un fondo destinato a formarsi un porto indispensabile in un mare tempestoso; non vi è quasi popolazione la quale non l'abbia un giorno avuto, o almeno incominciato. Ma da che si è posto un freno alle municipalità, si è raffreddato anche lo spirito pubblico; il governo ha preso cura di tutto, ma il governo volendo tutto far solo, o non ha fatto nulla, o ha fatto tutto male.

L'Italia prima del quarto secolo di Roma, la Grecia nei suoi più bei tempi, mostrarono quanto possa l'attività nazionale sviluppata in tutti i suoi punti; l'alta Italia fino al XV secolo rinnovò gli esempj della Grecia. Un viaggiatore che abbia letto *Pausania*, se passa le Alpi, e scende nella Lombardia, si crederà, dice *Chatelux*, trasportato in Grecia. Cangia la sorte della nazione; affida tutto ad un solo (sia un re, o sia un'assemblea), e vedi se in così picciola estensione di terreno vedrai sorgere Venezia, Padova, Verona, Brescia, Milano, Bologna, Torino, Firenze, Genova?.... Tu vedresti una o due città grandissime, popolatissime, oppresse dal lusso, e dalla ricchezza; ed il rimanente non esser che un deserto.

Quelle nazioni hanno maggior numero di grandi città, che più tardi si son riunite in un solo corpo: molte ne ha la Francia divisa quasi fino a *Luigi XIV*; la Spagna divisa fino a *Ferdinando il cattolico* ne ha ancora; moltissime ne ha la Germania divisa fino ai tempi nostri; il regno di Napoli e d'Inghilterra, riuniti prima degli altri, non hanno che immense capitali senza una città nelle provincie.

Tu dunque vorresti una repubblica federativa? No: so gl'inconvenienti che seco porta la federazione; ma siccome dall'altra parte essa ci dà infiniti vantaggi, così amerei trovar il modo di evitar quelli senza perdere questi.

Vorrei conservare al più che fosse possibile l'attività individuale. Allora la repubblica sarà quale esser deve, lo sviluppo di tutta l'attività nazionale verso il massimo bene della nazione, il quale altro non è che la somma dei beni dei privati. L'attività nazionale si sviluppa sopra tutti i punti della terra. Se tu restringi tutto al governo, farai sì che un occhio solo, un sol braccio, da un sol punto debba fare ciò, che vedrebbero e farebbero mille occhi e mille braccia in mille punti diversi. Quest'occhio unico non vedrà bene, lento sarà il suo braccio; dovrà fidarsi di altri occhi, e di altre braccia, che spesso non sapranno, che spesso non vorranno nè vedere, nè agire: tutto sarà malversazione nel governo, tutto sarà languore nella nazione. Il governo deve tutto vedere, tutto dirigere.

Quanto più rifletto su questi oggetti tanto più ragioni trovo da credere, che fondar la repubblica Napolitana altro non sia che rimetter le cose nell'antico stato, e togliere gli ostacoli che le vicende dei tempi, e la barbarie degli uomini hanno opposti alla naturale libertà dei popoli. Se il ristabilimento del sistema municipale ci procura infiniti vantaggi, ci salva anche nel tempo istesso da mali infiniti. Gli oggetti della legislazione debbone esser generali, ed intanto la natura non produce che individui. Il governo, per esempio, ha bisogno di tributi certi, pagati in tempi determinati; ed intanto i prodotti della nazione, dai quali debbonsi i tributi raccorre, sono varj ed incerti. Una popolazione non ha che derrate, un'altra non avrà che manifatture: tra quelle stesse le quali non hanno se non una ricchezza territoriale, qual varietà nei prodotti e nei tempi dei prodotti! Una popolazione della *Messapia* non ha altro prodotto che l'olio, e deve aspettarne il ricolto nel mese di novembre; l'abitante dei piani della *Daunia*, pastore, ed agricola, lo ha già nel mese di luglio; pastore ed agricola, l'abitatore delle fredde montagne dell'*Apruzzo* deve aspettare fino a settembre: l'agricoltore raccoglie in un giorno solo il frutto delle fatiche di un anno; il manifatturiere lo raccoglie ogni giorno; il commerciante aspetta il tempo delle fiere. Ben duro esattore sarebbe colui che obbligasse tutti a pagar nello stesso tempo, e nello stesso modo; e questa sua durezza che altro sarebbe se non ingiustizia? All'incontro tu non potresti giammai immaginare una legge la quale abbia tante eccezioni, tante modificazioni, quanti sono gli abitatori della tua repubblica: non ti resta a far altro se non che imporre la somma dei tributi, e farne la ripartizione sopra ciascuna popolazione, lasciando in loro balìa la scelta del modo di soddisfarla; così la *volontà generale* della nazione determinerà l'imposizione, la *particolare* determinerà il modo: questa non potrebbe far bene il primo, quella non potrebbe far bene il secondo.

Quante vessazioni si risparmiano al popolo con questo sistema! Quanta spesa risparmia il governo! Una popolazione convocata in *parlamento* è sempre meno ingiusta e meno dura di un esattore fiscale: gli agenti che essa si elegge lo sono sempre meno di un ricevitore destinato dal governo. I Francesi i quali sotto i re non aveano nè anche l'idea del sistema municipale, aveano nel tempo istesso un sistema di finanze il più duro che si possa immaginare: il popolo diviso per parrocchie era in balìa di un *ricevitore*, cui si consegnava numerato come un gregge, e cui si dava per *appalto* la vita degli uomini. Questo disordine rendeva le finanze di Francia più pesanti che tutto il *deficit* e tutti i tributi. *Vauban*, il quale, immaginando la sua decima, ha prodotto nella scienza delle finanze una setta della quale egli non era, avea compreso che tutto il male nasceva dal cattivo sistema di riscossione; ma il rimedio che propose non era eseguibile; nè dopo lui verun altro ha saputo proporne uno più efficace. Se io avessi dovuto riformar le finanze di Francia, avrei riformato il metodo di esazione, e così se ne sarebbe tolto tutto l'orrore. Di fatti io veggo che la *corvée*, la quale tanto pesava ai Francesi, era tollerata in Roma, nei tempi più felici della repubblica, da quel popolo che più degli altri era intollerante dei tributi.

Noi abbiamo un esempio dell'effetto che possono produrre le leggi, la di cui esecuzione sia affidata alle popolazioni. Tu ben sai quanto si è speso per aver le strade nelle nostre regioni, e le strade non si avevano: gli agenti del fisco, e gli architetti assorbivano tutto. Si volle la strada di *Sora*. *Parisi* cui questa operazione fu commessa, dopo averne fatto il disegno, invitò ciascuna popolazione a formarne quella parte che cadeva nel suo territorio. La strada si ebbe in un anno; e ad onta delle malversazioni, che pure vi furono, costò appena un terzo di quello che la costruzione delle altre strade costava.

Tu ben vedi che io mi sono immerso in una discussione di finanze; ma quale oggetto è estraneo ad una costituzione? Io non credo la costituzione consistere in una dichiarazione dei diritti dell'uomo e del cittadino. E chi non sa i suoi diritti? Ma gran parte degli uomini li cede per timore; grandissima li vende per interesse: la costituzione è il modo di far sì che l'uomo sia sempre in uno stato da non esser nè indotto a venderli, nè costretto a cederli, nè spinto ad abusarne. Il maggior numero delle rivoluzioni che hanno finora scossa la terra, non esclusa nè anche quella religiosa di Lutero, hanno avuto o causa o fomento da un disordine di finanze.

Io so le difficoltà che ai miei principj si potrebbero opporre. La prima nasce dal timore che taluno avrà, che le operazioni del governo siano troppo ritardate dalla soverchia autorità che io do alle assemblee municipali. Vano timore! Non potendo i parlamenti municipali far legge generale, tu vedi che altro non potranno fare se non il bene; poichè ciò che è male, è male da per tutto, ed o presto o tardi diviene oggetto della legge generale. Vano è anche il timore della lentezza nell'esecuzione della legge. Non vedevamo noi anche nell'abolito governo le popolazioni aver quella stessa autorità che io vorrei dar loro nella nuova costituzione, ed intanto tutto esser nell'ordine? Noi vediamo lo stesso ordine nell'*Austria*, nell'*Ungheria*, e negli altri paesi di Eu-

(xxi)

ropa; ove vi sono i *stati* per ripartire ed esigere quelle imposizioni che alle corti piace d' imporre? Questi *stati* hanno somministrata la prima idea delle *amministrazioni* Francesi, che Pagano nostro ha senza modificazione imitate. Ma il sistema municipale una volta cangiato, tu vedi bene che dee riformarsi anche l'amministrazione dipartimentale.

Un' altra difficoltà . . . . . . Come fare per impedire le brighe nei parlamenti; e per far sì che la volontà del popolo non sia estorta né forzata? Il primo preservativo contro questo male è il far sì che nei parlamenti vi entrino i migliori uomini della nazione. Il migliore dei governi, dice *Aristotile*, è quello in cui gli ottimi hanno maggiore influenza. Ora gli ottimi non si ricercano per individui, ma per classi: le avvertenze proposte di sopra, ed altre che si potrebbero prendere, producono appunto l'effetto di dare alla classe degli ottimi l'influenza maggiore. Altro rimedio: qualunque risoluzione prenda una popolazione non avrà vigor di legge se non dopo un mese. Tra un mese in due altri parlamenti posteriori potrà rivocarla; tra un mese ciascuno del popolo potran ricorrere all' *Eforato*, cui spetterà di conoscere della validità o invalidità della risoluzione presa. Non vedevamo noi nell' antico governo la *regia Camera* aver questa cognizione? Ma la *regia Camera* in una costituzione monarchica prese lo spirito del governo, e giudicava non solo della validità, ma anche dell' *espedienza*, ossia della ragionevolezza e della giustizia della volontà altrui: per desio di far troppo si rendeva spesso ingiusta e sempre ridicola. La volontà generale è sempre giusta. L' *Eforato* non potrà far altro che vedere se qualche risoluzione, contro la quale si reclama, sia o no volontà generale. Le funzioni dell' *Eforato* sarebbero presso a poco quelle stesse che l' *Areopago* esercitava nella pubblicazione delle leggi, e ne' giudizj criminali presso il popolo Ateniese.

L' ultima difficoltà finalmente vien da coloro, i quali

ricercano in tutte le cose quell'uniformità che tanto si accosta all'esattezza degli uomini, e tanto si allontana dall'esattezza della natura. Io non voglio altra uniformità che nell'amor della patria. Che m'importa che ciascuno operi a suo modo, quando le operazioni di ciascuno, diverse tra loro, tendono tutte al bene generale? Tanto meglio se la massima libertà della patria si ottenga conservando la massima libertà dell'individuo! Allora l'amor sociale sarà l'amor di sè stesso.

Spesso i nostri filosofi temono tutt'i possibili, come i matematici dell'isola di *Lapata*. Se avessi tempo, ti saprei predire appuntino qual uso le nostre popolazioni farebbero della loro sovranità municipale. — Ma pure taluna direbbe, farebbe?.... — Ebbene: allora la forza di tutte le altre, la forza del governo le manterrebbe a dovere. — Ma se tutte, se il maggior numero?.... — Ed allora, caro mio filosofo, scuoti la polvere de' tuoi piedi, ed abbandona una città che non ti vuol ricevere. Essa è più forte di te, ed in conseguenza è più giusta; poichè se è più forte, dev'esser anche la più numerosa, e siccome la giustizia non è che la massima felicità divisa pel massimo numero delle persone, così tu che hai reso questo maggior numero scontento devi aver necessariamente il torto.

Il popolo ama il governo tanto quanto il governo ama il popolo. E come non amerebbe un governo buono, dice *Gordon*, mentre tanta affezione mostra anche per que' sovrani che meno la meritano? Egli spesso ha ragione, sempre è potente; eppure è sempre l'ultimo a far valere i suoi diritti: tanto il rispetto per la santità delle leggi, e l'amore dell'ordine può sull'animo suo!

Sei tu ormai persuaso della ragionevolezza dell'articolo che io vorrei fondamentale nella costituzione nostra? Tu mi concederai anche questo secondo; *se due o tre popolazioni diverse avranno interessi comuni, potranno provvedervi allo stesso modo; ed ogni qual volta, le loro risoluzioni saranno uniformi, avranno forza di legge obbligatoria per tutte le popolazioni interessate.*

Finchè si possono riunire le popolazioni è superflua la rappresentanza. Ma subito che gl'interessi diventano troppo estesi, ed impossibile riesce riunire le popolazioni, la rappresentanza diventa necessaria. Gli oggetti generali appunto sono quelli per li quali il popolo è inetto, e meglio sono affidati ad un congresso di savj.

Noi dunque avremo un'assemblea di rappresentanti, il numero de' quali sarà proporzionato alla nostra popolazione. *Pagano* ha seguita la divisione de' dipartimenti fatta dal nostro *Zannoni*, e dando ad ogni dipartimento dieci rappresentanti ha formato un corpo legislativo di 170 individui. Mi sarebbe piaciuto che il numero dei rappresentanti fosse stato eguale a quello de' cantoni, cosicchè ogni rappresentante appartenesse ad un cantone in particolare, e per eleggerlo non vi fosse necessità di convocare un intero dipartimento (convocazione che non potendosi far senza tumulto, ha dato luogo all'assemblea elettorale); ma le popolazioni di un cantone, riunite in una moderata assemblea, scieglierebbero il rappresentante loro nel modo istesso in cui oggi la popolazione di ogni terra, riunita in parlamento, sceglie il suo avvocato, o il suo *procuratore* che risieder debba nella capitale. L'officio di rappresentante, e quello di *procuratore* debbono differir tra loro meno di quello che si pensa.

La costituzione Francese confonde municipalità con cantone, cosicchè ogni cantone potrà avere più popolazioni, ma non avrà mai più di una municipalità. Io distinguo due parlamenti, uno municipale per ogni popolazione di un cantone; l'altro cantonale per tutte le diverse popolazioni che compongono un cantone medesimo. Imperocchè avendo ogni popolazione alcuni interessi particolari ad alcuni altri comuni, è giusto che talvolta prenda delle risoluzioni comuni, e tal altra delle particolari. Ma le unioni cantonali non debbono occuparsi di altro che delle elezioni che la legge loro commette: inutile, incomodo, pericoloso sarebbe incaricarle di oggetti che richiedessero una riunione troppo frequente. I

cantoni, seguendo questi principj, potrebbero essere un
poco più grandi di quelli di Francia.

Non mi piace nè anche che *Pagano* abbia imitata la
costituzione Francese nel modo di rinnovare il corpo legislativo. Quel terzo che se né deve rinovare in ogni
anno porta seco un disquilibrio troppo violento di opinioni, mentre le repubbliche debbono esser fondate sulla
perpetuità delle massime. Troppo incostante verrebbe ad
essere il sovrano di un popolo. Troppo considerabili
sarebbero gli effetti dei suoi cangiamenti, perchè gl'intriganti, e specialmente il potere esecutivo sempre usurpatore, non pensi a trarne profitto; e subito che entri
in tale speranza, impossibile sarà resistere alle sue pratiche. Tu sai ciò che il Direttorio fa nelle elezioni di
Francia. Ma se invece di farsi le elezioni dai dipartimenti si facessero dai cantoni; se la rinnovazione si facesse a poco a poco, uno, due, tre, quattro cantoni
in diversi luoghi della repubblica eleggerebbero tranquillamente i loro rappresentanti, ed a capo di tempo tutto
il corpo legislativo si troverebbe rinnovato senza veruna
scossa nelle opinioni e nei principj dello Stato, e senza
che vi fossero molte brighe. Imperciocchè il mover brighe
per un solo che si debba cangiare in una numerosa assemblea sarebbe inutile; continuarle per tutte le elezioni
nè sarebbe facile, nè darebbe a sperar veruno effetto, se
non dopo lungo tempo, cioè quando colui che spera per
lo più sarebbe fuori di carica. Vi sono due nature di
brighe: taluni brigano per aver una carica, altri perchè
si dia a chi ne abusi in favor loro. Di questa seconda
natura sono per lo più le brighe delle autorità costituite,
e riescon sempre più delle prime fatali alla libertà dei
popoli. Ma tali brighe sarebbero del tutto estinte seguendo
il nostro sistema, poichè estinta sarebbe allora la speranza
di trarne profitto che sola le ispira e le fomenta.

Questo numero di 170 rappresentanti sarà diviso in
due camere o riunito in una sola? *Pagano* ha creduto
che la divisione fosse necessaria ed utile: solo ha can-

giate le funzioni di ciascuna camera: in Francia il Gran Consiglio propone e quello dei Seniori approva; egli al contrario ha creduto più opportuno che proponga il secondo ed apprøvi il primo. Quando io fossi persuaso dell'utilità della divisione, sarei perfettamente di accordo con *Pagano* sulle funzioni di ciascuna camera.

Ma a che serve questa divisione di camere ove non vi sia divisione d'interessi? In Inghilterra ha una ragione perchè gli uomini non sono eguali; ha una ragione anche in America, poichè sebbene gli Americani avessero dichiarati tutti gli uomini eguali per diritto, pure (ed in ciò han pensato come gli antichi) non si sono lasciati illudere dalle loro dichiarazioni, ed han veduto che rimane tra gli uomini una perpetua disuguaglianza di fatto, la quale se non deve influir nell'esecuzione della legge, influisce però irreparabilmente nella formazione della medesima. Gli Americani han ricercata nelle ricchezze quella differenza che gl'Inglesi ricercan nel grado. La costituzione Francese ha adottato inutilmente lo stabilimento Americano.

Si è fatto tanto caso dell'*iniziativa* delle leggi, parola che *Delolme* ha posta in moda, e che è inutile fuorchè nell'Inghilterra. Ove non vi è conflitto d'interessi, ove i motivi di corruzione (poichè questi non è sperabile che si tolgano in verun governo) sono eguali in tutti, ivi date l'iniziativa a chi volete. A che serve mantenere assoldata un'assemblea di cinquecento progettisti?

È un bel dire che la divisione dei consigli arresti *la naturale rapidità del corpo legislativo*. Tu soggetterai come più ti piace i due consigli a due, tre, quattro letture; stabilirai quell'intervallo che vorrai fra una lettura e l'altra; ma prevederai tu, che vi possono esser dei casi di urgenza in cui sia necessario dispensare a questa formalità? Or chi sarà il giudice di questa urgenza? Lo stesso corpo legislativo. E allora addio formole, addio istituzioni! Tutto sarà rovesciato. Tra cento leggi promulgate dal poter legislativo Francese, tu conterai novantanove precedute dalla dichiarazione di urgenza, ed una appena che sia realmente urgente.

Io son persuaso della verità della massima di *Pagano*, che *i pochi e savj meglio riescono a proporre, i molti meglio riescono a discutere ed approvare*. Trovo al par di lui lodevole l'istituzione dei *senati* nelle repubbliche antiche. Ma nelle moderne, nè quelli che propongono sono pochi, nè quelli che risolvono sono molti; ed a forza di un segreto *sorite* si è ridotta la differenza che passa tra coloro che propongono e coloro che risolvono ad esser quasi che insensibile. Una differenza immensa vi era tra il senato ed il popolo di Atene. Ma immagina per poco che tutto il popolo Ateniese fosse stato composto di sole 170 persone, ed aggiugni che tutti fossero stati saggi, intelligenti, ben costumati, i quali debbono i nostri rappresentanti, e lontani tutti da quei visj che rendono il popolo inetto a far buone leggi; immagina dopo ciò che un legislatore avesse detto a cinquanta di essi: *voi siete il senato*, ed agli altri cento venti: *voi siete il popolo* .... io temo forte che i sollazzevoli Ateniesi avrebbero riso del loro Solone. Siccome molte massime riescono in piccolo e non in grande, così al contrario molte altre sono utili e sagge in grande, superflue e perciò puerili in piccolo ....

Qui si parla lungamente dell'*organizzazione per la nazione Napolitana*; dell'*iniziativa affidata ad una piccola consulta della discussione affidata a tutt'i rappresentanti riuniti in una camera sola, obbligati a ricever le istruzioni da que'cantoni a'quali appartengono*. Si stabilisce un modo solenne col quale tutti i progetti di legge debbano esser proposti, pubblicati, e sottomessi all'esame delle popolazioni prima che passino alla risoluzione de' rappresentanti .... Ma tutto ciò si tralascia come cosa che interessa la sola nazione Napolitana. L'autore delle lettere passa a sciogliere una difficoltà che se gli proponeva sull'urgenza di taluni affari, che in molti casi par che costringa a dispensare alle solennità richieste dalla costituzione.

Urgenza! nome funesto che distrugge tutte le repubbliche! Quando i Romani eran padroni della terra; quando ne' loro comisj si discutevano i più gravi interessi del mondo, non si avvisarono mai i saggi Romani di alterare la loro costituzione per servire all' urgenza dei loro affari.

Quali sono mai i casi d'urgenza? Io rido ogni volta che veggo annunciate con questo nome le leggi criminali, le leggi civili, quelle leggi che debbono decidere della sorte di due secoli, e che forse richieggono un anno almeno di discussione e di esame. La vera, la sola urgenza è il pericolo della patria, minacciata ed attaccata da un nemico, o da un traditore; e la natura de' mali veramente urgenti è tale, che passato il pericolo, non rimane di essi più che la memoria. Sarebbe follia voler conservare, passato il pericolo, quelle leggi che il solo pericolo ha dettate.

La nuova diplomazia di Europa ha fatto sorger nuove specie di urgenze e nelle guerre e ne' trattati; ma queste urgenze sono nate, se ben si riflette, dagl' ingiusti principj di ambizione, che tutte le potenze hanno, e dal cattivo stato in cui presso tutte le nazioni sono gli ordini della guerra. E quando verrà finalmente il tempo in cui i re e le repubbliche rinunzino ai loro progetti di conquiste, qualunque sia il titolo che loro si doni, ed il pretesto onde si colorano, ed alle preponderanze politiche più funeste e non meno ingiuste delle conquiste medesime? Qual nobile spettacolo darebbe di sè quella nazione che dichiarasse in faccia al mondo intero i suoi diritti di guerra e di pace; ed enumerando i casi ne' quali respingerà ogni aggressore, e difenderà la sua sicurezza ed il suo onore, dia per tutti gli altri casi all' umanità intera la parola della pace! Tale nazione metterebbe la giustizia per suo articolo costituzionale; essa rimenerebbe sulla terra desolata i bei giorni di *Numa*, o almeno quelli meno illustri, ora anche meno favolosi di *Penn*. Questa nazione, pronta sempre a far la guerra ogni volta che la giustizia il richiegga, non avrebbe quasi mai bisogno di nuova legge per dichiararla; ma correrebbe all'invito del governo ove la chiamerebbe la salute della patria, e l'editto ordinator di guerra non sarebbe che l'esecuzione della più santa delle sue leggi costituzionali.

Forse un dolce delirio mi illude: ma sarà però sempre vero che i casi di urgenza, quando anche esistano, sono più rari di quel che si pensa. Essi si sono moltiplicati per la smania di voler troppo restringere il potere esecutivo; e l'aver voluto dare al potere legislativo ciò che non gli dovea appartenere, ha fatto sì che siesi disordinato. L'urgenza per lo più richiede per rimedio un fatto e non già una legge: in ogni caso val meglio per urgenza sospendere la costituzione che alterarla. Si può per urgenza creare un dittatore, o darne le facoltà al governo; si può dare all'assemblea legislativa il potere che avea talora in Roma il senato; si possono immaginare mille altri espedienti, i quali poi tutti in ultima analisi si riducono alla dittatura. Ma il dittatore il quale per un momento è superiore alla legge, tutto deve poter fare fuorchè leggi . . . .

FRAMMENTO III.

Potere esecutivo.

Il potere esecutivo di *Pagano* è lo stesso che il potere esecutivo Francese. Che in Napoli si chiami *Arcontato* anzichè *Direttorio*, che la durata sia di due anni e non di cinque, differenze son queste, le quali non meritano veruna attenzione.

Si è pensato, come *Rousseau*, che i dittatori non abusarono del potere loro confidato sol perchè l'ebbero per sei mesi; se lo avessero avuto per due anni, sarebbero stati tentati a perpetuarvisi. Ma questa brevità di tempo porta seco poca istruzione negli affari, ad un cangiamento troppo sollecito di massime e di principj che io credo sempre funesto a tutte le repubbliche.

La nazione Napolitana non offre per il potere esecutivo una forma nazionale. Questo potere è il più indocile di tutti, e la sua organizzazione si è creduta sempre la più difficile parte di una costituzione. Ma io, senza pretendere di diminuire tale difficoltà, ti dirò che essa è divenuta maggiore da che si son volute travagliar delle costituzioni sul tavolino, obbliando gli uomini; e quindi ne è avvenuto, che siesi perduta la vera cognizione delle cose e della loro importanza. Si sono separate quelle cose che non si doveano separare, e son cresciute le difficoltà di ben ordinare il potere esecutivo da che si son trascurati gli altri poteri, de' quali l'esecutivo non era che un risultato. Forse non siamo stati mai tanto lontani dalla vera scienza della legislazione quanto lo siamo adesso che crediamo di averne conosciuti i principj più sublimi.

Vuoi tu una prova di quello che io ti dico? Prendi qualunque costituzione delle tante che gli uomini hanno avute finora, ed indicamene una sola, che i nostri filosofi non dicano di essere cattiva. Intanto le nazioni che le aveano ne erano contente, e sono state felici e grandi per quelle costituzioni appunto che noi tanto biasimiamo. Temo molto, che volendo fare una costituzione che piaccia ai filosofi, non si produca la desolazione de' popoli.

Io distinguo in ogni forma di governo il *diritto* dall' *esercizio* del *diritto*. L'oggetto del diritto è la felicità pubblica, ma essa non si ottiene se non esercitando i diritti. La costituzione più giusta è quella in cui ciascuno conserva i diritti suoi; ma quella sola costituzione in cui l'esercizio di questi diritti produce la felicità merita il nome di costituzione *regolare*.

È facile rimontare all'origine, analizzar la natura del contratto sociale, far la dichiarazione de' diritti dell'uomo e del cittadino; ma far che l'uomo, non sempre saggio, e di rado giusto, non abusi de' diritti suoi, o ne usi sol quanto richiegga la felicità comune, *hoc opus hic labor*. Quindi io reputo quasichè inutili tutte le ricerche che si fanno per sapere qual sia il più giusto de' governi; non ne troveremo allora nessuno: contentiamoci di sapere qual sia il più regolare. Spesso noi perdiamo il governo regolare per voler cercare il giusto.

Il governo democratico (tu intendi bene che il nostro non è tale) potrà forse essere il più giusto, ma non può esser regolare se non dove il popolo sia saggio; il *monarchico* potrà non esser giusto, ma ogni volta che il monarca sia saggio è sempre regolare. Ma un sovrano saggio sul trono è meno raro di un popolo saggio ne' comisj.

I più regolari de' governi, dice *Aristotile*, sono quelli dove gli ottimi governano; io vi aggiungerei quello dove coloro che governano sono ottimi. Or siccome il principio corruttore di ogni governo è l'amor di sè stesso, che può sull'uomo più dell'amor della patria, così quando ti riesca estinguere quest'amor di sè stesso, farai che gli ottimi governino; quando non potendo estinguerlo, ti riesca impedirne gli effetti, farai sì che quei che governano siano ottimi. Dall'uomo non conviene sperar tanto per la volontà che egli abbia di fare il bene, quanto per l'impotenza in cui sia di far il male. Ogni volta che l'uomo potrà fare una legge a suo vantaggio, e potrà farla eseguire, sii pur certo che la farà ad onta di tutte le considerazioni di pubblico bene.

Che farai tu per riparare a questo inconveniente? Dividerai i poteri? Non basta. Tra questi poteri ve n'è uno, il quale è sempre più forte degli altri ed o presto o tardi opprimerà i più deboli. Se tu non dividi le forze non avrai fatto nulla. Quando *Dionisio* aspirava alla tirannide, e fingendo timori per la sua vita, chiedeva al popolo di Siracusa una guardia, i Siracusani non si perdettero dietro inutili distinzioni di potere, ma risposero: noi accorderemo una guardia a te per difenderti dal popolo, ed un'altra ne riterremo noi per difendere il popolo da te. Non ti pare che i Siracusani intendessero meglio di noi i principj di libertà?

La costituzione Inglese si è occupata molto della divisione delle forze, ed è stata su tale oggetto più scrupolosa che sulla divisione dei poteri; più della costituzione Inglese se ne è occupata quella di Svezia e l'Americana; ed in Francia stessa più delle altre costituzioni vi è stata attenta la prima. Ma questa divisione di forze dipende dalle circostanze politiche di una nazione; e bene spesso lo stato delle cose, ed il corso degli avvenimenti vincono la prudenza dell'uomo, cosicchè volendo troppo dividere la forza armata si corre rischio d'indebolirla soverchio, e sacrificare così alla libertà della costituzione l'indipendenza della nazione.

Ogni nazione ha bisogno di una data somma di forza e di un dato grado di energia nella sua forza per mantenere la tranquillità interna, e la sicurezza esterna; e questo bisogno è minore o maggiore secondo lo stato politico della nazione. In Inghilterra potrete per esempio diminuir l'influenza del potere esecutivo sulla forza di terra, e così diminuir l'energia di questa forza, perchè poco è il bisogno che ne ha la nazione; grandissima al contrario è l'influenza del potere esecutivo sulla forza marittima, grandissima è l'energia di questa forza, perchè grandissimo è il bisogno che ha della medesima una società isolare. Ordinate in Francia la forza di terra nel modo stesso in cui è ordinata in Inghilterra; che farete voi? Rovinerebbe la Francia, come rovinerebbe l'Inghilterra, se volesse estendere alla forza di mare quegli ordini che ha per la forza di terra.

Quale stratezza è mai quella di credere che si possa diminuire la forza di uno Stato! Se uno Stato ha bisogno di poca forza, le sue forze saran piccole; ma non ti lusingare di poter impunemente diminuir quella forza di cui la nazione ha bisogno. Che se tu vorrai dividerla, io ti domando, quella parte di forza che togli al potere esecutivo, e commetti ad un altro potere, rimarrà inoperosa o sarà attiva? Nel primo caso ti viene a mancare la forza necessaria alla conservazione dello Stato; nel secondo, tu non farai che un giuoco di parole, poichè o-

S. St. Fram.

gni potere che dispone della forza io lo chiamo potere esecutivo.

Ecco là differenza tra i legislatori antichi e moderni. Non mai quelli si avvisarono d'indebolire i poteri, perchè si avvidero che l'indebolimento potea solo impedire il bene: essi avrebbero conservata sempre tanta forza da fare il male. Se il potere esecutivo non avrà tanta forza da difendere le frontiere, ne avrà però sempre tanta da circondare, da opprimere un collegio elettorale. In vece dunque d'indebolire i poteri essi li rendevano più energici, e così essendo tutti egualmente energici venivano a bilanciarsi a vicenda.

Ma se la forza armata di una nazione deve assolutamente dipendere dal potere esecutivo, vi sono tante altre forse meno pericolose, ma non meno difficili a superarsi che si possono mettere in guardia dagli altri poteri; ed in questa ripartizione appunto di forza e di opinione consiste tutto il mirabile delle grandi legislazioni. I costumi de' maggiori; il rispetto per la religione; i pregiudizj istessi dei popoli, servon talora a frenare i capricci dei più terribili despoti, anche quando al potere esecutivo sia riunito il legislativo: quali vantaggi non se ne potrieno sperare ove i poteri fossero divisi?

Non so se tu hai paragonato mai il dispotismo di un sultano di Costantinopoli con quello di un imperatore di Roma. Di questo paragone io mi sono più volte occupato. Non ti dirò già con *Linguet* che in Costantinopoli vi sia più libertà che non eravane in Parigi sotto *Luigi XV*, ma ardisco dirti però che, dovendo scegliere, avrei amato meglio vivere in Costantinopoli che in Roma. Il dispotismo turco è più feroce ma meno crudele; più terribile ai Greci che ai Turchi; se le tue ricchezze non tentano la rapacità di un bassà, se il tuo grado non offende la gelosia di un visir, tu vivrai tranquillo come i piccoli arboscelli che sono tranquilli in mezzo al vortice della tempesta che schianta ed atterra le eterne querce ed i superbi pini della montagna. Una parte di te stessa almeno, è sicura. La tua opinione, la tua moglie, la sicurezza della tua persona sono sempre sicure; tu vedrai mille volte il despota arrestarsi e rompere le sue intraprese in faccia al pubblico costume, alla religione, agli usi tuoi, i quali son tanto cari al popolo, che non potrebbe il despota offenderli senza concitare contro di sè l'odio del popolo intero sempre più potente de' giannizzeri suoi. Pare che i discendenti di Osmano si sien transatti coi seguaci loro, e mentre si han riserbato il diritto di poter fare moltissimo, molto ancora han dichiarato di non poter fare. Ma in Roma qual era quella cosa che salva rimanesse dal furore dei *Cesari*? Cesare era tutto; egli censore, egli pontefice, egli augure, egli tribuno, egli console; l'opinione pubblica, la religione, il costume, i riti, i diritti tutto era nelle sue mani, e nulla rimaneva in guardia del popolo. Questa differenza tra i diversi generi di dispotismo non mi pare che sia avvertita abbastanza: il primo dispotismo è quello di una nazione ancora barbara, il secondo della corrotta; il primo è il dispotismo della forza, il secondo è il dispotismo della legge.

A questo secondo dispotismo si corre quando per soverchio amore di regolarità si vogliono torre al popolo tutt'i suoi costumi, tutte le sue opinioni, tutti gli usi suoi; i quali io chiamerei base di una costituzione. Questa base deve poggiare sul carattere della nazione; deve precedere la costituzione; e mentre con questa si determina il modo in cui una nazione debba esercitare la sua sovranità, vi debbono esser molte cose più sacre della costituzione stessa, che il sovrano, qualunque sia, non deve poter alterare. I popoli dal dispotismo barbaro (che col linguaggio di *Aristotile* chiamar si potrebbe *eroico*) in cui il despota può molto, perchè non ha altro freno che il solo carattere nazionale, o sia la sola base di una costituzione, passano allo stato di governo regolare, in cui le leggi frenano il soverchio arbitrio che lasciavano i soli costumi. Ma se un despota s'impadronisce delle leggi, e, ciò che val lo stesso, se ne usurpa l'apparenza, allora si cade nel dispotismo dei popoli corrotti, che *Aristotile* chiamerebbe *panbasilios*.

È pericoloso estendere soverchio l'impero delle stesse leggi, perchè allora esse rimangono senza difesa: le leggi da per loro stesse son mute; la difesa la dovrebbe fare il popolo, ma il popolo non intende le leggi, e solo difende le sue opinioni ed i costumi suoi. Questo è il pericolo che io temo quando veggo costituzioni troppo filosofiche, e per ciò senza base, perchè troppo lontane dai sensi e dai costumi del popolo.

Tutto dunque in una nazione deve formar parte della costituzione. Questa è la ragione per cui tanto difficile è il farne una nuova, e tanto pericoloso il cangiarne una antica. Io non saprei condannare la soverchia severità di *Seleuco*: quante volte noi crediamo utile una novità che è solamente pericolosa!

Dopo le sue opinioni ed i suoi costumi, il popolo nulla ha di più caro che le apparenze della regolarità e dell'ordine. Quelle leggi sono più rispettate dal popolo che con maggiori solennità esterne colpiscono i sensi. Vuoi tu che un popolo sia attaccato alla legge? Devi fare in modo che non si possa ingannare giammai sulla natura della medesima, che non possa cadere in errore tra le operazioni del governo e le risoluzioni del sovrano. Così l'attaccamento alla solennità della legge difenderà la sua costituzione.

Questa solennità della legge si può portare a tal grado di evidenza, da render legittima e senza pericolo finanche l'insurrezione contro gli ordini del governo: niun inconveniente infatti essa produceva presso i Cretesi, le leggi dei quali servirono di modello a *Licurgo*. *Montesquieu* ricercando le ragioni di tale fenomeno, per seguir le astruse e frivole si lasciò sfuggir le facili e vere. Come mai obbliò *Montesquieu* che la costituzione Inglese avea quasi quello stesso che si ammirava nella Cretese? Ma noi molte volte per spiegare un fenomeno incominciamo dal crederlo un miracolo.

In Francia si volle stabilire per massima costituzionale l'insurrezione. Ma senza quelle circostanze che l'accompagnavano, e che la dirigevano in Creta, essa non avrebbe potuto produrre altro che la guerra civile. Per buona sorte della Francia questa massima fu *guillottinata* con *Robespierre*. I Francesi aveano fondata la loro costituzione sopra principj troppo astrusi, dai quali il popolo non può discendere alle cose sensibili se non per mezzo di un sillogismo; e quando siamo a sillogismo, allora non vi è più uniformità di opinione, e non si potrà sperare regolarità di operazioni. Il popolo vede i fatti, ed abusa dei principj. *Filangeri* accusa i Romani di uno smoderato amore di *particolarizzare* che essi mostrano in tutte le loro leggi, e non si avvede che su di esso era fondata la loro libertà. La costituzione Romana era sensibile, viva, parlante. Un Romano si avvedeva di ogni infrazione dei suoi diritti come un Inglese si avvede delle infrazioni della gran carta. In vece di questa, immagina per poco che gl'Inglesi avessero avuto la dichiarazione dei diritti dell'uomo e del cittadino; essi allora non avrebbero avuto *la bussola che loro ha servito di guida in tutte le loro rivoluzioni*. I Romani eccedettero nella smania di voler particolarizzar tutto, per cui negli ultimi tempi formarono dei loro diritti un peso di molti cammelli. Ma mentre conosciamo i loro errori, evitiamo anche gli eccessi contrarj, e teniamoci quanto meno possiamo lontani dai sensi. Se la moltiplicità dei dettagli forma un bosco troppo folto nel quale si smarrisce il sentiero, i principj troppo sublimi e troppo universali rassomigliano le cime altissime dei monti, donde più non si riconoscono gli oggetti sottoposti.

Dopo che avrete divisi i poteri, assodata la base della costituzione e fortificata la legge coll'opinione e colle solennità esterne, per frenare la forza vi resta ancora a dividere gl'interessi. Fate che il potere di uno non si possa estendere senza offendere il potere di un altro; non fate che tutt'i poteri si ottengano e si conservino nello stesso modo; talune magistrature sieno perpetue, talune elezioni a sorte, talune promozioni fatte dalla legge, cosicchè un uomo, che siasi ben condotto in una carica, sia sicuro di ottenerne una migliore senza aver bisogno del favor di nessuno; tutte queste varietà lungi dal distruggere la libertà ne sono anzi il più fermo sostegno, perchè così tutti i possidenti e coloro che sperano, temono un rovescio di costituzione che sarebbe contrario ai loro interessi. Per questa ragione negli ultimi anni della repubblica Romana il senato ed i patrisj furono sempre per la costituzione.

Talora, moltiplicando i modi delle elezioni, se ne trovano taluni che sono più ragionevoli, e conducono ad elezioni migliori. È giusto che il popolo, per esempio, elegga i suoi giudici; ma quando avrà scelti i giudici dipartimentali, mi piacerebbe che costoro fra il loro numero scegliessero colui che debba sedere nel tribunale supremo di cassazione. Il popolo è il giudice dei buoni, ma solo i buoni possono esser giudici degli ottimi.

Molte volte quelle parti di una costituzione, che guardate isolatamente sembrano difettose, nell'insieme producono un ottimo effetto; come molte volte due veleni riuniti cessano di esser nocivi. In Roma i tribuni aveano un potere troppo esteso, perchè potevano opporsi non solo agli atti del senato che fossero anticostituzionali, ma anche a quelli che essi credessero contrarj al pubblico bene: così molte volte non solo frenavano il potere esecutivo ma lo distruggevano. Ma il senato dall'altra parte avea anche esso un potere immenso, che ben potea misurarsi con quello dei tribuni; e questi poteri che erano forse ambedue eccedenti, continuando ad essere proporzionati tra loro non producevano giammai la distruzione, ma solo una gara, la quale si convertiva in vantaggio della nazione: ciascuno dei partiti per vincere l'altro dovea trarre il popolo a sè, e non poteva farlo se non offerendogli vantaggi maggiori dell'altro.

Molte massime di quelle che noi crediamo assiomi delle

scienze politiche mi sembrano inesatte; onde avvien poi che esse non si trovano sempre vere in pratica. Si è calcolato per esempio il potere che si può affidare ad una persona e non si è avuto riguardo alla sicurezza del potere, anzi si è voluto diminuir la sicurezza (e sotto nome di sicurezza s'intende anche la durata) a proporzione che si è accresciuto il potere. Ma non si è riflettuto che il soverchio potere quanto è più sicuro è anche più umano, e che per renderlo feroce basta renderlo incerto e sospettoso. Senza i necessarj temperamenti, si è voluto riunire il soverchio potere colla breve durata e coll'elezione; si è fomentata l'ambizione ed il sospetto, ed in vece della libertà si è ottenuta la guerra civile.

Si è creduto che il potere esecutivo diminuisca di forza in ragione che cresce il numero delle persone alle quali è affidato; e tutta l'opera dei nostri filosofi è stata quella di determinare il numero degl'individui dei quali debba comporsi un dato governo, per una data nazione, onde non sia nè languido, nè troppo attivo. Il numero impedisce l'usurpazione, che è l'ultimo grado di attività; l'unità impedisce la debolezza che porta seco la dissoluzione e la morte politica della nazione. Ma i Romani, immaginando un senato cui davano per ministro un consolo, aveano ordinato un potere che riuniva il numero e l'unità; che avea tutta la maturità nella discussione, e tutta l'attività nell'esecuzione: l'interesse particolare del consolo animava la lentezza del senato; l'interesse del senato dirigeva l'attività del consolo, ed il popolo tra 'l consolo ed il senato godeva gli effetti dell'energia del governo senza temere per la sua sicurezza.

Quando si è ricercata la proporzione tra il numero delle persone e l'attività, non si è avvertito che il potere esecutivo ha due parti distintissime tra di loro. Dopo che si sarà determinato ciò che si debba fare, prima di farlo convien discutere come far si debba. La prima operazione appartiene al potere legislativo; le altre due sono del potere esecutivo. Ma di esse gli scrittori hanno obbliata la prima: o l'hanno confusa colla funzioni del potere legislativo, ed hanno distrutto il potere esecutivo; o l'hanno confusa colla stessa esecuzione, e lo hanno disorganizzato.

Difficile è il giudizio delle costituzioni, e spesso quel che noi crediamo un male produce un bene. Quando tu per soverchio amore di regolarità togli ogni forza all'opinione; rendi tutte le elezioni uniformi; limiti allo stesso tempo la durata di ogni magistratura, allora priverai il popolo di ogni difesa; la costituzione non avrà più base. Invece di dividere gl'interessi privati li riunirai, perchè tutti ne avranno un solo, quale è quello di perpetuarsi nelle cariche, e non vi potranno pervenire che per le stesse strade: tutti saranno concordi ad opprimere il popolo...... Un re ereditario, dice *Mably*, parlando della costituzione della Svezia, quando non altro, serve a togliere agli altri l'ambizione di esserlo; ed io credo la monarchia temperata meno di quel che si pensa nemica degli ordini liberi. Nel silenzio del tuo gabinetto tu applaudirai a te stesso; ma i saggi rideranno della tua vanità, e la tua costituzione, rovesciata, dopo tre anni sarà una fiaccola ridotta in cenere, ludibrio di quegli stessi fanciulli che un momento prima applaudivano al suo passeggiero splendore.........

FRAMMENTO IV.

Potere giudiziario.

Pagano ha fatto delle ragionevoli riforme sull'organizzazione di questo potere. Mi piace che abbia tolti que' tribunali corresionali, i quali senza avere il potere giudiziario aveano il dispotico: sia grave, sia leggiera la pena, dev'esser sempre imposta in nome della legge, per mezzo di un giudizio. È anche ben fatto, perchè più comodo alle popolazioni, che siesi tolto l'appello dai tribunali di un dipartimento a quello di un altro, e che siesi concesso tra le diverse sezioni di un medesimo tribunale.

Perchè *Pagano* si è arrestato? Perchè non ha tentato maggiori riforme? Era facile per esempio prevedere che il tribunale di cassazione, come veniva ad essere organizzato tra noi, invece di minorare il numero delle liti lo moltiplicava, e richiamandole tutte alla capitale, invece di sollevare le province, le opprimeva. Il tribunale di cassazione in Francia fu il successore del parlamento di Parigi, il quale, a dritto e a torto, volea essere il primo parlamento del regno, e spesso rivedeva e cassava le sentenze degli altri parlamenti.

Que' *commissarj di governo*, che formano tanta parte de' tribunali repubblicani, sono succeduti agli antichi *procuratori* del re; ma molto strane, e ben oscure sono le funzioni che loro si attribuiscono: una volta sono *fiscali* delle parti, una volta *fiscali* del tribunale, una volta presidenti; talora han troppo di potere, talora ne han troppo poco: la costituzione è sempre in balìa degli uomini.

Amo che il potere esecutivo abbia una parte nei tribunali, ma questa parte dev'esser quella che avea il *pretore* in Roma, e che presso a poco nell'abolita nostra costituzione avea il presidente. Quando si analizza un giudizio vi si trovano tra mezzo molti atti i quali non appartengono al potere giudiziario. Tale è per esempio la destinazione del giudice, la quale non troppo ragionevolmente si affida alla sorte; tra perchè la sorte non distribuisce equabilmente gli affari, e potrebbe gravar soverchio uno de' giudici, mentre l'altro rimarrebbe esiguo; tra perchè non ha veron riguardo al merito del giudice, il quale è talora maggiore, talora minore, talora più atto ad un affare che ad un altro. In Roma il pretore destinava i giudici: le parti però aveano il diritto, o di sceglierli consentendo, o di ricusarne un dato numero. Questo metodo mi pare molto migliore della sorte.

A questo proposito ti dirò anche che non mi piacciono

molto que' *rapportatori*, i quali son sempre gli stessi per tutte le cause. Mi piace più l'antico sistema de' nostri *commissarj*; sistema in cui essendo tanti i *rapportatori* quanti sono i giudici, più sollecito viene ad esser il disbrigo degli affari.

Il pretore in Roma non solo destinava il giudice, ma dava anche l'*azione*; azione che nè anche è parte del giudizio, ma solo un invito al giudice perchè vegga se una data legge sia adattabile ad un dato fatto, nel che propriamente il giudizio consiste. I presidenti de' nostri tribunali per lo più hanno diritto di dar il loro voto nei giudizj, mentre non dovrebbero averlo; e non danno l'azione, perchè nè azione, nè regolarità di giudizio vi è più tra noi. Nel nuovo sistema si è voluto dare al *commissario del governo* un diritto quasi equivalente a quello di dar l'azione. Ma l'*istanza* che egli deve fare, avendo luogo solo nel fine della procedura, non produce più il vantaggio di renderla regolare; e non avendo noi formole solenni di azioni, ad altro non può servire il diritto di far l'*istanza*, che a dare al potere esecutivo sul giudiziario un'influenza o inutile o dannosa.

Nè anche è parte del giudizio l'atto con cui si domanda è si concede l'appello, poichè chi lo domanda altro non dice se non che: *la legge mi accorda questo diritto sussidiario contro la prima condanna; io intendo farne uso, a voi spetta trovarne il modo*. Un tale affare tu intendi bene che non può appartenere ad altri che al governo.

Allo stesso potere esecutivo finalmente si appartiene e la pubblicazione, e l'esecuzione della sentenza proferita dai giudici; il far sì che li giudizj non diventino elusorj; che i rei non sfuggano la pena; che gli arrestati sian custoditi. . . . .

La *polizia* sarà unita o separata dall'amministrazione della giustizia? Tu rammenterai che nella Cisalpina fu discussa una tale quistione, e, come sempre suole avvenire, si dissero dall'una parte e dall'altra molte cose, dalle quali non si conchiudeva nulla, moltissime poi si conchiudevan' male, ed infinite conchiudevan tutt'altro di quello che si dovea conchiudere.

Si diceva che diversi erano gli oggetti, che la *giustizia* puniva e che la *polizia* preveniva i delitti. Sarebbe stato lo stesso dire che il medico, il quale previene le malattie, debba esser diverso da quello che le guarisce.

Allora nella Cisalpina si discuteva se i ministri di polizia e di giustizia dovessero esser due ovvero un solo. Quistione tale si dovea decidere osservando se agli affari potesse bastare una persona o se ne richiedessero due: conveniva calcolar la forza degli uomini, anzichè esaminar la natura delle cose. I Francesi stanchi di una polizia, la quale si chiamava attiva, sol perchè avea le lettere di sigillo, le detenzioni arbitrarie e la bastiglia, sul principio della loro rivoluzione, quando più vive erano le memorie de' sofferti mali, riunirono la polizia alla giustizia; ne' primi tempi della costituzione direttoriale, quando sorgevano nuovi mali e non si sapevano che gli antichi rimedj, la giustizia fu di nuovo divisa dalla polizia.

Ma dove il numero degli affari non richiegga, come forse in Francia, questa separazione, io amerei che esse fossero riunite. Non amo una giustizia languida, nè soffro una polizia ingiusta. Il nostro carattere morale; l'uomo avvezzo a portar negli affari la circospetta attenzione di un giudice, la porterà anche sulle persone; e se avvien che la polizia per esser un poco più attiva abbia bisogno talora di esser corretta dalla giustizia, più sollecita e più facile ne sarà la correzione quando colui a cui è affidata la polizia appartenga al collegio istesso dei giudici che la deve emendare. Gli uomini sono tali che più volentieri si emendano da loro stessi che non si lascian correggere dagli altri.

La polizia non è che la parte attiva della giustizia, e deve naturalmente essere unita al potere esecutivo dei tribunali. A che servono tanti commissarj e tanti commessi moltiplicati all'infinito sopra tutti i punti del territorio nostro? E ti par male leggiero moltiplicare a questo segno le cariche inutili, le quali dispendiano lo Stato, distraggono i cittadini dalle utili occupazioni, e rendendoli oziosi, li soggettano alla tentazione di rivolgere a danno della patria quell'attività di carica che non possono impiegare a vantaggio della medesima?

Non so se io m'inganni; ma parmi che il ramo civile e politico nella costituzione del 1795 assorba troppa spesa; e volendo evitare l'incomodo che soffre una nazione quando gli affari sono superiori alle forze dei funzionarj pubblici, si è trascorso nell'altro estremo, non meno pericoloso, di moltiplicare i funzionarj pubblici a segno di renderli infinitamente superiori agli affari.

Gran parte della polisia potrebbe esser affidata agli onesti cittadini. Nel Perù tra dieci famiglie si sceglieva l'uomo il più saggio ed il più virtuoso, che invigilava sulla condotta altrui; tra dieci decurioni si sceglieva un centurione, tra i centurioni si sceglievano degli altri e quindi degli altri ancora (se bisognasse) finchè si giungeva all'unità che costituisce il governo..... Legge ammirabile, dice *Genovesi*, che affidava la sicurezza alla custodia della virtù! Noi avevamo un'istituzione quasi che simile, nei nostri *capodieci*; istituzione corrotta, ma che intanto, riformata, potrebbe divenir ottima.......

Io finora non ti ho parlato che dell'organizzazione del potere giudiziario. Questa macchina convien però finalmente che agisca. Ti parlerò io anche delle leggi stesse, dell'ordine dei giudizj, delle formole, delle azioni e di tante altre cose per lo più trascurate dai nostri scrittori di politica? Molti si sono occupati di giurisprudenza che riguarda le persone, pochissimi, che io sappia, della giurisprudenza delle cose. Forse tra tutte le nazioni a noi note, i Romani ne conobbero meglio l'importanza, e solo presso i Romani la legislazione civile formava parte integrante della costituzione. Dall'esattezza, che noi come troppo scrupolosa deridiamo, del loro diritto civile, dalla regolarità dei loro giudizj, dalla santità delle formole loro, nacque l'ascendente grandissimo, che presso di loro aveano gli uomini *di toga*; e così potessero bilanciare l'influenza degli uomini di armi tanto pericolosa in una repubblica guerriera. I Romani aveano bisogno egualmente dell'uomo saggio, e dell'eroe. I Francesi nei primi tempi della loro rivoluzione temettero soverchio l'influenza militare; ed invece di bilanciare il potere vollero togliere al popolo tutt'i bisogni che lo potessero mantenere nella dipendenza, e mentre temettero gli uomini di armi come oppressori, odiarono gli uomini *di toga* come impostori. Ma quando avete tolti al popolo tutt'i bisogni, non gli potete già togliere tutt'i timori: la forza fisica rimane sempre, e non ha più il contrapposto della forza di opinione; per riuscir nel vostro progetto è necessario che tutto il popolo sia buono, un solo cittadino che sorgerà cattivo rovescerà tutto. In Roma mille volte l'attaccamento che i Romani aveano per la santità delle formole ed il rispetto che aveano per le leggi del dominio, salvarono lo Stato. Quando i virtuosi ma non saggi tuoi amici, i Gracchi, seducevano il popolo con quelle leggi agrarie che rovesciavano la repubblica, il più virtuoso dei Scipioni, malgrado l'interesse del momento tanto potente sugli animi popolari, con un ragionamento di giurisprudenza li contenne nell'ordine e nel dovere.

I disordini della giurisprudenza civile producono nell'Italia meridionale effetti forse più tristi che nelle altre parti di Europa. I Napolitani di *Petronio*, quelli di *Monsignor della Casa*, quelli di oggi giorno, sono stati sempre e sono troppo vaghi di liti. Naturalmente acuti, abusano facilmente delle inavvertenze del legislatore. Questo carattere nazionale li rende cavillosi quando il legislatore non lo cura; fraudolenti quando un legislatore come *Pietro di Toledo* ne voglia usare per suo solo vantaggio: ma un legislatore saggio che ama la patria e conosca la nazione, lo converte facilmente in amore per la regolarità dei giudizj ed in rispetto per la proprietà e per le leggi. Un legislatore saggio potrebbe far rivivere i Romani........

FRAMMENTO V.

Eforato.

L'istituzione dell'*Eforato* è la parte più bella del progetto di *Pagano*. Questa parte, questo *Senato conservatore* della sovranità del popolo, manca assolutamente nella costituzione del 1795, e tu ben sai quanto fu facile al direttorio, specialmente nella fatale giornata del 18 fruttidoro, distruggerla. Un magistrato che vegli alla guardia della costituzione, che senza avere veruno dei poteri osservi la condotta di tutti, è tanto più necessario nell'attuale stato dei popoli di Europa, quanto più facili si sono rese le usurpazioni del potere esecutivo col sistema delle milizie permanenti, che rendono la piccola parte di una nazione più forte della grande. Nè a questo male si ripara col sistema delle milizie nazionali, che rappresentano, ma sempre in vano, la forma della nazione; nè altro rimedio io saprei immaginare.

Ma quando *Pagano* restringe le sessioni dell'*Eforato* a quindici giorni dell'anno, non si avvede egli che in tal modo gli *Efori* non potranno occuparsi se non delle usurpazioni violente e romorose, che son sempre poche, e dalle quali vi è sempre poco da temere? Io temo le piccole usurpazioni giornaliere, fatte per lo più sotto apparenza di bene, che o non si avvertono, o non si curano, e talora anche si applaudiscono, finchè l'abuso diventa costume, e si conosca il male solo quando divenuto gigante insulta i tardi ed inutili rimedj. Non mai un usurpatore che abbia del senno verrà incominciare dalle grand usurpazioni.

Non si avvede *Pagano* che facendo rimaner gli *Efori* in carica un anno solo, mentre tutti gli altri magistrati durano più di un anno, essi dovrebbero essere o al sommo stupidi per misurarsi con coloro, i quali un momento dopo, potrebbero ben vendicarsi di un uomo che la legge condanna a rimaner nella condizione di privato? Qual filosofia è mai quella che mette sempre in contrasto la volontà colla legge e la virtù coll'interesse?

Pagano teme che tal magistratura non diventi troppo potente. *Rousseau* credeva che essa non fosse mai debole abbastanza. Si rammentano gli esempj di Roma e di Sparta rovesciata dai tribuni e dagli efori, ma si obblia, che questi tribuni e questi efori sostennero Sparta e Roma per cinque secoli. E quale è mai quella tra le istituzioni umane che possa lusingarsi di essere eterna?

Abbastanza si frena il potere degli *Efori* accrescendone il numero, e *Pagano* saggiamente ha provvisto che essi sien tanti quanti sono i dipartimenti della repubblica, e che si risolvino gli affari se non ad uniformità di voti almeno ad una pluralità maggiore di due terzi.

L' *Eforato* si è temuto più del dovere, da che se gli è dato maggior potere di quello che gli spetta. Gli *Efori*, si dice, debbono invigilare sulla condotta, debbono impedire le usurpazioni di tutt'i poteri. Di tutti? Ma intanto uno dei poteri non usurpa mai nulla, poichè anche togliendo agli altri poteri, non fa che ritogliere ciò che egli stesso ha donato. In faccia al potere legislativo, in faccia al sovrano, non ci vogliono efori, perchè la sovranità è inalienabile. Il tribuno di Roma si opponeva al senato; ma subito che il popolo avea risoluto, il tribuno tacea. I tribuni non corruppero la repubblica Romana confondendo i poteri, ma bensì corrompendo sovente la perniciosi partiti il popolo, il quale senza usurpare il potere di nessuno abusò del suo. Ma questo pericolo diverrebbe molto minore in faccia ad un'assemblea di persone sagge, che non s'illude e non si strascina così facilmente come un popolo sempre mobile e sempre capriccioso.

L' opinione di dare all' *Eforato* il diritto d'invigilare sul potere legislativo è nata da che la sovranità non è

(XLVI)

più nel popolo ma nei rappresentanti del popolo: se il popolo non può essere usurpatore, possono ben esserlo i suoi *procuratori*, i quali potrebbero usurparsi quelle facoltà che il popolo non abbia loro conceduto. Ma io domando allora: ove è la sovranità? Il popolo non l'ha più, perchè l'ha trasferita ne' suoi rappresentanti; i rappresentanti non l'hanno, perchè la sovranità è indivisibile; ed essi sono soggetti agli Efori. Chi dunque sarà il sovrano? O saranno gli Efori, e così cadde la nazione Spartana; o non vi sarà sovrano, e così cadono tutte le nazioni.

Organizzate le sovranità in un modo che sia quello che la Francia scelse nel 1795, ma che sia quello che conviene alla nazione Napolitana; ed il popolo allora sempre vegliante sui suoi interessi, e non mai riunito in assemblee tumultuose, non potrà essere nè spogliato dai suoi rappresentanti, nè sedotto dai suoi tribuni. Allora gli efori ritornerebbero alla loro primiera istituzione, più sublime e nel tempo stesso meno pericolosa di quella che loro si vuol dare. Allora diventerebbero i custodi della sovranità del popolo, senza poterne mai impedire o attraversare l'esercizio; allora in vece di correggere le usurpazioni, il che non va mai scompagnato da violenza, potrebbero prevenirle.

Tra tutte le varie istituzioni di eforato, quella che mi pare poter meglio convenire ad una costituzione rappresentativa, è l'istituzione degli *avvogadori* della repubblica di Venezia. *Contarini* li definisce molto bene allorchè dice che essi sono i tribuni di Venezia, ma tribuni della legge; quelli di Roma erano tribuni del popolo. Ma ad ogni modo però non vorrei imitare una tale istituzione senza cangiarne talune parti, che i Veneziani stessi, in altri tempi, ed in altre circostanze avrebbero anche essi cangiate. . . . . . .

Come dunque faresti? Quali sarebbero le facoltà che tu daresti agli Efori tuoi? — Polchè tu vuoi saperlo, io te lo dirò.

1. L'*Eforato* dovrebbe riconoscere la legalità di tutt'i parlamenti municipali. Il modo da tenersi si è già detto: è lungo tempo da che io ti ho parlato delle funzioni degli *Efori*, senza averti mai parlato dell'*Eforato*.

2. Riconoscere la legalità dei parlamenti cantonali, e dirigere l'elezioni, che in esse si farebbero. Nella costituzione Francese l'elezioni sono in balia del potere esecutivo, e sa Dio sai quanti abusi quindi ne sono nati. La costituzione Inglese è per questo riguardo più libera della Francese. Fa maraviglia come *Pagano* non abbia osservato un tale errore, e non abbia affidata l'elezione delle assemblee elettorali ad un magistrato, il quale non avendo verun'altra influenza politica, non fosse tentato ad una per lui inutile prevaricazione.

3. Riconoscere la cittadinanza di chiunque, a cui fosse stata data. Perchè questo? — Perchè essendo la cittadinanza parte della sovranità, deve esser affidata a quello stesso magistrato cui la custodia della sovranità è commessa.

A questo proposito ti dirò che io trovo stranissimo, che il diritto di accordar la cittadinanza sia affidato all'assemblea dei rappresentanti, anzichè alle municipalità ed al governo, come praticavasi in tutte le repubbliche antiche, ed anche nell'abolita nostra costituzione. Io lo ripeto: temo molto che il popolo Napolitano per voler seguire le istituzioni degli altri popoli, in vece di guadagnare vi perda. Non amo quella cittadinanza chimerica per cui un uomo appartiene ad una nazione intera, mentre non appartiene a veruna sua parte: vorrei che ogni uomo prima di avere una nazione avesse una patria. Quando una popolazione in un modo solenne avrà detto ad un uomo: *rimanti tra noi: tu sei degno di esser nostro*, allora egli si presenterà all'*Eforato*, per mezzo del quale farà sapere alla nazione intera che egli è cittadino, e che ha già una patria.

4. Riconoscere nel tempo stesso *la capacità legale* di tutti gli altri funzionarj pubblici, talchè nessuno possa mettersi in esercizio della sua carica se la sua commis-

(XXVIII)

sione non sia ristretta dall' Eforato. Ove si tragi che siavi un impedimento costituzionale nella persona dell' eletto o nel modo dell' elezione, l' Eforato sospenderà la sua approvazione.

5. Siccome l' Eforato è il conservatore della sovranità del popolo, così mai legge non avrà pubblica autorità, se non apparirà per mezzo di lui di essersi osservate, nel farla, le solennità richieste dalla costituzione. L' Eforato non deve esaminare se la volontà generale sia giusta o ingiusta, ma solo se sia o no volontà generale: e per far questo non si deve riconoscer altro se non quelle solennità esterne, che la costituzione richiede come segni di volontà generale.

In Venezia uno almeno degli avvogadori dovea assistere al gran Consiglio per vedere se vi osservavano le solennità richieste dalla costituzione. Gli avvogadori erano, in Venezia, come in Atene i *Nomophilaci*, custodi degli originali delle leggi, onde in ogni tempo non vi fosse controversia sulla loro autenticità.

6. Potrà l' Eforato sospendere qualunque rappresentante accusato e convinto di aver trasgredito le istruzioni del suo cantone. Ma una tale accusa non può esser prodotta da altri che dal cantone medesimo, e nè può altrimenti esser provata che col confronto letterale delle istruzioni date al rappresentante in delitto di ciò registrato nel processo verbale dell' assemblea legislativa.

7. Potrà annullare gli atti del potere esecutivo che fossero contrarj ad un articolo costituzionale. Si chiamano atti anticostituzionali del potere esecutivo quelli che fossero senza indicazione di legge, o contrarj alla legge stessa che si indica. La costituzione Inglese offre un' idea molto chiara dell' incostituzionalità di un atto.

8. Non darei veruna influenza all' Eforato sul potere giudiziario, tra perchè questo potere non può mai esser libero abbastanza; tra perchè i mali che può produrre l' abuso di questo potere non attaccano mai la società intera nè si rapidi, se sono gli effetti, che la costitu-

zione stessa non possa darmi un rimedio regolare. Uno degli abusi del tribunato in Roma era forse, quello, di opporsi troppo spesso ai pretori.

6. Può mettere in istato di accusa qualunque autorità costituita, ma per soli delitti anticostituzionali. Ma a poter esercitare queste tre ultime funzioni, richiederei nei voti almeno una pluralità di due terzi.

Io finisco di parlarti dell'*Eforato*. Tu l'hai voluto. Ma oh quanto è penoso fare il legislatore, e quanto si deve temere di divenir ridicolo, allorché se ne vuol prendere il tuono!...

FRAMMENTO VI.

Censura.

L'*Eforato* è il custode della costituzione, e la censura lo è dei costumi. *Pagano* ha sostituita la censura ai tribunali efesini, e quando la censura potesse esser utile, io non ritrovo nell'istituzione di *Pagano* altro a desiderare, se non che vorrei che i censori non risiedessero nella centrale del cantone, ma bensì in ciascuna terra. Un censore, il quale non può osservare le cose da sé stesso, deve dipendere da un accusatore, ma solamente il giudice può ascoltare un accusatore senza pericolo: il giudizio si occupa di fatti, la censura dei costumi; i fatti si provano, ma i costumi si *sentono*.

Come provare, per esempio, che un uomo viva poco democraticamente, che si comporti con soverchia alterigia, che sia prodigo, avaro, intemperante, imprudente....
Tu riapriresti di nuovo quei processi che assordavano i nostri tribunali nelle dissensioni tra i mariti e le mogli; processi dai quali, dopo che le parti aveano rivelate le loro debolezze a chi non le sapeva, ed a chi non volea saperle, altro non si conchiudeva, se non che ambedue aveano moltissimo talento a scoprir le debolezze altrui, e pochissima volontà di correggere le proprie.

Ma che sperare dalla censura in una nazione corrotta? Quando è perduta l'opinione pubblica, dice *Rousseau*, l'officio del censore cessa, o diventa nocivo.

La censura potrà conservare i costumi di una nazione che ne abbia; non potrà mai darne a chi non ne ha. In una nazione corrotta tu devi incominciare dal risvegliare l'amore della virtù. In vece di darle dei censori, darei a questa nazione dei giudici ricompensatori pubblici del merito e della virtù; stabilirei delle feste, dei premj, a più che a prometter premj, mi occuperei a dirigere la stima della nazione, e l'approvazione del governo: rimenerei l'uomo sul dritto sentiero non tanto allontanandolo dal male, quanto ravvicinandolo al bene. L'amor della virtù prima di diventar bisogno, deve esser passione, ma prima di divenir passione deve essere interesse.

Libertà! virtù! ecco quale deve esser la meta di ogni legislatore; ecco ciò che forma tutta la felicità dei popoli. Ma come per giugnere alla libertà, così la natura ha segnata per giugnere alla virtù, una via inalterabile: quella che noi vogliam seguire non è la via della natura.

Per quale fatalità lo stesso entusiasmo della virtù, spinto troppo oltre, può riuscir funesto all'umanità? Noi siamo illusi dagli esempi dei popoli che più non sono, e dei quali il tempo ha fatto obbliare i visj e le debolezze: a traverso del velo dei secoli essi appariscono agli occhi nostri quai modelli perfetti di una virtù che non è più umana: e noi per voler essere ottimi cittadini di Sparta e di Roma, cessiamo di esser buoni abitatori di Napoli e di Milano.

Ti dirò un'altra volta le mie idee sullo studio della morale, sulle cagioni per le quali è stato tanto trascurato presso di noi, sulle cagioni delle contraddisioni che ancora vi sono tra precetti e precetti, tra i libri e gli uomini; e forse allora converrai meco che di questa scienza che tanto interessa l'umanità non ancora si conoscono quei principj che potrebbero renderla ed utile e vera.

La virtù è una di quelle idee non mai ben definita, che si presentano al nostro intelletto sotto varj aspetti; è un nome capace di infiniti significati. Vi è la virtù dell'uomo, quella delle nazioni, quella del cittadino: si può considerar la virtù per i suoi principj, si può considerare per i suoi effetti.

La virtù del cittadino altro non è che la conformità del suo costume col costume della nazione: le nazioni antiche temevano egualmente l'eccesso del bene e quello del male. Quando gli Efesj discacciarono *Ermodoro* non gli dissero: parti, perchè sei cattivo; ma dissero: parti, perchè sei migliore di tutti noi. Dacchè noi non abbiamo più costume pubblico, la virtù è divenuta tra noi un'idea di astrusissima metafisica, e la morale soggetto di eterne dispute di scuole: abbiamo moltissimi libri, dottissimi libri, che c'insegnano i doveri dell'uomo, e pochissimi uomini che li osservano.

Una nazione si dirà virtuosa quando il suo costume sia tale che non renda infelice il cittadino: e se tutte le nazioni potessero essere sagge a segno che in vece di farsi la guerra, e di distruggersi a vicenda, si aiutassero, si giovassero, questa sarebbe la virtù del genere umano. Il fine della virtù è la felicità, e la felicità è la soddisfazione dei bisogni ossia l'equilibrio tra i desiderj e le forze. Ma siccome queste due quantità sono sempre variabili, così si può andare alla felicità, cioè si può ottener l'equilibrio, o scemando i desiderj, o accrescendo le forze. Un uomo il quale abbia ciò che desidera non sarà mai ingiusto; perchè naturale e quasichè fisico è in noi quel sentimento di pietà che ci fa risentire i mali altrui al pari dei nostri, e questo solo sentimento basta a frenare la nostra ingiustizia sempre che la crediamo inutile. L'uomo selvaggio non cura il suo simile, perchè non gli serve: egli solo basta a soddisfare i suoi bisogni che son pochi. Debbono cr   re i suoi bisogni, perchè si avvegga che un altro uo   gli possa esser utile, ed allora diventa *umano*. Per un momento nel corso politico delle nazioni le forze dell'uomo saranno superiori ai bisogni suoi; allora quest'uomo sarà anche *generoso*. Ma questo periodo non dura che poco; i bisogni tornan di nuovo a superar le forze: l'uomo crede un altro uomo non solo utile, ma anche necessario, ed allora non si contenta più di averlo per amico, ma vuole averlo anche per schiavo.

In qual'epoca noi ci troviamo? I nostri bisogni superano di molto le nostre forze; ed i nostri bisogni non si possono diminuire, perchè non possono retrocedere le nostre idee. Che speri tu predicandoci gli antichi precetti, ed i costumi semplici che non sono i nostri? In vano tu colla tua eloquenza fulminerai il nostro lusso, i nostri capricci, l'amor che abbiamo per le ricchezze; noi ti ammireremo, e ti lasceremo solo. Ma se tu c'insegnerai la maniera di soddisfare i nostri bisogni: se farai crescer le nostre forze, c'ispirerai l'amore del lavoro, schiuderai i tesori che un suolo fertile chiude nel suo seno, ci esenterai dai vettigali che oggi paghiamo per le inutili bagattelle dello straniero, ci renderai grandi e felici: e senza esser nè Spartani, nè Romani, potremo pure esser virtuosi al pari di loro, perchè al pari di loro avremo le forze eguali ai desiderj nostri.

L'amor del lavoro mi pare che debba essere l'unico fondamento di quella virtù che sola può avere il secol nostro. La cura del governo deve esser quella di distruggere le professioni che nulla producono, e quelle ancora le quali consumano più di ciò che producono; e ne verrà a capo, se stabilirà tale ordine, che per mezzo di esse non si possa mai sperare tanto di ricchezza quanto colle arti utili se ne ottiene. Quando un cittadino non cercherà negl'impieghi la sua sussistenza; quando il servir la patria non sia lo stesso che *far fortuna* come oggi si crede, voi avrete distrutti tre quarti della pericolosa ambizione. L'amor del lavoro ci toglierà mille capricci e mille debolezze che oggi ci disonorano, perchè cangerà la nostra femminile educazione. L'amor della campagna, che succederà al furore che oggi abbiamo per la capitale, ci libererà da quella smania per le bagattelle della moda, per quel lusso tanto più dispendioso quanto più frivoli ne sono gli oggetti; e l'uomo impiegherà il suo superfluo in un lusso di arti, più durevole, più glorioso all'individuo, più utile alla nazione. Le belle arti sono state gustate e favorite dai nostri ricchi in altri tempi, quando le loro mogli non consumavano in cuffie, in veli, in nastri, in vesti di un giorno tutto il superfluo e talora anche il necessario di un anno; quando la classe ricca non era come è oggi la classe degl'ignoranti, nè si credeva ancora che la dottrina ed il gusto dovessero essere un mestiere per far vivere i poveri, anziché un dolce trattenimento per lusingare coloro i quali per favore di fortuna aveano diritto di rimanersene in ozio. Il lavoro ci darà le arti che ci mancano, ci renderà indipendenti da quelle nazioni dalle quali oggi dipendiamo; e così, accrescendo l'uso delle cose nostre ne accrescerà anche la stima, e colla stima delle cose nostre si risveglierà l'amor della nostra patria. Amor di patria, stima di noi stessi, gusto per le belle arti e per la gloria che è inseparabile dalle medesime, educazione più maschia, ambizione più nobile, facilità onesta di sussistere, la quale accrescendo nell'uomo l'emulazione diminuisce l'invidia, tutte le altre virtù che da queste dipendono e che l'accompagnano.... Se la virtù e la felicità non sono un nome vano, che altro ci rimarrebbe allora a desiderare?

Ma, filosofi! se volete condurci a questo punto, seguite il corso della natura. Non venite ad insultarci, come Diogene in Atene. Così ci farete ridere di quella virtù nuova che ci vorreste dare, e ci farete perdere quel poco dell'antica che ancora ci rimane. I vostri discorsi non accrescono le nostre forze; e noi rimarremo senza quell'equilibrio che solo produce la virtù, e senza quei principj che possono frenare almeno in parte i vizj che abbiamo: i vostri principj nuovi, dopo aver distrutti gli antichi, saranno da noi come ineseguibili disprezzati.

— Per risvegliare un poco di virtù nello stato in cui siamo, invece di diminuir la cupidigia, vorrei anzi un poco accrescerla nelle classi inferiori, presentando loro la prospettiva di uno stato di vita più agiato: così sarei sicuro di renderle più attive e più libere. Volendo usare il linguaggio dei matematici, potrei dire che la libertà sempre proporzionata all'eguaglianza, sia in ragion reciproca della pressione delle classi superiori, e che tale pressione sia sempre in ragione diretta del superfluo che le classi inferiori hanno. L'oppressione per ciò è massima o dove la natura dia tanto superfluo che tutta l'avidità dell'uomo non possa assorbirla, o dove l'uomo sia tanto avvilito, tanto imbastardito, che non abbia se non pochissimi bisogni. Nei governi che sono più liberi, il basso popolo è più agiato e più attivo; ed il desiderio di questa agiatezza che si crede effetto della libertà n'è stata sovente la cagione.

Io non so quale sarebbe stato il corso di quelle idee troppo esaltate che talora si son rimescolate, ed hanno interrotto e turbato il corso della rivoluzione Francese, ma temo che l'effetto sarebbe stato quello di ridurre la Francia ad un bosco, dove gli uomini si sarebbero *cibati* di ghiande, ma i fiumi non avrebbero corso latte e mele come nell'età dell'oro. Colla barbarie sarebbe ritornata la ferocia, e per i fiumi sarebbe scorso il sangue degli uomini. Tali opinioni caddero dal trono ad onta della forza onde erano sostenute. Ma la loro natura è tale che quando anche rimangano *tra* l'ombra delle scuole, quando anche non sieno accompagnate dalla forza e dal terrore, e non producano come in Francia la guerra civile, sono però sempre o cause o precursori della corruzione dei costumi. I Greci per molti anni ebbero la virtù nelle loro azioni; *Socrate* della pratica ne formò il primo la teoria, e trasportò la virtù delle azioni all'idea; ma dopo che *Antistene* e *Diogene* produssero il massimo esaltamento in queste idee, la Grecia non ebbe più costumi.

Ascoltami. Tu conosci la mia adolescenza e la mia gioventù; tu sai se io amo la virtù, e se sappia preferirla anche alla vita...... Ma quando, parlando agli uomini, ci scordiamo di tutto ciò che è umano; quando, volendo insegnar la virtù, non sappiamo farla amare; quando, seguendo le nostre idee, vogliam rovesciare l'ordine della natura, temo che invece della virtù insegneremo il fanatismo ed in vece di ordinar delle nazioni fonderemo delle sette............

Io son dolente per non aver potuto conservare la lettera che mi scrisse Mario Pagano dopo che Russo gli ebbe comunicate le mie idee. Sarei superbo dell'approvazione di un uomo, la di cui morte se è funesta alla patria, luttuosa a tutt'i buoni, è amarissima per me, che piango non solo la perdita del buon cittadino, e dell'uomo grande, ma anche quella dell'ottimo maestro e dell'amico.

FINE

INDICE

DI CIO' CHE CONTIENE QUESTO VOLUME

Prefazione . . . . pag. 5
Lettera dell'Autore a N. Q. . . . . . . » 17
§. I. Introduzione . . . . » 21
II. Stato dell'Europa dopo il 1793 . . » 23
III. Stato d'Italia fino alla pace di Campoformio » 27
IV. Napoli Regina . . . . » 31
V. Stato del regno. Avvilimento della nazione » 35
VI. Inquisizione di Stato . . . . . » 37
VII. Cagioni ed effetti della persecuzione . » 45
VIII. Amministrazione . . . . . . » 52
IX. Finanze . . . . » 64
X. Continuazione. Commercio . . . » 69
XI. Guerra . . . . » 74
XII. Continuazione . . . . » 80
XIII. Fuga del re . . . . » 85
XIV. Anarchia di Napoli . . . . . » 89
XV. Perchè allora non si fè repubblica? . » 96
XVI. Stato della nazione Napolitana . » 101
XVII. Idee de' patrioti . . . . . . » 109
XVIII. Rivoluzione Francese . . . . » 112
XIX. Quante erano le idee della nazione? » 118
XX. Progetto di governo provvisorio . . » 126
XXI. Massime che si seguirono . . . » 129
XXII. Accusa di Rotondo. Commissione censoria » 133
XXIII. Leggi. Fedecommessi . . . . » 136
XXIV. Legge Feudale . . . . . . » 139
XXV. Religione . . . . » 146
XXVI. Truppa . . . . » 151

§. XXVII. *Guardia nazionale* . . . . pag. 154
XXVIII. *Imposizioni* . . . . » 157
XXIX. *Faipoult* . . . . » 159
XXX. *Province. Formazioni di dipartimenti* » 161
XXXI. *Organizzazione delle province* . . » 163
XXXII. *Spedizione di Puglia* . . . . » 166
XXXIII. *Spedizione di Schipani* . . . . » 170
XXXIV. *Continuazione dell'organizzazione delle province* . . . . . . » 173
XXXV. *Mancanza di comunicazione* . . » 175
XXXVI. *Polizia* . . . . » 177
XXXVII. *Procida. Spedizione di Cuma. Marina* » 179
XXXVIII. *Idee di terrorismo* . . . . . » 180
XXXIX. *Nuovo governo* . . . . . . » 183
XL. *Sale patriotiche* . . . . . . » 185
XLI. *Costituzione. Altre leggi* . . . » 190
XLII. *Abolizione del testatico, della gabella della farina e del pesce* . . » 193
XLIII. *Richiamo de' Francesi* . . . . » 199
XLIV. *Richiamo di Ettore Carafa* . . » 204
XLV. *Cardinal Ruffo* . . . . . . » 206
XLVI. *Ministro della guerra* . . . . » 209
XLVII. *Disfatta di Marigliano* . . . . » 211
XLVIII. *Capitolazione* . . . . » 213
XLIX. *Persecuzione de' repubblicani* . . » 217
L. *Taluni patrioti* . . . . . . » 231
LI. *Conclusione* . . . . » 239

FRAMMENTI DI LETTERE DIRETTE
A VINCENZO RUSSO.

FRAMM. I. . . . . » III
II. *Sovranità del popolo* . . . . » VIII
III. *Potere esecutivo* . . . . . » XXVIII
IV. *Potere giudiziario* . . . . » XXXVIII
V. *Eforato* . . . . » XLIV
IV. *Censura* . . . . » XLIX